다다미 위의 인문학

－선(線)을 지키는 사람들

다다미 위의 인문학

- 선(線)을 지키는 사람들

2026년 4월 3일 초판 1쇄 펴냄

지 은 이   정광제

펴 낸 이   길도형
인   쇄   삼영인쇄문화
펴 낸 곳   장수하늘소
출판등록   제406-2016-000076호
주   소   경기도 고양시 일산서구 덕산로 250
전   화   031) 923-8668
팩   스   031) 923-8669
E-mail   time-line@naver.com

ISBN 979-11-92267-14-2 03910

다다미 위의 인문학

선(線)을 지키는 사람들

정광제 지음

제8부 기억·역사·근대

생활로 읽는 일본; 작은 습관 속의 큰 세계

일본을 이해하려는 사람들은 종종 큰 틀의 이론과 거대한 역사적 사건에서 출발한다. 그러나 정작 일본이라는 세계의 진짜 얼굴은 대단한 사상서나 정치 구조 속에 숨어 있지 않다. 그 얼굴은 눈앞에 놓인 아주 작은 생활 장면 속에 있다. 기껏해야 몇 초에 불과한 몸짓, 무심하게 반복되는 말투, 길모퉁이 가게들이 쌓아올린 질서, 밥상 위에 놓인 젓가락 받침 하나가 일본을 설명한다.

이 책이 탐구하려는 것은 바로 그 '사소한 세계'다. 일본을 처음 방문한 사람은 늘 작은 디테일이 자신을 잡아끄는 이상한 느낌을 경험한다. 전철의 줄 서기 방식, 자판기 앞에 멈춰 선 사람들의 여유, 노포 식당의 나뭇결, 신사 앞에서 두 번 절하고 두 번 손뼉 치는 리듬, 수건 하나를 접어 올려두는 습관까지. 어느 것도 거창하지 않지만, 이상하게도 그 사소함들이 모여 하나의 커다란 세계관을 만든다.

일본을 생활로 읽는다는 것은 이런 장면들을 '짓눌리지 않은 상태로' 받아들이는 일이다. 관광객의 호기심이나 정치적 감정의 편견을 걷어내고, 그냥 그 장면 자체가 가진 결을 하나의 텍스트처럼 바라보는 것이다. 손끝에서 반복되는 습관은 축적된 역사, 기술, 감정, 규율, 미감이 응축된 결과다. 그 작은 결과물을 이해하면, 일본이라는 문명의 구조와 생리에도 자연히 닿게 된다.

일본의 생활 문화는 이상하리만큼 '압축적'이다. 겉으로는 단정하고 절제되어 있지만, 내부에는 무수한 습관이 쌓여 있다. 조선과 일본의 근대가 만났던 흔적, 산업화 이후 도시 공간에서 축적된 규범, 지역별 생활 감각의 차이, 그리고 전후 일본이 선택한 독특한 사회적 질서까지. 모두 일상 속 작은 행동으로 흘러나온다. 일본인의 몸짓 하나를 뜯어보면, 그 뒤에 수백 년의 문화사와 사회사적 논리가 숨어 있다.

이 책은 그런 '작은 세계의 두께'를 들여다보는 여정이다. 일본인이 왜 걸음을 그렇게 멈추는지, 왜 젓가락은 그렇게 놓는지, 왜 신사 앞에서는 저런 태도를 취하는지, 왜 노포는 그렇게 오래 살아남는지, 왜 집 구조는 그렇게 만들어졌는지, 왜 풍경 하나에도 질서가 있는지. 답들은 거창하지 않지만, 그 답들이 엮여 만들어내는 그림은 의외로 크다.

생활은 문명이다. 문명은 다시 생활로 증명된다. 일본을 둘러싼 오해와 편견, 혹은 찬미와 낭만화는 대부분 이 심플한 사실을 놓치는 데서 출발한다. 일상을 통해 일본을 읽는다는 것은 일본이라는 국가를 재평가하자는 뜻이 아니다. 그보다는 인간 사회가 만들어내는 생활 감각의 차이를 정직하게 바라보고, 그 차이가 문화를 어떻게 구축하는지 세밀하게 이해해보자는 제안이다.

일본은 '기이한 나라'도, '완벽한 나라'도 아니다. 다만 아주 오래 축적된 생활의 기술을 지닌 나라다. 그 기술이 때때로 아름다움이 되고, 때때로 불편함이 되고, 때때로 깊은 문화적 사유가 된다. 이 책은 그런 기술의 정체를 서랍 하나하나 열어가듯 풀어보려 한다.

여행자의 시선, 연구자의 시선, 생활인의 시선이 서로 교차하는 지점에서 일본은 전혀 다른 모습으로 들어온다. 이 책이 그 문을 여는 작은 열쇠가 된다면, 일본을 이해하는 방식에도 조금은 새로운 감각이 더해질 것이다. 거대한 이론보다 작은 습관이 더 많은 것을 말해주는 세계가 있다. 그 세계를 함께 걸어볼 시간이다.

생활로 일본을 읽는 순간, 사소함은 더 이상 사소하지 않게 된다. 작은 행동 속에 숨어 있던 큰 세계가 조용히 모습을 드러낸다. 이 책은 바로 그 세계의 문턱에서 시작된다.

산맥으로 갈라지고 바다로 연결된 나라, 일본

일본을 이해하려면 먼저 지도를 버려야 한다

사람들은 일본을 '섬나라'라고 말한다. 틀린 말은 아니다. 하지만 이 한 문장만으로는 일본의 실체에 닿지 못한다. 일본은 섬이지만, 정확히 말하면 섬 '하나'가 아니다. 바다가 아니라 산이 먼저 사람들을 갈라놓은 나라다. 바다로 열리고 산으로 끊어지는, 기묘한 구조 위에서 태어난 사회다.

일본을 육지 국가처럼 이해하면 늘 오판에 빠진다. 왜 일본은 중앙집권을 하면서도 지방이 사라지지 않았을까? 왜 같은 나라 안에 말도, 음식도, 역사 인식도 이렇게까지 다를 수 있을까? 왜 한국은 통일되고 평준화되는데 일본은 지금도 '지역 DNA'가 생활 단위로 남아 있을까? 답은 모든 정치, 역사, 문화 이론보다 먼저 지형에서 출발한다.

일본은 바다로 연결되고 산맥으로 분절된 거대한 생태계다. 교토는 오사카보다 바다 건너 후쿠오카와 더 가깝게 느껴졌고, 도쿄보다 사쓰마가 더 급진적이었던 이유도 이 땅의 구조에서 설명된다. 일본을 하나의 국가가 아니라, 자연지형이 만든 거대한 '분산형 연합체'라고 상상하는 순간, 지금까지 풀리지 않던 일본이라는 퍼즐이 선명하게 풀리기 시작한다.

일본은 육지의 나라가 아니라, 바다 위에 떠 있는 길이다

일본에서는 옆 마을로 가기 위해 산을 넘지 않는다. 산은 우회 대상이고, 바다는 통로다. 한국에서는 산길로 연결되는 마을이 많지만, 일본에서는 산 하나가 완전히 세계를 끊어버린다. 그래서 일본인은 전통적으로 '육지 이동'보다 '해상 이동'을 먼저 떠올린다. 같은 육지라 해도 산이 가로막으면 실질적으로는 다른 문화권이나 다름없다.

이 때문에 일본의 공간 감각은 '지도상의 거리'가 아니라 '바다의 방향'으로 구성된다. 교토 사람에게는 오사카보다 하카타(후쿠오카)가 더 가깝게 느껴지는 경우두 있었다. 바다는 경계가 아니라 고속도로였고, 산은 단절이었다. 이 구조 위에서 일본은 처음부터 중앙집권적 대륙국이 아니라, 자연석으로 분화된 해양 네트워크형 사회로 성장했다. 그러니 일본을 '섬 하나의 나라'로 이해하면, 이미 일본을 크게 잘못 이해하기 시작하는 것이다.

에도 시대 일본은 사실상 260개의 '작은 나라 연합'이었다

에도 막부는 중앙집권처럼 보이지만 실제로는 '260개의 번(藩) 연합 회의체'에 가까웠다. 도쿠가와는 '통일'을 한 것이 아니라 '조정(調整)'을 한 것에 불과했다. 각 번은 독자 군대, 독자 재정, 독자 법을 가졌고, 심지어 외교에 준하는 교섭까지 했다. 이름만 막부이지 실체는 거대한 연방 국가였다.

언어도 다르고, 조세 제도도 다르고, 심지어 서로 방문할 때 통행 허가증까지 필요했다. 한 마디로 '일본어를 쓰는 서로 다른 작은 나라들'이 산맥에 의해 분리되어 살아가던 구조였다. 중앙의 명령보다 자기 번의 이익이 우선이었고, 그 질서를 무너뜨리지 않는 한 방치되는 것이 기본 운영 원리였다.

한국처럼 중앙 유교 질서가 전국을 통제한 체계가 아니었다. 일본은 본질적으로 '하나의 나라'가 아니라, 태어날 때부터 서로 다른 생태계를 가진 지역들의 '협조적 공존'으로 유지된 구조였다.

일본 음식이 '지역마다 완전히 다른 세계'가 된 진짜 이유

일본은 김치처럼 전국이 하나의 표준 맛으로 통일된 구조가 아니었다. 산맥이 마을을 갈라놓았고, 각 지역은 자기 생존 방식에 맞는 발효 방식을 독자적으로 진화시켰다. 그래서 일본의 된장은 200종이 넘고, 초밥도 '초밥 = 생선 + 밥'이라는 단일 이미지로 묶을 수가 없다.

예를 들어 간사이에서는 단맛과 부드러운 식감을 선호하지만, 동일본으로 넘어가면 짠맛이 강하고 조리법도 훨씬 거칠어진다. 이건 단순한 입맛 차이가 아니라, '그 지역에서 생존하려면 어떤 발효 속도와 어떤 소금 농도가 유리했는가'에 따라 수백 년 동안 최적화된 생태적 결과물이다. 즉 일본 음식은 '지역 생존 환경의 집합체'다.

그래서 일본 전국을 여행하며 음식을 먹는다는 것은 사실상 '미니 문명 국가들을 순례하는 경험'이다. 이 극단적 다양성이 가능했던 이유는 간단하다. 중앙이 표준을 강제한 적이 없었기 때문이다.

일본은 중앙이 무너져도 마을 단위 질서가 버틴다

일본 사회의 가장 큰 특징 중 하나는 '중앙이 불안정해도 지역은 끈질기게 유지된다'는 점이다. 조선은 왕이 흔들리면 관료부터 지방까지 바로 붕괴로 연쇄되지만, 일본은 정반대였다. 중앙이 망가져도 마을, 번, 지역 공동체는 자체 생존력을 토대로 질서를 유지했다.

그 이유는 일본의 국토 구조가 애초에 '중앙 통제'가 아니라 '지역 자율'에 최적화되어 있었기 때문이다. 중앙의 명령이 늦게 도착하거나 무시되어도, 산맥에 가로막힌 그 지역은 여전히 독자 생태계 안에서 일상 운영을 지속할 수 있었다. 그러니 국가가 위태로워도 사회 전체가 동시에 무너지지 않는, 이중 안전장치가 작동한 셈이다.

즉 일본은 '국가가 사회를 지탱한 나라'가 아니라, '사회가 국가를 지탱한 나라'였다. 이 감각을 모르면 일본의 안정성과 급진성이 동시에 존재하는 이 독특한 모순을 도무지 이해할 수 없다.

메이지 유신은 중앙 혁명이 아니라 '지역 동맹 쿠데타'였다

보통 메이지 유신을 중앙집권 성공 사례로 설명한다. 그러나 실제로는 정반대였다. 에도 막부가 힘을 잃었을 때, 중앙을 뒤엎은 건 '중앙'이 아니라 사쓰마와 조슈 같은 지방 세력이 손잡고 일으킨 연합 쿠데타다. 다시 말해, 일본의 근대화는 '위에서 아래로'가 아니라 '아래에서 위로' 터져 오른 구조 전환이다.

사쓰마와 조슈가 어떻게 그런 힘을 가졌을까? 그 지역들이 산맥에 고립된 채 독자 문화·경제·군사 네트워크를 수백 년간 키워왔기 때문이다. 즉 일본의 근대화는 '지방의 중앙 탈취'였으며, 본질적으로 지역 자생력의 폭발이었다. 중앙이 지방을 통합한 것이 아니라, 지방이 중앙을 새로 만들었다.

한국식 중앙 패권주의 렌즈로 보면 이 메커니즘은 절대로 읽히지 않는다. 일본은 '중앙이 지방을 지배한 나라'가 아니라, '지방들이 하나의 중앙을 잠시 계약적으로 빌린 나라'였다.

지방 정체성이 지금도 '생활 단위'로 살아 있는 나라

일본 사람에게 '어디 출신이냐'고 물어보면 '오사카요', '이와테요', '시코쿠예요'라는 식의 대답이 먼저 나온다. '일본인입니다'는 그 다음이다. 지역 정체성이 국적보다 앞에 오는 나라다. 도쿄 사람이 오사카 사람을, 오사카 사람이 나고야 사람을, 나고야 사람이 도호쿠 사람을 대놓고 별개의 종족처럼 평가하는 문화가 지금도 일상적이다.

이건 단순한 사투리 차이나 지역별 음식 취향 수준이 아니다. 경제, 정치, 교육 방식, 인간관계의 온도감까지 생애 환경 자체가 완전히 다르기 때문이다. 일본은 지금도 '국가 안에 있는 다수의 자율 생태계'다. 그래서 동일 국가 안에서조차, '누가 같은 감각 세계에 속한 사람인지'가 무척 중요하게 여겨진다.

즉 일본은 21세기에도 여전히 국민국가라기보다, 살아 있는 지역 행성들의 연합체에 더 가깝다. 일본 사회를 이해하려면, 먼저 '일본'이라는 단어보다 '어느 지역 일본인가'라는 질문이 앞서야 한다.

일본은 제국이기 전에 생태계였다

일본을 하나의 국가로만 이해하면 이 나라의 생명력과 기묘함을 놓친다. 일본은 애초부터 '중앙이 만든 국가'가 아니라 산맥이 쪼개고 바다가 연결한 생태 네트워크였다. 그래서 중앙 정부가 강할 때보다 오히려 지방이 폭발할 때 근대화가 일어났고, 중앙 명령이 약할수록 지역이 더 깊이 혁신했다.

이 구조 때문에 일본은 쉽게 무너지지도, 하나로 정리되지도 않는다. 변화가 느린 듯 보이지만 한 번 움직이면 여러 방향에서 동시에 움직인다. 세계가 일본을 읽기 어려워하는 가장 큰 이유는, 우리는 아직도 일본을 '하나의 국가'로 보고 있기 때문이다.

일본은 제국이 되기 전에, 먼저 지역들의 생태계였다. 이 문장을 이해하면, 일본이라는 존재 전체가 처음으로 입체적으로 다가오기 시작한다.

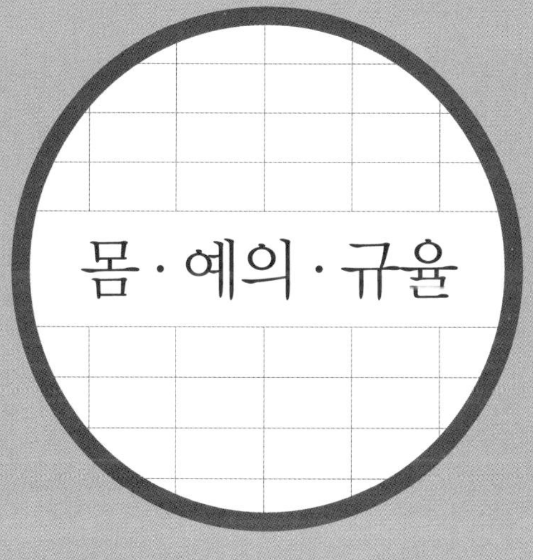
몸·예의·규율

1. 머리 위에 얹힌 하얀 질서

뜨거운 온천탕에서 머리에 수건을 올려두는 행동은 겉보기엔 귀여운 습관처럼 보이지만, 사실은 일본식 생활 문화의 결을 아주 잘 드러내는 작은 장면이다. 뜨거운 물, 증기, 땀, 그리고 '질서'를 사랑하는 나라에서 자연스럽게 만들어진 생활의 기술이다.

탕의 물은 대체로 40도 안팎으로 제법 뜨겁다. 이렇게 뜨거운 증기 속에 오래 있으면 머리가 먼저 지끈해지고, 혈류가 갑자기 몰려 어지러움이 온다. 일본인들이 타월을 적셔서 머리에 올리는 이유는 바로 이 열을 식히기 위한 즉석의 냉각 장치다. 조그만 수건 한 장이지만, 뜨거운 증기 속에서 머리를 식혀주는 아주 원시적인 '열 교환기'로 작동한다.

또 하나의 이유는 물 위생과 관련된다. 일본 대중목욕탕은 지금도 '탕 안에서는 수건을 절대 담그지 말 것'이라는 룰을 매우 엄격하게 지킨다. 몸을 닦던 수건이 탕 안으로 들어가면 더럽다는 인식이 강하다. 그래서 수건을 손에 들거나 탕 가장자리에 둘 수도 없으니, 가장

편한 주차장(?)이 결국 사람의 머리가 된다. '물은 순수하게, 수건은 물 밖에'라는 일본식 위생 관념이 만들어낸 풍경이다.

그리고 문화적 배경도 있다. 일본 목욕 문화는 에도 시대 이후 '정좌하듯 목욕하기'의 미학을 강조해 왔다. 물속에서는 가급적 조용하고, 물이 넘치게 튀기지 않고, 주변에게 민폐를 끼치지 않는 것이 예의였고 지금도 그렇다.

머리에 수건을 얹는 습관은 이런 '조용한 질서'를 유지하면서도 몸과 마음을 정리하는 작은 의식처럼 굳었다. 뜨거운 물 아래서 느긋하게 앉아, 머리 위의 수건은 식히고, 마음은 가라앉히는 시간인 셈이다.

이 작은 행동 하나에 일본식 청결관, 위생 규율, 집단 배려, 그리고 온천을 성스러운 휴식공간으로 여기는 감각이 겹겹이 들어 있다. 일상 속의 사소한 몸짓이 품고 있는 고유한 문화를 들여다보면, 일본이란 사회가 어떻게 질서를 만들고 생활을 조직하는지를 더 깊이 읽을 수 있다.

2. 모방을 통한 존재 증명

도쿄 디즈니랜드와 오사카 유니버설 스튜디오를 바라보면, 일본이 왜 이렇게 미국 대형 엔터테인먼트를 기꺼이 끌어들여 자신들의 땅에서 '정교하게 재현'하려 했는지 자연히 궁금해진다. 단순히 '돈 되니까'라는 설명으로는 부족하다. 그 속엔 일본 특유의 심리 구조가 몇 겹으로 겹쳐 있다. 문화적 자존심과 실용주의, 그리고 모방의 미학이 묘하게 뒤섞여 있다.

일본은 오래전부터 외래 문화를 '받아들이되, 자기가 원하는 방식으로 가공해 다시 내놓는 능력'을 주요한 생존 전략으로 삼아 왔다. 메이지 시기의 유럽 문물 수입, 전후 미국 문화의 흡수, IT · 자동차 · 애니메이션에 이르기까지 이 패턴이 반복된다. 외래 요소를 그대로 베끼는 게 아니라 일단 자기 손에 넣어 철저히 분석하고, 구조를 파악하고, 조용한 방 안에서 세세히 분해한 뒤 다시 조립한다. 그러면 원본보다 더 정교해지고, 더 안정되고, 더 일본적인 것이 된다. 이건 단순한 모방이 아니라 '개량된 모방', 즉 모방을 통한 자기 확립이다.

디즈니랜드와 유니버설 스튜디오는 일본에 그런 의미였다. 세계 최강의 문화 산업이 만든 엔터테인먼트의 총본산을 자기 땅에 옮겨 놓고, 그 안에서 일본식 서비스, 일본식 질서, 일본식 세부 감각을 주입한다. 미국이 만든 세계관이지만 그 세계를 운영하는 규율과 공기는 일본식이다. 워싱턴이 원본을 제공하고, 도쿄와 오사카가 그 원본을 '운영 기술'로 재해석하는 구조다. 이런 식으로 일본은 미국 문화의 상징물을 자기 손 안에서 길들이며, 동시에 국제적 상징성을 빌려 내부 위신(domestic prestige)까지 챙긴다.

여기엔 또 하나의 심리가 작동한다. 일본은 동아시아 안에서 '아시아 냄새'를 벗어나고 싶어 했고, 특히 전후에는 미국을 근대성의 절대 기준으로 삼았다. 그런 심리 속에서 디즈니와 유니버설은 단순한 놀이공원을 넘어 미국 근대의 '제스처'를 채택하는 행위가 된다.

‘우리는 아시아의 변두리가 아니라, 세계 주류와 연결된 문명권이
다.’

이런 조용한 메시지가 공간 속에 새겨진다. 탈아(脫亞)는 오래전에
끝난 듯 보이지만, 감정의 흔적은 지금도 어딘가에서 남아 지속적으
로 재확인된다.

도쿄 디즈니와 오사카 유니버설은 일본 특유의 심리를 드러낸다.
외래 문화를 통해 자신을 증명하려는 욕망, 모방을 개선으로 만드는
기술적 자존심, 그리고 미국을 ‘현대성의 척도’로 삼아온 오랜 정서
다. 이런 심리를 이해하면 일본 테마파크가 단순한 관광지 이상의 의
미를 갖는다는 사실이 보인다. 문화가 어떻게 이동하고, 국가들이 그
이동을 통해 어떤 자기를 만들어내는지 생각해볼 여지가 더 크게 열
린다.

3. 보이지 않는 무서운 규율

일본 거리를 걷다 보면 이상한 점 하나를 금세 느낄 수 있다. 쓰레
기통이 거의 보이지 않는데도 거리가 놀라울 만큼 깨끗하다는 사실
이다. 한국이나 다른 나라에서는 사람들이 쓰레기를 버릴 수 있도록
곳곳에 공용 쓰레기통을 설치하지만, 일본에서는 그 흔한 쓰레기통
을 찾기조차 어렵다. 그런데도 거리에 휴지 한 장, 껌 하나 떨어져 있
지 않다. 처음 방문한 사람은 이 점에 놀라고, 두 번째 방문한 사람은
그 이유를 궁금해한다. 이 풍경은 도시의 미학이라기보다, 사회의 깊

숙한 습관과 규율이 드러난 장면이다.

일본에 공공 쓰레기통이 줄어든 이유는 1990년대 중반의 사건에서 비롯됐다. 1995년 도쿄 지하철 사린가스 테러 이후, 정부는 공공장소의 쓰레기통을 잠재적 위험물 은닉 장소로 보고 대거 철거했다. 이후 테러 위협이 줄어든 뒤에도 쓰레기통은 다시 돌아오지 않았다. 대신 시민들이 쓰레기를 각자 집으로 가져가는 문화가 정착됐다. 일본인들은 이를 '모찌카에리(持ち帰り)'라 부른다. '자기 쓰레기는 스스로 책임진다'는 발상이다. 일본 도시를 걷다 보면 쓰레기통 대신, 가방 속에 작은 비닐봉지를 하나씩 넣고 다니는 사람들이 많다. 쓰레기통이 없음을 문제로 느끼는 것이 아니라, 그것을 전제로 생활 방식을 조정해 버린 것이다.

하지만 이 문화가 단지 보안 조치의 부산물로만 남은 것은 아니다. 일본 사회는 오래전부터 '남에게 폐를 끼치지 않는다'는 가치를 중시해왔다. 쓰레기를 아무 데나 버리는 행위는 단순한 환경 문제가 아니라 타인에게 피해를 주는 행동으로 여겨진다. 그래서 일본 사람들은 길거리에서 먹거나 마시는 일도 거의 하지 않는다. 공공장소를 개인의 식사 공간으로 사용하지 않는 것이다. 먹고 남은 포장지나 병, 캔은 대부분 가방에 담아 집으로 가져간다. 이때 '조금 귀찮아도 참는 것'은 미덕이며, 그 미덕은 곧 도시의 질서로 이어진다.

또한 일본의 쓰레기 분리수거 제도는 매우 세밀하다. 종이, 플라스틱, 병, 캔, 음식물 등은 물론, '타는 쓰레기'와 '타지 않는 쓰레기'까지 구분된다. 분리 규칙은 지역마다 조금씩 달라서, 이사만 가도 다시 배워야 할 정도다. 이런 시스템 속에서 사람들은 자연스럽게 자신의 쓰레기를 책임지고 처리하는 감각을 체득한다. 거리 청결은 '누가 얼마나 청소하느냐'의 문제가 아니라 '누가 얼마나 더럽히지 않느냐'의 문제로 전환된다. 결국 일본의 깨끗한 거리는 청소 인력의 노력보다는 시민들의 습관이 만든 결과다.

이런 문화는 교육에서도 이어진다. 어린 시절부터 학교에서 교실과 복도, 운동장을 스스로 청소하는 경험을 통해 일본 아이들은 '청결은 공동의 일'이라는 감각을 몸에 새긴다. 이 경험은 단순한 노동 교육이 아니라 공동체 감각의 초석이 된다. 청소는 누군가에게 떠넘기는 일이 아니라 '함께 유지해가는 일'이라는 세계관이 자연스레 형성된다. 그래서 성인이 되었을 때도 공공장소의 질서를 지키는 것이 어색하지 않다.

일본의 거리에서 쓰레기통이 사라진 자리는 곧 '보이지 않는 규율'이 대신 채운다. 사람들은 타인을 고려해 조심스럽게 행동하고, 작은 불편을 감내하는 것을 이상하게 여기지 않는다. 이러한 마음의 구조가 모여 도시의 청결을 유지한다. 일본 거리에 쓰레기통이 거의 없는데도 깨끗한 이유는 시민의식이 유난히 높아서가 아니라, 사회 전체가 '공공의 공간은 모두의 것'이라는 암묵적 계약 위에 서 있기 때문이다. 이 조용한 계약이 만든 눈에 보이지 않는 질서가, 오늘의 일본 거리 풍경을 완성한다. 보이지 않지만 단단한 질서. 그 질서가 결국 눈에 보이는 청결을 만든다.

4. 예의가 먼저 열리는 문

일본을 여행하다 보면 택시 문이 자동으로 열리고 닫히는 장면을 쉽게 볼 수 있다. 낯선 사람에게는 신기한 경험이지만, 일본인에게는 너무도 당연한 일상이다. 승객이 문 손잡이에 손을 대기도 전에 운전석에 앉은 기사가 버튼을 눌러 뒷좌석 문을 연다. 내릴 때도 마찬가지다. 요금을 지불하고 내릴 준비를 하면 운전기사가 다시 버튼을 눌러 문을 열어준다. 손님이 직접 문을 여는 것은 오히려 무례한 행동으로 여겨질 때도 있다.

이 관행은 일본 택시 문화의 상징적인 장면으로, 단순한 편의 기능이 아니라 '환대'의 표현이다. 일본의 택시 기사는 손님이 차에 타는 순간부터 집에 도착할 때까지 모든 과정을 하나의 서비스로 여긴다. 문을 직접 열어주는 것은 손님을 '모시는 마음'을 행동으로 보여주는 것이다. 마치 식당에서 손님 앞에 물수건을 내밀 듯, 택시 문이 자동으로 열리는 것도 예의의 연장선에 있다.

이 시스템은 안전상의 이유에서도 발전했다. 뒷좌석 문을 승객이 함부로 열면, 옆을 지나던 차량이나 자전거와 부딪힐 위험이 있다. 도심의 좁은 도로에서 이런 사고를 예방하기 위해 운전자가 버튼으로 통제하도록 만든 것이다. 기술적으로는 간단한 장치지만, 그 안에는 일본 사회의 '질서와 배려'가 녹아 있다. 혼잡한 도시 안에서도 서로의 행동을 조심스럽게 조율하려는 태도, 그것이 일본식 서비스 정신의 핵심이다.

자동문 택시는 1960년대 도쿄올림픽을 전후로 널리 퍼졌다. 외국인 관광객이 늘면서 일본은 '세계에서 가장 친절한 나라'로 보이려 했다. 당시 일본 기업들은 자동문을 장착한 택시를 새롭게 도입하며 근대적 이미지를 강조했고, 이는 일본식 환대의 상징으로 자리 잡았다. 지금은 지방 중소도시까지도 이런 택시가 일반화되었으며, 운전기사 교육에서도 '문을 직접 열게 하지 않는다'는 규범이 포함되어 있다.

이 문화는 한국과 비교하면 차이가 뚜렷하다. 한국에서는 손님이 스스로 문을 여닫는 것이 자연스럽고, 기사 역시 그것을 서비스의 일부로 간주하지 않는다. 그러나 일본에서는 문을 닫는 것조차 기사의 역할에 포함된다. 손님이 손을 대면 "괜찮습니다, 제가 닫겠습니다"라고 정중히 말하는 경우도 있다. 이러한 세세한 행동 하나에도 상대를 배려하는 사회적 습관이 배어 있다.

일본의 택시 자동문은 기술보다 마음이 앞선 장치다. 단순히 편리해서 생긴 기능이 아니라, 상대의 동선을 방해하지 않고, 불편을 줄이며, '손님이 손 하나 까딱하지 않아도 되는' 세심함의 표현이다. 일본 사회가 중시하는 '질서, 예절, 안전, 배려'가 택시 문 하나에 응축되어 있는 셈이다. 그래서 일본의 택시 문은 기계가 여는 문이 아니라, 예의가 여는 문이다.

5. 몸을 낮춰 마음을 전하는 나라

일본 사람들은 인사를 나눌 때 악수보다 절, 즉 '오지기(おじぎ)'를 훨씬 더 자연스럽게 여긴다. 이는 단순한 몸짓이 아니라 오랜 세월에

걸쳐 몸에 밴 사회적 언어다. 일본에서 절은 '당신을 존중합니다'라는 말을 행동으로 표현하는 방식이며, 그 높낮이와 시간, 각도에 따라 의미가 미묘하게 달라진다.

절의 뿌리는 고대 불교 의례와 무사도 정신에서 비롯되었다. 상대에게 등을 보이지 않고, 자신을 낮추어 예를 표하는 행동은 곧 마음의 정결함을 보여주는 수단이었다. 그래서 일본에서는 처음 만나는 사람, 스승, 상사, 손님, 심지어는 전화 통화 후에도 '감사합니다'라는 마음으로 몸을 숙인다. 서양의 악수가 신뢰를 확인하는 손의 언어라면, 일본의 절은 존중을 드러내는 몸의 언어다.

오지기에는 세 가지 기본 형태가 있다. 가볍게 15도 정도 허리를 숙이는 '에샤쿠(会釈)'는 일상적인 인사에 쓰인다. 상대방이 상사나 손님일 경우에는 30도 각도의 '케이레이(敬礼)'로 격식을 더한다. 가장 깊은 45도 이상의 '사이케이레이(最敬礼)'는 사죄나 감사, 공식 의례에 사용된다. 숙이는 각도 하나에도 의미가 담겨 있는 셈이다. 한국에서도 예의를 중시하지만, 일본처럼 각도를 규범화하고 훈련하는 문화는 드물다.

흥미로운 점은 일본에서는 악수가 아예 금기인 것은 아니라는 것이다. 국제 비즈니스나 외국인 상대의 자리에서는 악수를 하되, 동시에 가볍게 머리를 숙이는 절을 함께 한다. 두 문화를 자연스럽게 섞는 이중 예법이다. 손은 신뢰를, 절은 존중을 의미하니, 두 제스처가 조화를 이룬다.

이처럼 일본의 인사법은 관계 중심 사회의 질서를 반영한다. 상대의 지위, 연령, 관계의 깊이에 따라 절의 각도와 타이밍이 달라진다. 서로를 향한 '거리 유지의 미학'이 오지기 속에 녹아 있다. 말보다 몸짓으로 상대의 존재를 인정하는 문화, 그것이 일본식 예절의 핵심이다.

일본인이 악수보다 절을 선호하는 이유는 신체적 접촉보다 심리적 거리의 조율을 중시하기 때문이다. 절은 가까워지기 전에 경계를 세우는 인사이자, 동시에 그 경계를 존중함으로써 신뢰를 쌓는 장치다. 그래서 일본에서는 처음 만나는 사이일수록 손을 잡지 않는다. 대신 고개를 숙인다. 그것이 일본식 존중의 첫 언어다.

6. 손을 지우는 식탁의 미학

일본 시탁을 보면 가장 먼저 눈에 띄는 특징이 있다. 손이 거의 등장하지 않는다. 초밥, 오니기리, 절임 반찬, 국 반찬까지 일본 사람들은 끝까지 젓가락만으로 먹는다. 한국이나 중국에서는 필요하면 손을 자연스럽게 쓰지만, 일본은 아예 '손의 흔적 자체를 지우는 방향'으로 식사 문화를 발전시켰다. 이는 단순히 예절의 문제가 아니라 오랜 역사 속에서 형성된 심리적 거리감, 청결 개념, 신뢰의 문제와 맞닿아 있다. 일본에서 '손'은 따뜻하고 인간적인 도구이지만, 동시에 위생과 신뢰를 위협할 수 있는 요소로도 작용했다.

에도 시대 상업도시에서는 음식에 손자국이라도 보이면 신뢰가 깨졌다. 당시에는 조리 과정이 지금처럼 공개되지 않았기 때문에, 식탁 위에서 보이는 손의 흔적은 곧 '어디까지 만졌을까'라는 의심으로 이어졌다. 오늘날 유명 초밥집에서 요리사가 하루 수십 번 손수건을 갈아가며 손의 온도, 땀, 냄새를 통제하는 이유도 여기에 있다. 손은 인간적인 동시에 위험한 존재이며, 젓가락은 그 손을 식탁에서 '지우는' 장치다. 젓가락은 단순한 도구가 아니라, 인간의 흔적을 최소화하기 위한 일종의 미학적 거리두기다.

여기에 일본 쌀 특유의 성질도 영향을 미쳤다. 일본 쌀은 찰기가 강해 숟가락으로 퍼먹기보다 젓가락으로 집어 먹기에 더 적합했다. 이 특성 덕분에 음식을 처음부터 한입 크기로 정교하게 잘라 접시에 배치하는 방식이 자연스럽게 자리 잡았다. 음식이 작고 정돈되어 있으니, 손이 개입할 틈이 줄어들었다. 반찬을 뜯거나 나누는 과정이 거의 필요하지 않기 때문에, 식탁 위에는 젓가락만 남고 손은 뒤로 물러나게 된다.

이 모든 흐름을 통틀어 보면 일본의 젓가락 문화는 단순한 '청결 집착'으로 설명되지 않는다. 일본은 오래전부터 인간과 음식 사이에 일정한 거리와 형식을 세워 두는 태도를 하나의 미학으로 발전시켰다. 손의 체온, 땀, 지문과 같은 인간적 흔적이 식탁 위에서 드러나지 않도록 하는 것, 그 절제가 '교양'으로 여겨진 문화다. 음식과 인간은 너무 가까워서도 안 되고, 또 너무 멀어져서도 안 되는 관계, 그 미묘한 균형을 젓가락이라는 도구가 유지해 준다. 그래서 일본 식사는 그저 배를 채우는 행위가 아니라, 흐트러짐과 노출 없이 조심스럽게 감상하는 의식에 가깝다. 젓가락 끝에서 음식이 해체되고, 입으로 옮겨지는 모든 과정이 작은 공연처럼 정제되어 있다. 이 절제된 거리감, 보이지 않는 예의가 바로 일본 음식문화가 지닌 고유한 미학이며, 한국과 중국과 뚜렷하게 갈라지는 지점이다. 일본인의 식탁은 침착하고 고요하며, 무엇보다 손을 감추는 방식으로 품위를 완성한다.

7. 불편함 위에 세운 일본의 마음

일본인이 무릎을 꿇고 앉는 자세, 정좌는 겉으로 보면 단지 예의 바른 동작처럼 보인다. 하지만 그 안쪽에는 훨씬 더 깊은 의미가 숨어 있다. 몸의 움직임을 억제하면서 마음을 다스리고, 관계를 정돈하며, 자신을 낮추는 철학이 정좌라는 하나의 포즈에 압축되어 있다. 의식과 예법, 생존과 미학이 한데 묶인 방식이다.

정좌의 기원을 따라가면 무사 시대가 가장 먼저 떠오른다. 칼을 찬 사무라이가 주군 앞에 앉을 때는 반드시 무기를 몸에서 떨어뜨리고, 무릎을 꿇고 발끝을 가지런히 모았다. 이건 단순한 공손함이 아니라 '나는 당신에게 위협이 되지 않는다'라는 무언의 신호였다. 자세가 조금만 흐트러져도 상대는 칼을 빼들 여지를 떠올렸다. 정좌는 복종의 신호였고, 동시에 자기 생명을 지키는 기술이었다.

에도 시대에 들어오면 정좌는 전혀 다른 색채를 띤다. 칼이 내려놓인 자리에 차의 세계, 즉 다도가 자리를 잡는다. 다도와 서예, 향 같은 고요한 예술들은 정좌를 기본자세로 삼았다. 차를 따르고 향이 피어오르는 모습을 바라보며 사람들은 무릎을 꿇고 조용히 숨을 골랐다. 몸을 고정해 두면 마음의 떨림이 드러나고, 그 떨림을 들여다보는 시간이 생긴다. 이 순간 정좌는 '마음을 비추는 거울'이 된다.

문제는 정좌가 끔찍할 만큼 불편하다는 것이다. 오래 앉으면 피가 통하지 않아 다리가 저리고, 서거나 걸을 때 휘청거릴 정도로 발이 마비된다. 그럼에도 일본 문화는 이 불편함을 미덕으로 바꾸었다. 참을수록 예의가 깊어지고, 불편함을 견딜수록 마음이 정돈된다고 보았다. 이 역설적 미학은 일본식 와비사비(わびさび)의 감성과 맞닿아 있다. 완벽하지 않은 상태가 오히려 더 단정하고, 불편한 상태가 오히려 마음을 가라앉힌다는 사고방식이다.

가정에서도 정좌는 일찍부터 일종의 훈련이었다. 명절에 손님이 오면 아이들은 바닥에 무릎을 꿇고 '오세와 아리마스(おせわに なります)'라고 인사했다. 학교에서도 '예절 시간'이 있었고, 학생들은 교장 선생님이 말하는 동안 정좌하고 있었다. 허리를 굽히면 '태도가 나쁘다'며 혼이 났다. 정좌는 몸으로 배우는 예절이자 몸으로 배우는 규율이었다.

오늘날 일상에서 정좌는 많이 사라졌다. 다다미가 줄고 의자 생활이 보편화되면서 젊은 세대는 정좌를 오래 유지하지 못한다. 그러나 단 한 영역에서만큼은 정좌가 살아 있다. 바로 '사죄의 순간'이다. 일본 기업의 대표나 연예인이 기자회견에서 무릎을 꿇고 '모시와케 아리마센(もうしわけ ありません, 정말 죄송합니다. 변명의 여지가 없습니다)'이라고 말하는 장면은 여전히 일본 사회의 '진심의 포즈'다. 말보다 자세가 먼저 사과를 말하고, 그 몸짓이 책임을 증명한다.

정좌는 여전히 묘한 아름다움을 지닌다. 고통과 고요가 함께 있고, 억눌림 속에서 마음이 가라앉는다. 몸을 낮추면 마음이 보이고, 발끝이 저리면 심지가 드러난다. 일본에서 무릎을 꿇어 앉는다는 건 단순한 예의가 아니라 자신을 접고, 욕망을 낮추고, 타인과 공간을 조율하는 태도다. 정좌는 말하자면 '불편함을 통한 깨달음'이다. 천 년 넘게 일본인이 삶을 다스린 방식이 이 자세 하나에 응축되어 있다.

8. 묻지 않음으로써 존중하기

일본 회사원들은 수년을 함께 일해도, 동료가 어디에 사는지 모르는 경우가 많다. 그것은 무관심이 아니라, '거리의 미학'이자 일본식 인간관계의 윤리 때문이다. 일본 사회에서는 가까운 관계일수록 더 큰 조심이 필요하다고 여긴다. 타인의 사생활에 발을 들이지 않는 것이 배려이고, 묻지 않는 것이 예의다.

이 문화의 배경에는 일본 특유의 '공사(公私) 분리'가 있다. 일본인은 공적인 나(建前, 다테마에)와 사적인 나(本音, 혼네)를 철저히 구분한다. 회사는 '공적 세계'이므로, 그 안에서의 관계는 직무로 제한된다. 사적인 정보, 주소, 가족, 연애, 주말 일정은 혼네의 영역이다. 따라서 동료의 집이 어디인지, 누구와 사는지, 어떻게 출퇴근하는지는 자연스럽게 금기 주제가 된다. 묻지 않아야 서로의 경계를 존중하는 것이다.

이런 태도는 불편보다 안심을 낳는다. 회사는 일하는 곳이지, 감정을 공유하는 공간이 아니다. 일본 회사의 회식 문화조차 일정한 거리 속에서 이뤄진다. 상사는 술자리에서 농담을 해도, 다음날엔 다시 원래의 위계가 복귀된다. 서로의 사생활을 존중해야 공적 질서가 유지된다는 암묵적 합의가 있다. 동료가 퇴근 후 어디로 가는지, 주말에 누구를 만나는지는 회사의 세계와 무관한 이야기다.

이 거리감은 일본 사회의 공간 구조에도 반영되어 있다. 일본의 도시는 '프라이버시의 사회'다. 아파트 옆집 사람과 인사를 해도, 이름이나 가족관계를 묻지 않는다. 좁은 공간에 살면서도 서로의 영역을 침범하지 않는 '침묵의 질서'가 발달했다. 회사 역시 그 연장선이다. 조직 속에서도 사람들은 일정한 심리적 간격을 두고, 그 간격 속에서 안정을 찾는다.

한국에서는 '같이 일하면 자연스럽게 친구가 된다'는 사고가 일반적이지만, 일본에서는 오히려 그 반대다. 직장 동료는 '함께 일하는 사람'일 뿐, 친구가 아니다. 우정은 개인의 세계에서 맺어야 하고, 회사는 업무의 세계로 남겨야 한다. 그래서 일본 회사원은 "같이 일한 지 10년인데, 집은 어디쯤인지 모르겠어요"라고 말하면서도 전혀 이상하게 느끼지 않는다. 오히려 그것이 '좋은 관계'의 증거로 여겨진다.

이런 관계 구조는 때로 차갑게 보이지만, 실은 깊은 배려에서 비롯된다. 일본인은 타인의 시간과 공간, 심지어 감정의 영역까지 침범하지 않으려 한다. 상대가 스스로 말하지 않으면, 결코 먼저 묻지 않는다. 그 침묵이 불편하지 않은 사회, 그것이 일본이다.

일본 회사의 인간관계는 '가까움 속의 거리'로 정의된다. 서로의 이름을 부르고, 매일 얼굴을 보지만, 마음의 문턱은 넘지 않는다. 그 절제된 관계 속에서 일본인은 안심을 얻는다. 그것은 효율보다 조화, 친밀함보다 안정이 우선되는 사회의 질서다.

그래서 일본 회사원에게 동료의 집 주소를 모른다는 건 무관심이
아니라 신뢰의 또 다른 형태다.

'묻지 않음으로써 존중한다.'

이 조용한 예의가 바로 일본식 관계의 품격이다.

9. 일본인의 '빡빡머리'

일본 거리를 걷다 보면 유난히 짧게 깎은 머리, 혹은 아예 민 머리
를 한 남성들을 쉽게 볼 수 있다. 이것은 단순한 헤어스타일의 유행
이 아니다. 일본 사회의 규범, 미학, 기후, 역사까지 겹겹이 쌓여 만
들어낸 하나의 문화적 표정이다.

무엇보다 일본에는 오래전부터 '단정함은 신뢰다'라는 감각이 자리
잡고 있다. 머리카락을 짧게 자르는 것은 깔끔함과 성실함의 상징이
며, 공동체 속에서 장식보다 정돈을 우선하는 태도를 드러낸다. 학
생·운동부·자위대·경찰·소방관 같은 직업군에서 거의 의무적으
로 짧은 머리를 고수하는 것도 이러한 사고방식의 연장선이다. 짧은
머리는 개인의 취향이기 이전에 예의의 형태였다.

일본의 기후 또한 이 문화를 키웠다. 덥고 습한 여름, 그리고 샤워
와 목욕이 일상의 중요한 부분인 환경 속에서, 짧은 머리는 위생적이
라는 인식이 자연스럽게 탄생했다. 청결을 삶의 기본값으로 삼는 일
본 사회에서 '머리를 간단히 유지하는 것'은 몸을 씻는 행위와 같은
맥락에서 받아들여진다. 신토의 정화 관념, 불교의 청정함을 중시하

는 감각이 생활 속 미용에도 스며든 셈이다.

여기에 일본 특유의 속죄와 각오의 문화가 더해진다. 연예인이나 운동선수가 잘못을 인정하며 삭발하는 장면은 일본에서 자주 볼 수 있다. 이는 사무라이 시대의 '삭발 참회' 전통에서 비롯된 것으로, 머리를 민다는 것은 스스로를 비우고 다시 시작하겠다는 결의의 선언이었다. 머리카락은 체면이고 자존심이며, 그것을 내려놓는 행위는 '다시 태어나겠다'는 의지의 상징이었다.

마지막으로 패션적 요소도 무시할 수 없다. 일본 남성들은 얼굴형과 두상이 단정한 편이어서 짧은 머리가 잘 어울린다는 것도 하나의 배경이다. 최근에는 미니멀리즘의 영향으로 클린 컷(clean cut), 보즈(坊主, ぼうず) 같은 스타일이 젊은 층에서도 자연스럽게 수용되고 있다. 깔끔함과 절제라는 미학이 외형의 디자인 감각과 만나 새로운 유행으로 자리 잡았다.

이 모든 요소가 모이면 일본 거리의 '빡빡머리'는 단순한 헤어스타일이 아니라 문화가 만든 얼굴이 된다. 질서, 청결, 속죄, 절제, 단정함, 즉 일본인의 가치관이 머리카락을 걷어낸 두피 위에 고요하게 새겨져 있다. 머리카락을 비운 자리에 드러나는 것은 오히려 그 사회의 정신이며, 그 단정한 곡선 속에는 일본이라는 나라의 오래된 미학이 흐르고 있다.

10. 사무라이 정발

사무라이의 정발(頂髮, ちょんまげ)은 흔히 영화 속 이미지로 나타나지만, 실제로는 한 시대의 정신을 모아놓은 상징물이다. 머리카락을 어떻게 남기고 어디를 비우느냐는 문제는 곧 신분과 복종, 충성과 통제의 문제였다. 사무라이 사회는 이 단순한 머리 형태 안에 스스로의 질서를 깊게 새겨 넣었다.

전국시대 이전까지 일본 남성의 머리는 다양했다. 그러나 무사 계급이 힘을 갖기 시작하면서 머리 모양은 개인의 취향이 아니라 군율의 징표가 되었다. 정수리를 시원하게 밀고, 남은 머리카락을 묶어 말아 올린 마게(髷)는 처음에는 매우 실용적이었다. 정수리를 비우면 투구(兜, 가부토) 안이 덜 뜨거웠고, 머리를 단단히 묶어두면 갑옷 속에서도 흐트러지지 않았다. 실전에서 생존을 위한 구조였던 셈이다.

그러나 실용은 곧 상징이 된다. 에도 시대로 들어서면 정발은 무사 신분을 증명하는 표식이 되었다. 머리를 깎거나 마게를 유지하지 않으면 무사로서의 자격을 박탈당했다. 정발은 일종의 '가시적 충성 맹세'였다. 주군의 질서에 복종하겠다는 약속이 머리 위의 매끈한 곡선에 얹혀 있었다. 이때 정수리를 미는 행위는 스스로의 자아를 비우고 주군의 세계에 들어가는 의례처럼 받아들여졌다. 마게는 머리카락으로 만든 끈이었지만, 실제로는 주군과 자신을 이어주는 정신적 끈이었다.

이 전통은 참회와 속죄에도 깊게 연관되었다. 사무라이가 과오를 범하면 머리를 짧게 깎거나 마게를 잘라 바쳤다. 자신의 오만을 내려

놓고 새로운 충성을 맹세한다는 의미였다. 머리를 자른다는 것은 단순한 헤어스타일의 수정이 아니라 명예의 일부를 스스로 잘라내는 선언이었다.

그러나 근대는 이 상징을 단번에 무너뜨린다. 1871년, 메이지 정부가 단발령(斷髮令)을 발표하면서 모든 일본인에게 서양식 머리를 요구했다. 이는 외형의 개혁을 가장한 정신 질서의 해체였다. 수백 년 동안 무사가 자신을 규정하던 머리 모양이 하루아침에 금지되자, 많은 사무라이가 깊은 수치감을 느꼈다. 어떤 이들은 마게를 자르느니 차라리 죽음을 택하기도 했다. 머리카락 몇 가닥이 아니라, 그 위에 실려 있던 계급 체계와 명예의 기둥이 무너지고 있었기 때문이다.

정발은 결국 한 시대의 구조를 말하는 언어였다. 정수리를 민 자리는 권위 앞에 무릎 꿇는 복종의 자리였고, 뒤로 묶인 마게는 충성의 매듭이었다. 그리고 그 매듭이 잘려나간 뒤로, 일본의 봉건 질서는 영영 돌아오지 않았다. 머리는 자랄 수 있지만, 질서는 한 번 끊어지면 돌아오지 않는다. 정발이라는 소박한 형태 속에는 이 단단한 진실이 고요히 묻혀 있었다.

11. 맨손체조 정신

일본의 맨손체조 문화는 아침 햇살처럼 잔잔한데, 그 안에 일본 사회 특유의 규율감과 공동체 취향이 촘촘히 숨어 있다. 겉으로 보면 가벼운 체조지만, 실은 일본인의 하루 리듬을 만든 오래된 생활 문화이자, 전후 일본 재건의 기억을 품고 있는 작은 생활사다.

일본 사람들이 말하는 맨손체조는 대체로 '라디오 체조(ラジオ体操, 라지오 타이소)'를 가리킨다. 이 체조는 1928년, 일본 우편국(지금의 우정성)이 국가 주도의 건강 캠페인으로 시작한 것이다. 미국 보험회사의 '정해진 동작 운동'을 참고했지만, 일본식으로 더 간단하고 규칙적으로 다듬었다. '전국민의 몸을 튼튼하게 하자'는 목표로 라디오에서 매일 아침 6시 30분, 경쾌한 피아노 반주와 함께 체조 동작이 흘러나오면서 일본 전역으로 퍼져나갔다. 전후 폐허 속에서도 이 맨손체조는 멈추지 않았다. 나라가 흔들려도 아침 라디오 체조는 계속되었다는 사실 자체가 일본인에게 묘한 안정감을 주었다.

맨손체조의 풍경은 일본의 마을마다 비슷하게 펼쳐진다. 공원으로 해가 비칠 무렵, 백발 노인, 초등학생, 주변 상점 주인, 회사원까지 어깨를 툭툭 털며 둥그랗게 모인다. 피아노 선율이 시작되면 모두 같은 방향을 향해 같은 동작을 한다. 팔을 크게 돌리고, 상체를 굽히고, 뒤로 젖히고, 제자리에서 가볍게 뛰는 단순한 동작들인데, 묘하게도 혼자 할 때보다 함께 하면 더 경쾌한 기운이 생긴다. 누구 하나 크게 웃지도 않고, 말도 많지 않지만, 그 조용한 공동체성 속에서 하루가 부드럽게 열린다.

일본의 회사들도 한때는 라디오 체조를 의무처럼 실시했다. 공장 근로자들이 다치지 않도록 몸을 푸는 실용적 목적도 있었지만, 사실은 더 깊은 이유가 있다. 모두가 동시에 몸을 같은 리듬에 맞추는 순간, '우리는 같은 팀이다'라는 무언의 연대감이 생긴다. 일본 특유의 조직문화, 집단 속의 조화, 흐트러짐 없는 질서감이 이 짧은 체조 속에도 깔려 있다. 그래서 라디오 체조는 단순한 운동이 아니라, 전후 일본의 사회적 리듬을 정비한 작은 기초 공사 같은 역할을 해왔다.

맨손체조는 노년층에게 특히 사랑받는다. 관절에 무리가 없고, 준비물도 없고, 동작이 일정해서 매일 하기에 좋기 때문이다. 일본 노인들이 활발하게 보이는 이유 중 하나가 바로 이 아침 체조다. 70, 80대 어르신들이 공원에서 라디오 체조를 따라 하는 모습은 일본 일상의 상징이 되었다. 그들은 이 체조를 통해 규칙적인 생활을 유지하고, 이웃과 자연스럽게 얼굴도 맞대며, 몸과 마음을 가볍게 데운다.

무엇보다 흥미로운 점은, 일본의 아이들도 여전히 이 맨손체조 속에서 자란다는 점이다. 초등학교 운동회(운동회) 전에도 라디오 체조를 실시하고, 여름방학이면 집 근처 공원에서 아침마다 체조를 하면 스탬프를 찍어주는 프로그램도 있다. 이런 경험은 아이들에게 규칙성과 공동체에 대한 조용한 감각을 심어준다. 규율을 강요하지 않아도, 매일 반복되는 몸의 리듬을 통해 자연스럽게 배워가는 셈이다.

일본의 맨손체조는 거창한 철학이 아닌, '매일 조금씩 꾸준히'라는 일본인의 생활 미학이 응축된 문화다. 이 작은 체조가 일본 사회에 준 영향은 생각보다 깊다. 집단의 조화를 강조하는 일본적 감각, 규칙적 일상의 안정감, 나이를 넘어 함께 움직이는 공동체성 이 모든 것이 아침 라디오 체조의 피아노 선율에 조용히 녹아 있다.

<u>12.</u> 도저히 걸을 수가 없다

일본 시골을 처음 가면 이런 기묘한 장면을 마주친다. 집은 있다. 논도 있다. 가게도 있다. 고양이도 있다. 그런데 정작 사람이 없다. 마을 전체가 숨은그림찾기라도 하는 것처럼, 인간만 쏙 빠져나간 느낌이다. 외지인은 묻는다. '다 어디 갔지?' 대답은 간단하다. 차 안에 있다.

일본인은 걷기를 싫어한다기보다, 걷기와 사이가 아주 애매하게 틀어져 있다. '저기 편의점까지 600미터야.' 한국인이라면 '걍 걸어가자'라고 하겠지만, 일본인은 '걷는다고? 그건 이미 여행인데?' 하고는 자동차 시동을 건다.

이걸 게으름이라고 부르면 억울하다. 일본인들에게 걷기는 단순한 이동이 아니라 체력 관리 차원의 경제 문제다. 하루 종일 과로하고, 만원 전철에서 삶의 기운을 쥐어 짜내는데, 마지막 남은 체력을 왜 실바낙에 쏟아야 하냐는 논리다. 그러니 500미터도 차로 간다.

마을 주민끼리도 이렇게 말한다. '걸어서 온 사람이 있다고?' '차 고장 난 거 아냐?' 걷는 건 거의 긴급 상황으로 분류된다.

게다가 일본 시골 자체가 '걷기 비우호적 환경'이다. 인도는 드문드문, 차도는 길쭉길쭉하다. 사람이 걸을 곳이 아니라 차가 달리는 곳만 있다. 그러니 길 위의 사람은 자연스럽게 희귀종이 된다. 어쩌다 한 명 걸어가면, 주민들이 살짝 놀란 눈으로 바라본다. '저 사람… 산책? 아니면 뭔 일 난 건가…?'

그런데 같은 일본인이 여행을 가면 2만 보를 걷는다. 왜냐고 물으면 이렇게 대답한다. '그건 걷기 모드니까.' 일본인은 인생을 모드별로 나누는 데 재능이 탁월하다. 일상 모드에서는 300미터도 먼 거리다. 하지만 '여행 모드'가 켜지면 산책은 오히려 해야 하는 일이다. 장비만 딱 갖추면 걷는 것은 허용된다. 장비가 없으면? 안 된다.

일본 시골의 '사람 없는 거리'는 이렇게 탄생한다. 효율주의와 자동차 중심 구조, 과로 사회, 모듈화된 생활 감각이 합쳐져 걷는 사람은 전설 속 존재가 되어 버린다.

그래도 그 고요한 길을 한번 걸어보면, 차만 다니는 마을이 왜 그렇게 조용한지, 그리고 왜 사람들이 차 안으로 숨어 버렸는지, 은근히 이해된다. 걷다 보면 동네 개가 지나가며 이런 표정을 짓는다. '어? 사람이다…?' 바로 그 순간, 일본 시골의 풍경이 조금 더 선명하게 보인다.

13. 겨울에도 반바지

일본 겨울 거리를 걷다 보면, 옷깃이 절로 올라갈 만큼 추운 날에도 남자 초등학생들이 반바지를 입고 다니는 모습이 눈에 띈다. 이 풍경은 외국인의 눈에는 거의 '비현실적 장면'처럼 보이지만, 일본에서는 오래된 문화적 습관과 학교의 암묵적 전통이 섞여 만들어진 독특한 풍경이다.

수십 년 전부터 일본 초등학교는 '동복에도 반바지'라는 묘한 관행을 유지해왔다. 처음에는 실용 때문이 아니었다. 전후(戰後) 일본이 경제적으로 넉넉하지 않았던 시절, 아이들 옷은 가볍고 싸게 만들 수 있는 게 우선이었다. 천을 적게 쓰는 반바지는 자연히 표준이 되었고, 이것이 관습으로 굳어졌다. 경제가 회복된 뒤에도 이 관습은 '전통의 귀여움'처럼 자리 잡았다.

부모들도 이 전통을 의외로 지지한다. '아이들은 추위를 견디며 강해져야 한다'는 식의 교육관이 남아 있기 때문이다. 일본식 근육 교육이랄까, 추위 속에서 도망가지 않는 습관을 길러주는 느낌이다. 반바지를 입히면 다리가 차갑다는 걸 아이 스스로 느끼면서, 춥지만 움직이며 적응하는 습관을 배운다. 운동장에서 거침없이 뛰어다니는 일본 아이들의 체질은 이런 작은 습관에서 비롯된다.

학교 선생님들의 문화도 재미있다. 일본 학교는 규정을 바꾸길 지나치게 꺼린다. 규칙을 바꾸면 사례 검토, 학부모 설명, 회의 처리 등 절차가 늘어나기 때문에, '지금까지 해온 대로'가 가장 편하다. 그래서 겨울 반바지 관행은 특별한 이유 없이 이어진다. 규칙이 아니다. 하지만 모두 그렇게 한다. 일본 특유의 '형식은 가볍고 관습은 무겁다'라는 문화가 그대로 비친다.

무엇보다 이 풍경이 귀엽게 느껴지는 건, 아이들이 추위를 전혀 의식하지 않는 듯 뛰어다니기 때문이다. 얼굴은 빨갛게 얼어 있으면서도, 장갑 낀 손으로 친구를 잡아끌며 운동장을 달린다. 다리는 시베리아급 추위에 노출돼 있는데, 표정은 태평하다. 그 천진함이 이 문화의 상징이 되었다.

옆에는 어김없이 '롱 패딩, 반바지, 무릎까지 양말'이라는 일본식 겨울 교복 스타일이 완성된다. 위는 북극 탐험대, 아래는 한여름 캠프 같은 기묘한 조합. 이 조화는 이 나라에서만 자연스럽다. 다른 나라에서 하면 부모가 난리 날 조합인데, 일본에서는 그저 '아, 겨울이구나'라는 진경이다.

일본 남자아이들의 겨울 반바지는 실용성보다 정서, 전통, 교육 철학, 관습의 관성으로 이어져온 풍경이다. 일본은 작은 풍경 하나도 그 나름의 리듬과 정서가 있다. 그 겨울 반바지는 그런 일본스러움의 상징처럼 보인다. 조금 이상하지만 이상하게 사랑스럽고, 무엇보다 묘하게 설득력까지 있다.

14. 천황보다 튀면 안 되는 사람

일본의 총리대신이라는 자리를 보면, 이 직책이 왜 다른 나라의 '행정수반'과 미묘하게 다른 기운을 풍기는지 금방 느껴진다. 일본의 총리는 단순히 정치를 운영하는 사람이 아니라, 일본 정치문화 전체의 리듬을 몸으로 보여주는 일종의 살아 있는 기호(記號)다. 총리를 따라가다 보면 일본이라는 나라가 권력을 어떻게 다루는지, 지도자에게 어떤 자세를 기대하는지, 혼란과 안정을 어떤 방식으로 조율하는지가 은근하고도 재미있게 드러난다.

메이지 시대 일본이 서구식 제도를 한꺼번에 퍼올릴 때, 총리대신도 함께 들어왔다. 다만 일본은 서구의 모델을 그대로 베끼지 않았다. 천황을 정점에 둔 채 '입헌군주제'의 틀만 가져왔기 때문에 총리대신은 태생부터 묘한 존재였다. 실질적 리더이지만, 어디까지나 '천황보다 앞서면 안 되는 사람'이라는 규칙이 보이지 않는 선처럼 그어졌다. 그래서 일본 총리들의 말투가 이상하리만큼 부드럽고, 심지어는 돌려 말하는 수준을 넘어 '돌려서 한 바퀴 더 도는' 미묘한 표현이 자주 나온다. 나라의 얼굴보다 튀면 안 된다는 불문율이 이 세계를 만든다.

총리의 권한은 크다. 내각을 꾸리고, 외교를 주도하고, 안전보장을 책임진다. 문제는 이 강력한 권한이 현실에서는 파벌 정치 앞에서 종종 바람 빠진 풍선처럼 힘이 약해진다는 점이다. 일본의 자민당은 정당이라기보다 '파벌 연합체'에 가깝고, 오랫동안 총리는 국민에게서 나온 지도자라기보다 파벌들의 회의실에서 결정된 관리자였다. 파벌 간 힘의 균형이 한쪽으로 기울면 총리는 바람처럼 교체됐다. 어떤 해에는 '봄에는 사쿠라, 가을에는 총리 교체'라는 농담이 돌 정도였다.

그럼에도 일본 총리들은 나름의 개성을 남겼다. 요시다 시게루는 잿더미 일본을 재건한 실무형 리더였고, 나카소네 야스히로는 관료들을 잡아 흔들며 '일본도 세게 갈 수 있다'는 걸 보여준 '파워 총리'의 원조였다. 고이즈미 준이치는 파마머리로 TV에 등장해 개혁을 밀어붙이며 일본 정치에 드문 '대중적 카리스마'를 보여주었다. 그리고 아베 신조는 8년 넘게 흔들림 없이 장기 집권을 이어가며 '일본 정치에도 안정이 있긴 있다'는 걸 드문 예외처럼 증명했다.

여기서 재미있는 건, 일본에서는 국민이 총리를 직접 뽑지 않는다는 점이다. 국민은 정당을 선택하고, 정당은 내부 파벌 공부방에서 총리 후보를 결정하고, 국회는 그 후보를 거의 형식적으로 지명한다. 일본인들이 '정권을 선택한다'는 감각은 강하지만 '총리를 내가 뽑는다'는 인식은 희박한 이유가 여기에 있다. 총리가 되려면 국민 인기보다 파벌 내 인간관계와 미묘한 줄타기가 훨씬 중요했다.

총리의 일상도 일본적이다. 기자회견에서 직설적 발언은 거의 금지어에 가깝고, 정책 설명은 '세게 말하면 안 된다'는 전통 아래 은근하고 점잖게 흐른다. 논쟁보다는 분위기 조성, 돌파보다는 조정, 충돌보다는 간격 유지—이건 일본 기업 회의의 리듬 그대로다. 그러면서도 국제무대에서는 말보다 표정 하나, 한 문장 안의 힘 주는 위치 같은 디테일로 국가 이미지를 관리한다. 일본 외교는 섬의 날씨처럼 바람의 방향을 읽는 기술이 필요했기 때문에, 총리는 자연스럽게 '표정의 정치'를 익히게 된다.

일본의 총리대신을 들여다보면, 그 사람이 어떤 능력을 가졌느냐보다 그 자리를 둘러싼 공간의 분위기 자체가 더 흥미롭다. 조용한 정원처럼 보이지만, 발밑에는 파벌의 뿌리가 얽히고, 관료 조직의 힘이 나뭇가지처럼 뻗어 있고, 천황이라는 상징이 그 위에 얇은 그림자처럼 걸려 있다. 외교의 바람은 늘 방향을 바꾸고, 대중의 온도는 계절처럼 오르내린다. 그 속에서 일본의 총리는 목소리를 키우기보다 리듬을 유지하며 서 있는 사람이다. 일본 정치가 가진 이 차분하면서도 묘하게 불안정한 질감은, 총리대신을 통해 제일 잘 드러난다.

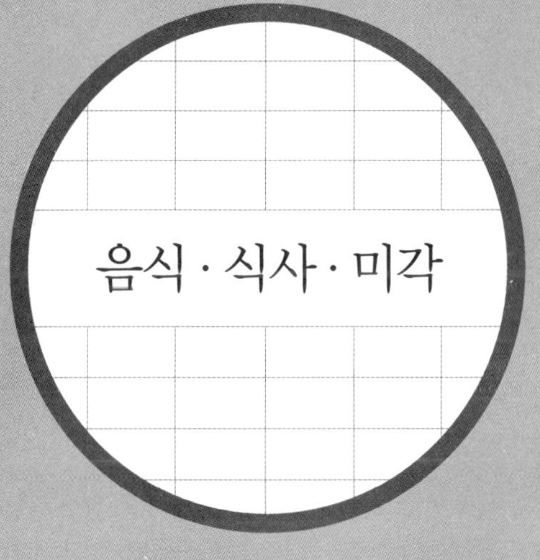
음식 · 식사 · 미각

제2부

1. 코오히가 뭐야?

일본인이 '커피'라는 발음을 못 한다기보다, 그 소리를 만들 언어적 장치 자체가 없다고 말하는 쪽이 훨씬 정확하다. 일본어는 자음과 모음이 하나의 세트로 움직이는 구조라서 자음이 단독으로 튀어나오는 소리를 만들지 못한다. 문제는 '커(kʌ)' 같은 중성 모음이 일본어 음운 체계에 없다는 점이다. 그러니 일본어는 자기 언어 안에서 가장 가까운 소리를 빌려온다. 그 결과물이 바로 'コ(코)'다. 일본어에서 '커'에 가장 근접한 음이 '코'이기 때문이다.

'피' 역시 일본어식 구성으로는 그대로 옮기기 어렵다. 일본어는 모음과 장음이 강하게 작용하기 때문에 '피'라는 짧은 음절을 일본식으로는 'ヒー(히-)'로 늘여 발음한다. 이렇게 해서 '커피'라는 단어가 일본어로 넘어오면 자연스럽게 'コーヒー(코오히-)'가 된다. 구조적으로는 아주 단순한 흐름이다. '커'→코, '피'→히, 그리고 길게 늘어지는 음을 표현하는 장음 기호(ー)를 붙이는 것이다.

이 현상은 커피만의 문제가 아니다. '버스(bus)'가 'バス(바스)'가 되고, '클럽(club)'이 'クラブ(쿠라부)'로 바뀌는 것도 똑같은 이유 때문이다. 자음이 독립적으로 나올 수 없으니, 어쩔 수 없이 모음을 끼워 넣어야만 단어가 굴러간다. 일본인이 '커피'를 똑같이 발음하지 못한다고 해서 청취 능력까지 떨어지는 건 아니다. 실제로 '커피'라고 말하면 대부분 의미는 바로 알아듣는다. 듣는 귀는 더 유연하고, 발음은 자기 언어의 틀 안에서만 움직이기 때문이다.

요컨대 일본인이 커피를 '못' 발음하는 게 아니라, 일본어라는 체계가 그 소리를 찍어낼 수 있도록 만들어져 있지 않은 것이다. 언어란 결국 소리를 조직하는 방식이 서로 다를 뿐이고, 그 차이가 매번 이렇게 흥미로운 결과를 만든다.

2. 손에 받쳐 먹는 밥의 미학

일본에서는 밥을 먹을 때 반드시 그릇을 손에 들고 먹는다. 외국인에게는 조금 낯선 풍경이다. 한국에서는 밥그릇을 식탁 위에 두고 숟가락으로 먹는 것이 자연스럽지만, 일본에서는 밥그릇을 들지 않고 식탁 위에 둔 채 먹으면 오히려 무례하게 보일 수 있다. 일본 사람들은 한 손으로 그릇을 받치고, 다른 손으로 젓가락을 들어 밥을 입으로 옮긴다. 이 동작은 단순한 습관이 아니라 예의이자 미학이며, 어릴 적부터 몸에 새겨지는 매우 중요한 식사 태도다.

이렇게 밥그릇을 드는 이유는 실용적이기도 하다. 일본 밥그릇은 작고 가벼워서 들어야만 편하게 먹을 수 있는 구조를 갖고 있다. 그릇을 입 가까이 올리면 밥알이 떨어질 일도 없고, 식탁 주변을 지저분하게 만들지도 않는다. 일본 식사에서 깔끔함은 단순한 미덕이 아니라 거의 의식에 가까운 가치다. 반대로 밥그릇을 식탁 위에 놓은 채 허리를 숙여 젓가락으로 밥을 집는 모습은 '행동이 지저분하다' 혹은 '품위가 없다'는 인상을 준다. 일본에서 식사란 음식을 입에 넣는 동작뿐 아니라, 그 동작을 어떻게 하느냐까지도 예의의 영역에 속한다.

이 습관에는 일본인의 음식관이 깊게 담겨 있다. 일본 사람들은 한 그릇의 밥을 단순한 포만감의 도구가 아니라, 자연과 사람의 노고가 겹겹이 들어 있는 선물로 여긴다. 밥그릇을 손에 들고 먹는 행위는 그 '귀한 것'을 정중히 받드는 몸짓이다. 그래서 식사 전에는 '이타다키마스(いただきます, 잘 먹겠습니다)'라고 말하며 자연과 생산자의 수고에 감사하고, 식사 후에는 '고치소사마데시타(ごちそうさまでした, 맛있게 잘 먹었습니다)'라고 다시 한번 감사를 표한다. 밥그릇을 손에 든다는 행위 자체가 감사의 마음을 행동으로 번역해 보여주는 문화적 형식이다.

그렇다고 일본의 모든 음식이 이렇게 먹히는 것은 아니다. 덩어리 요리나 큰 접시는 들지 않는다. 하지만 밥, 된장국, 작은 반찬처럼 개인 식기로 제공되는 음식이라면 들어서 먹는 것이 기본이다. 심지어 국그릇도 한 손에 들어 국물 들이키듯 마시는 것이 자연스럽다. 한국처럼 숟가락으로 떠먹지 않기 때문에, 그릇을 드는 동작이 식사의 편의성과 예의를 동시에 만족시키는 방식이 된다. 이런 차이 때문에 한국인이 일본 식탁에서 자연스럽게 밥그릇을 내려놓고 먹으면, 그 모습이 일본 사람들 눈에는 조금 낯설고 어색하게 보일 수 있다.

일본의 밥그릇을 들고 먹는 문화는 예절과 실용, 그리고 감사의 감각이 하나의 규율처럼 엮여 형성된 결과다. 식탁 위의 자세까지도 미학의 일부가 되는 나라, 일본에서는 밥 한 그릇을 먹는 행위마저 삶의 태도를 고스란히 드러내는 예술이 된다. 밥그릇을 손에 든다는 것은 단순히 음식을 가까이 두는 일이 아니라, 자연의 수고, 생산자의 노고, 그리고 지금 이 식사를 함께하는 사람들과의 관계에 조금 더 다가가는 행위다. 이 작은 몸짓 안에서 일본 사람들은 식사라는 일상을 하나의 의례처럼 만들어낸다.

3. 뼈만 남기는 기술, 예의를 남기는 식사

일본 사람들은 생선을 먹을 때도 예술처럼 정교하다. 단순히 고기를 발라내는 수준이 아니라, 마치 해부하듯 생선의 구조를 따라가며 먹는다. 접시에 통째로 구워진 생선이 나오면 젓가락을 머리에서 꼬리 쪽으로 살살 움직이며 살을 벗겨낸다. 윗부분의 살을 다 먹으면 뼈를 통째로 들어내고, 그 아래쪽 살을 다시 깨끗이 발라낸다. 그렇게 다 먹고 나면 접시 위에는 뼈대만 남는다. 지저분한 조각이나 살점 하나 없이, 생선의 윤곽이 그대로 남는 것이야말로 일본식 '바른 식사'의 미학이다.

이 방식은 단순한 기술이 아니라 생선을 대하는 태도다. 일본에서는 음식의 재료 자체를 '살아 있던 존재'로 인식한다. 그래서 함부로

찢거나 부수지 않고, 형태를 존중하며 먹는 것이 예의로 여겨진다. 이는 '음식을 아끼는 마음'과도 연결된다. 남기지 않고 깨끗이 먹는 것, 그 과정에서 생선의 몸을 이해하고 조리한 사람의 정성을 느끼는 것까지가 식사의 일부다.

젓가락을 사용하는 방식도 섬세하다. 일본에서는 젓가락으로 뼈를 톡톡 두드려 살을 분리하거나, 미세한 가시를 옆으로 살짝 밀어내며 먹는다. 작은 뼈 하나까지 깔끔하게 정리하는 행동이 어릴 때부터 자연스럽게 익혀진다. 식탁 예절 교육에서는 '생선을 뒤집지 말라'는 가르침도 있다. 생선의 윗살을 다 먹은 뒤에는 뼈를 들어 올려 반대편 살을 먹는다. 접시 위에서 생선을 통째로 뒤집는 것은 무례하다고 여긴다. 이런 규칙 하나하나가 생선을 먹는 행위를 단순한 섭취가 아니라 '기술'의 영역으로 끌어올린다.

이러한 식문화의 배경에는 '조리와 식사가 하나의 과정'이라는 일본적 사고가 깔려 있다. 요리사는 생선을 해체하고, 손님은 그 해체 과정을 다시 젓가락으로 이어받는다. 즉, 요리와 식사가 연결된 하나의 의식처럼 진행된다. 그 과정에서 사람들은 음식의 구조를 배우고, 재료의 생태를 느낀다. 한국에서 생선은 주로 먹기 좋게 잘라 나오지만, 일본에서는 '한 마리 그대로'가 기본이다. 그래서 식탁 위에서 생선을 다루는 기술이 자연스레 발전했다.

일본의 생선 먹는 기술은 '정갈함'과 '존중'의 미학이다. 먹는 사람의 손끝에서 생선이 다시 해체되며, 그 안에서 음식에 대한 예의가 완성된다. 생선을 다 먹고 난 접시 위의 뼈 모양이 곧 식사의 품격을 보여주는 것이다. 일본식 식사는 단순히 배를 채우는 행위가 아니라 재료와의 대화이며, 자연에 대한 예의다.

4. 면치기의 대가들

일본에서는 면 요리를 먹을 때 소리를 내는 것이 전혀 예의에 어긋나지 않는다. 오히려 맛있게 먹는다는 신호로 받아들여지기도 한다. 한국이나 서양에서는 식사 중 소리를 내는 것을 무례하게 여기지만, 일본에서는 후루룩 소리를 내며 라멘이나 우동을 먹는 것이 가장 자연스러운 풍경이다. 처음 일본 라멘집에 들어간 외국인이 당황하는 이유가 바로 여기에 있다. 옆자리에 앉은 손님이 면을 힘차게 흡입해도, 그 소리에 불편해하는 사람은 없다. 그것이 이 공간에서는 '정상'이기 때문이다.

이 습관은 단순한 식사 예절의 차이가 아니라 일본의 음식문화와 감각에서 비롯된다. 일본 사람들은 면을 '후루룩' 들이마실 때 함께 공기를 빨아들인다. 공기를 흡입해야 면발이 식지 않고, 국물의 향과 온도를 동시에 입과 코로 끌어들일 수 있기 때문이다. 이때 나는 소리는 미각과 후각이 함께 작동한다는 증거다. 일본에서 음식의 소리까지 맛의 일부라는 말이 괜히 나온 것이 아니다. 라멘 장인들조차 '면은 소리로 먹는 음식'이라고 말한다. 뜨거운 면발의 표면에서 증기가 올라오고, 그 증기를 공기와 함께 끌어들여 코로 전달하는 순간, 일본식 '완전한 맛'이 완성된다.

또한 이 소리에는 단순한 즐김을 넘어선 태도가 있다. 일본에서는

‘맛있게 먹는 것’이 요리사에 대한 최고의 예의라고 여긴다. 손님이 조용히 먹으면 오히려 음식이 입에 맞지 않는다는 뜻으로 받아들여지기도 한다. 반대로 면을 후루룩 먹는 소리는 ‘당신의 요리는 훌륭합니다’라는 일종의 비언어적 감사 표현이다. 이는 일본인의 환대 정신, 즉 ‘오모테나시(おもてなし)’와도 맞닿아 있다. 요리사의 수고에 손님이 몸짓으로 화답하는 방식이다.

이런 문화적 배경 덕분에 일본의 면 요리집은 언제나 활기차다. 주방에서 국물이 끓어오르는 소리, 면을 건져 올리는 금속의 마찰음, 손님들이 후루룩 면발을 들이마시는 소리, 식사를 마치고 ‘고치소사마데시타(ごちそうさまでした, 맛있게 잘 먹었습니다)’라고 말하는 목소리…. 이 모든 소리가 한데 섞여 일본식 식당 특유의 리듬을 만든다. 이곳에서 소리는 불편한 소음이 아니라 공동의 식사 문화를 이루는 배경음악이다.

이 독특한 감각은 많은 외국인에게 신선한 충격이 된다. 처음엔 어색하지만, 몇 번 일본에서 식사를 하다 보면 어느 순간 자신도 자연스럽게 소리를 내며 면을 먹게 된다. 그 순간 일본 음식문화의 감각 구조를 온몸으로 이해하게 되는 셈이다. 조용함이 품격의 기준인 문화도 있지만, 일본에서는 맛이 ‘들리는’ 식사가 훨씬 정직하고 솔직하며, 무엇보다 합리적이다.

일본에서 면을 소리 내며 먹는 문화는 예의의 문제가 아니라 감각의 문제다. 맛을 가장 잘 느끼기 위한 기술이며, 요리에 대한 존중을 표현하는 몸짓이다. 조용한 식사가 미덕인 곳도 있지만, 일본에서는 기꺼이 소리를 내고, 기꺼이 맛을 드러내는 식사가 더 ‘정중한’ 예의다. 소리조차 맛이 되는 나라, 그곳에서는 후루룩이라는 작은 소리 하나가 음식을 완성한다.

5. 가로로 놓인 젓가락의 의미

일본에서는 젓가락을 식탁 위에 두는 방식이 단순한 '놓는 습관'이 아니라, 오랜 시간 쌓인 문화적 감각과 종교적 금기를 반영한다. 젓가락은 가로로 두고, 젓가락 끝은 왼쪽을 향하게 하는 것이 기본 예절이다. 젓가락 받침(はしおき, 하시오키)이 있으면 그 위에 올려두고, 없을 경우에도 그 방향과 배열은 흐트러지지 않도록 한다. 이처럼 수평으로 정리된 모습은 식탁을 조용히 정돈된 공간으로 만드는 몸짓이다.

이 예절이 탄생한 배경에는 불교 장례 문화가 있다. 일본 장례식에서는 밥그릇에 젓가락을 세워 꽂아 조상에게 올린다. 이는 살아 있는 사람의 식사와 철저히 분리된 '죽음의 형식'을 상징한다. 따라서 일상 식탁에서 젓가락을 세워 꽂는 행동은 죽음을 부르는 금기이며, 장례 형식을 식사 자리에 가져오는 매우 부적절한 행위가 된다. 일본인들이 젓가락을 곧바로 밥 위에 꽂거나 교차시키는 것을 강하게 꺼리는 이유가 바로 여기에 있다. 식탁은 일상의 삶을 유지하는 장소이기에, 죽음을 상징하는 모양을 철저히 배제하는 것이다.

젓가락을 가로로 놓는 방식은 단순히 금기를 피하는 데서 끝나지 않는다. 수평으로 단정하게 배열하는 동작은 일본 미의식의 중요한 축과 연결된다. 일본의 생활 미학에는 '보이지 않는 균형'과 '눈에 띄지 않는 질서'를 중시하는 기질이 있다. 과장되지 않고 조심스러우며, 작은 물건 하나가 자리를 잃는 것만으로도 흐트러진 분위기를 감지해 정돈하는 감각. 젓가락을 가로로 곧게 놓는 행위는 바로 그 감각을 가장 간단하게 체현하는 몸짓 중 하나다.

격식 있는 자리에서는 이 규범이 더 엄격해진다. 긴자나 교토의 정통 가이세키 식당을 보면, 젓가락은 받침인 하시오키 끝에 정확히 닿도록 놓여 있고, 그 방향과 간격은 흔들림이 없다. 하시오키의 재질 역시 중요하다. 나무·도자기·유리·옻칠 등 다양한 재료가 계절과 음식의 성격에 맞춰 배치된다. 젓가락 하나가 그 식사의 균형을 완성한다는 사고방식이 있기 때문이다. 일본 요리에서 '첫인상'은 음식보다도 그릇과 식탁의 배열이 먼저 만든다는 점을 떠올리면 이해가 쉽다.

반면 일상적인 가정식에서는 이 규범이 좀 더 느슨하다. 젓가락 방향이 틀어진다고 혼나는 일은 없다. 하지만 밥에 꽂는 행동만큼은 누구나 자연스럽게 피한다. 어린아이에게도 '그건 장례식에서만 하는 거야'라고 쉽게 설명될 만큼, 금기의 의미가 선명하게 전해진다. 즉, 예절이 반드시 고압적인 도덕 명령이 아니라, 생활 속에서 부드럽게 스며든 집단 감각으로 남아 있는 것이다.

가로로 눕혀진 젓가락은 일본 식문화의 구조를 그대로 보여준다. 조용하지만 엄격한 선, 죽음과 일상을 분리하는 의례적 감각, 작은 동작에 의미를 부여하는 미세한 미학, 그리고 식탁을 한 사람의 공간이 아니라 '모두가 함께 쓰는 공공의 장소'로 여기는 태도까지. 연약한 나무 두 개가 가지런히 놓인 그 순간, 일본이라는 문화의 깊은 결이 식탁 위에 나타난다.

젓가락을 어떻게 놓느냐는 사소해 보이지만, 일본인들이 세계를 어떤 질서로 해석하는지를 보여주는 언어다. 식탁 위에 눕혀진 젓가락 하나가, 그 사회의 조용한 감정 구조와 의례적 경계선을 은근히 말해준다.

6. 生과 死가 스치는 일본의 젓가락 예법

일본에서 젓가락으로 음식을 상대방의 젓가락 끝에 직접 건네는 행위, 즉 '하시와타시(箸渡し)'는 식탁 예절에서 가장 강하게 금지되는 행동이다. 단순히 불편해서가 아니라, 일본인의 무의식 깊은 곳에 박혀 있는 상징적 기억 때문이다. 젓가락 하나의 움직임에 생과 사가 교차하는 나라에서 이 금기는 자연스러운 문화적 감각으로 자리 잡았다.

금기의 뿌리는 장례 풍습이다. 일본식 불교 장례에서는 화장이 끝난 뒤, 유족들이 젓가락으로 유골을 집어 뼈단지에 옮기는 의식이 진행된다. 이때 두세 명의 유족이 각자 젓가락을 들고, 한 사람의 젓가락 끝에서 다른 사람의 젓가락 끝으로 뼛조각을 건넨다. 이것이 바로 장례식의 하시와타시다. 그래서 일상 식탁에서 같은 동작이 재현되는 순간, 일본인들은 무의식적으로 장례의 장면을 떠올린다. 음식은 삶의 상징이고, 뼈는 죽음의 상징이다. 두 상징을 연결하는 행위가 식탁에서 금기인 것은 자연스러운 감각이다.

그러나 이 금기는 단지 '죽음을 연상시키기 때문'이라는 이유만으로 설명되지 않는다. 일본의 식탁은 단순한 식사 공간이 아니라 관계와 질서가 작동하는 곳이다. 젓가락은 철저하게 개인의 도구이며, 입에 닿았던 젓가락으로 음식을 전달하는 행위는 위생을 넘어선 '관계의 경계 침범'으로 인식된다. 그래서 일본에서는 누군가에게 음식을 나눌 때 반드시 공용 젓가락, 즉 토리바시(取り箸)를 사용한다. 보이지 않는 배려가 식탁 위에서 한 번 더 완충 장치를 통과하는 셈이다.

이 금기에는 일본인의 거리감각 또한 숨어 있다. 일본 사회는 사람과 사람 사이의 적정 거리를 유지하는 데 매우 민감하다. 너무 가깝지도, 너무 멀지도 않은 균형이 예의로 받아들여진다. 젓가락을 맞대는 행위는 그 거리를 급격하게 좁히는 몸짓이며, 일본인의 감각에서는 부자연스러운 침범으로 느껴진다. 그래서 음식은 접시로 나누거나 덜어주는 도구를 거쳐 전달된다. '한 단계의 사이'를 두는 그 방식 속에서 일본식 배려의 형식이 드러난다.

일본에서 하시와타시는 두 가지 이유 때문에 금기다. 하나는 장례 의식에서 비롯된 죽음의 상징이고, 다른 하나는 사람 사이의 거리와 예의를 지키려는 섬세한 관계 감각이다. 젓가락 하나에도 삶과 죽음, 예절과 배려, 거리와 질서가 동시에 깃들어 있다. 식탁이야말로 일본 문화가 가장 고요하고 가장 분명하게 드러나는 무대라는 사실을, 이 작은 금기는 조용히 말해준다.

7. 일본 젓갈의 풍경학

일본의 젓갈은 단순한 저장식이 아니다. 그릇 위에 놓인 한 점의 짠맛 속에는 바다와 계절, 사람들의 기질과 지역의 기억이 고스란히 담겨 있다. 같은 해안을 공유한다 해도, 홋카이도에서 규슈까지 내려오는 동안 맛은 전혀 다른 얼굴을 갖게 된다. 일본이라는 나라를 한 접시로 펼치면, 젓갈이 가장 정직한 지도일지도 모른다.

홋카이도는 차갑고 거친 북쪽 바다가 만든 강렬한 풍미의 세계다. 이 지역 젓갈은 묵직하지만 발효취가 지나치지 않아, 거친 바람 속에서도 절제된 맛을 유지한다. 대표적인 시오우니(塩うに)는 성게알을 소금에 절여 만든 것으로, 한 점만 입에 넣어도 바닷물이 농축된 듯한 진한 감칠맛이 혀에 오래 머문다. 오징어 내장을 활용한 이카고로(イカゴロ)는 향이 강하지만, 홋카이도 사람들이 겨울을 견디는 씨씨한 정서가 그대로 담긴 맛이다. 청어알 절임인 카즈노코(数の子)는 씹을 때마다 톡톡 터지는 감각이 겨울 바다를 닮았다.

도호쿠 지방에 내려오면 맛의 결이 눈에 띄게 달라진다. 홋카이도의 힘 있는 맛이 여운을 남겼다면, 도호쿠 젓갈은 훨씬 차갑고 맑다. 시오카라(塩辛)는 도호쿠식으로 만들면 강한 발효향 대신 은근한 단맛과 순한 감칠맛이 먼저 올라온다. 누룩과 함께 절여 만드는 이카의 고오지즈케(麹漬け, こうじづけ)는 이 지역의 '부드러운 발효' 문화가 그대로 드러난 젓갈로, 짠맛을 강하게 밀어붙이는 대신 곡물 발효의 은근한 단맛을 끌어올린다.

동경을 중심으로 한 간토와 중부 지방으로 내려오면 미각의 기조

는 '절제'와 '세련'으로 정리된다. 아침 식탁의 상징인 시오자케(塩鮭)는 젓갈과 절임의 경계에 서 있는 음식이며, 짠맛과 감칠맛의 균형이 정교하다. 다시마로 생선을 감싸 숙성시키는 콘부지메(昆布締め)는 간토 특유의 숙성 미학을 대표한다. 발효향을 내세우기보다, 생선의 담백함을 다시마의 감칠맛으로 살짝 밀어 올리는 방식이다. 이 지역에서는 '재료의 소리'를 조용히 들려주는 젓갈이 선호된다.

오사카와 교토를 중심으로 한 간사이는 일본 음식의 단정하고 온화한 미학이 가장 잘 보이는 곳이다. 이 지역 젓갈은 맛이 강하지 않다. 짠맛과 발효취를 절제해 재료 본연의 맛을 흐리지 않는 것이 원칙이다. 내장 젓갈조차도 향을 최대한 매만져, 입에 남는 여운은 단정하고 짧다. 간사이의 요리는 늘 '부드러움'과 '절제'를 핵심으로 삼아 왔는데, 젓갈도 이 미학을 그대로 따른다.

규슈에 이르면 맛의 세계가 다시 턴한다. 따뜻한 남쪽 바다와 활달한 음식문화가 만나, 가장 강렬하고 공격적인 풍미를 가진 젓갈이 등장한다. 그 중심에는 멘타이코(明太子)가 있다. 한국계 상인이 후쿠오카에 정착하며 조미 명란 문화를 일본에 전한 것이 시작이었고, 그 뒤 '카라시 멘타이코(辛子明太子)'라는 매운 조미 명란이 일본 전역을 휩쓸었다. 규슈 젓갈의 매력은 풍성한 감칠맛과 과감한 양념이다. 전갱이 · 정어리 · 조기 같은 생선을 두텁게 절어 숙성시키는 스타일도 이 지역의 특징이다.

이렇게 북쪽에서 남쪽까지 따라 내려오면, 일본 젓갈은 어느새 단순한 '해산물 절임'이 아니라, 바다를 품은 사람들의 감각 지도임을 깨닫게 된다. 차갑고 묵직한 홋카이도, 맑고 순한 도호쿠, 절제된 간토, 온화한 간사이, 강렬한 규슈까지, 젓갈은 지역의 기후와 인간의 기질을 맛으로 번역해 놓은 작은 문화사다.

한 점의 젓갈 속에 기후가 있고, 바다가 있고, 사람의 시간이 있다. 일본 젓갈은 그 조용한 풍미 속에서 가장 정확하게 '지역의 얼굴'을 드러내는 음식이다.

8. 일본 쌀의 미학

일본의 쌀 문화는 단순한 주식의 세계를 넘어 지역의 기후와 물맛, 농가의 기술력과 취향이 밥알 속에 번역된 하나의 감각적 풍경이다. 품종 하나만 바꿔도 밥의 윤기와 식감, 향이 달라지고, 그 미묘한 차이를 읽어내는 능력은 일본인의 식문화 깊숙이 자리 잡아 있다. 그래서 쌀은 일본에서 늘 '먹는 곡물'을 넘어서 '지역이 가진 얼굴'로 대우받는다.

그 가운데 코시히카리(コシヒカリ)는 일본 쌀의 기준점이 된 품종이다. 찰기가 깊고 단맛이 은근하며, 밥알에 도는 윤기는 보는 것만으로도 식욕을 돋운다. 특히 니가타산 코시히카리는 '브랜드 쌀'로 알려져 있으며, 일본의 고급 식당과 백화점에서 가장 먼저 눈에 띄는 이름이다. 일본인은 다른 품종을 평가할 때도 자연스럽게 '코시히카리보다 ○○하다'라고 비교한다.

아키타코마치(あきたこまち)는 동북 지방 특유의 청량함을 품은 단정한 맛이 특징이다. 찰기는 코시히카리보다 약간 낮지만, 그 대신

뒷맛이 맑아 담백한 요리와 잘 어울린다. 히토메보레(ひとめぼれ)는 이름처럼 부드럽고 온화한 식감이 매력적이다. 입안에서 퍼지는 은근한 단맛과 매끄러운 질감은 동북 지방의 맑은 물과 차가운 공기가 만들어낸 기질을 떠올리게 한다.

사사니시키(ササニシキ)는 한때 일본이 가장 사랑한 품종이었다. 찰기가 적고 담백한 맛 덕분에 초밥용 쌀로 최고의 평가를 받았지만, 기후 변화와 수발아(穗發牙) 문제에 취약해 재배 면적이 급감했다. 지금은 일부 지역에서만 명맥을 유지하는 품종이지만, 일본인이 쌀에 얼마나 깊은 애정을 쏟아왔는지를 보여주는 상징적 존재로 남아 있다.

최근 가장 두드러진 변화는 홋카이도 쌀의 부상이다. 나나츠보시(ななつぼし)는 추운 기후에서도 강한 생육을 보이며, 가볍고 균형 잡힌 맛으로 새로운 주력 품종이 되었다. 유메피리카(ゆめぴりか)는 찰기와 단맛의 밸런스가 뛰어나 고급 식당에서도 선호된다. 과거의 '홋카이도 쌀은 무난한 편'이라는 인식은 사라지고, 기술 혁신이 만든 신흥 강자의 이미지로 자리 잡았다.

야마가타의 츠야히메(つや姫)는 이름처럼 윤기가 돋보이는 고운 품종이다. 밥알 모양이 고르고 탄력이 좋아 '밥 자체가 하나의 요리'라는 평가를 받는다. 지나치게 강하지도 약하지도 않은 균형감 덕분에 최근 일본 전역에서 선호도가 빠르게 늘고 있다.

이처럼 일본의 쌀은 지역의 기후와 물맛을 그대로 반영한다. 니가타의 안정된 고품질, 도호쿠의 맑고 청아한 풍미, 홋카이도의 기술 혁신, 서일본의 부드럽고 온화한 향미까지, 쌀맛은 곧 지역의 성격을 옮겨 놓은 풍경이다. 그 차이는 단순한 재배 조건만이 아니라, 각 지역 사람들이 어떤 음식과 어울려 살아왔는지, 어떤 식감을 좋아하는지까지 담겨 있다.

일본의 시장과 백화점에서는 품종, 산지, 수확 연도까지 꼼꼼히 표기해 판매하는 문화가 오랫동안 유지되어 왔다. '니가타산 코시히카리/올해산(新米)' 같은 라벨은 쌀을 단순한 곡물이 아니라 생산자의 기술과 지역의 자연이 만든 '작품'으로 이해하는 감수성을 보여준다.

일본의 쌀은 밥맛의 차이 이전에 지역의 얼굴이다. 밥알 하나에도 바람의 세기, 물의 온도, 농부의 손길과 계절의 리듬이 고요히 응축되어 있다. 한 공기의 밥을 먹으면서 일본인은 그 지역의 풍경을 함께 삼킨다. 쌀은 곡물이 아니라, 지역이 스스로를 말하는 가장 조용한 언어다.

9. 조용한 잔 하나의 문화

일본의 혼술(ひとり酒, 히토리자케)은 그저 혼자 술을 마시는 행위가 아니라, 일본인의 고독 감각을 가장 조용하게 드러내는 의식이다. 번화가의 이자카야 한 구석이나 집 근처의 작은 선술집에서 혼자 잔을 기울이는 풍경은 일본 일상 속에서 너무도 자연스럽고, 때로는 아름답기까지 하다. 그 속에는 관계의 피로를 잠시 벗어두고 스스로에게 돌아가는 깊은 호흡이 있다.

일본 사회는 오랫동안 '타인과의 조화'를 핵심 가치로 삼아왔다. 회사에서의 단체 회식, 동호회의 모임, 지역 커뮤니티까지, 사람 사이를 부드럽게 엮는 문화가 견고하다. 그러나 그런 사회일수록, 사람들은 종종 혼자만의 고요한 시간이 절실해진다. 혼술은 그 공백을 메우는 가장 단순하고도 온전한 방식이다. 잔에 술을 따르고, 사시미 몇 점을 천천히 음미하며, TV 속 야구 중계를 무심히 바라보는 순간, 사람은 비로소 '나'로 돌아온다. 이것이 일본인이 느끼는 소박한 자유다.

이 혼술의 정서는 에도 시대부터 이어온 '이치겐상(一見さん)' 문화와도 자연스럽게 맞물린다. 처음 보는 손님이 와도 굳이 말을 붙이지 않고, 주인은 필요 이상의 친절도 경계도 없이 술과 안주만 내놓는다. 손님 역시 말없이 잔을 비우고, 조용히 떠난다. 서로의 삶에 개입하지 않으면서도, 존재를 은근히 인정하는 거리감. 이 절제된 관계의 미학이 일본적 인간관계의 숨은 구조를 보여준다.

근대 이후 도쿄를 중심으로 혼술은 더욱 일상적인 풍경이 되었다. 특히 스탠드바는 혼술 문화를 상징하는 공간이다. 의자조차 없이 서서 한두 잔 마시고 바로 떠나는 곳. 시간도, 감정도, 비용도 최소한으로 줄인 음주 방식이다. 퇴근길 회사원이 스탠드바에 들러 맥주 한 잔과 꼬치 몇 개로 하루를 마무리하는 모습에는, 말하지 않아도 전해지는 작은 위로가 배어 있다.

혼술이 자연스럽게 퍼질 수 있었던 데에는 일본 주류 문화의 깊이와 다양성도 큰 몫을 했다. 여름 밤에는 차가운 생맥주가, 겨울 새벽에는 따뜻한 사케가, 마음이 흐릿한 날에는 쇼추와 하이볼이 어울린다. 일본인의 음주는 단순한 취기보다 계절과 기분을 조율하는 의례다. 혼술은 이를 가장 순수한 형태로 실천하는 순간이다.

동시에 혼술은 현대 일본의 고독 구조를 비추는 거울로도 읽힌다. 1인 가구 증가, 결혼율 하락, 직장 내 인간관계의 약화 등으로 인해 혼자 있는 시간이 자연스레 늘어난 사회에서, 혼술은 '쓸쓸함의 표지'이기보다 오히려 '평화의 기술'로 받아들여진다. 혼자 술을 마시되 외롭지 않은, 자기 감정과 조용히 공존하는 방식이기 때문이다.

그래서 일본의 혼술 풍경에는 슬픔과 평온이 동시에 스며 있다. 바의 조도를 낮춘 불빛 아래 혼자 앉은 사람, 작은 술잔에 비치는 그림자, 그리고 배경으로 흐르는 쇼와 시대의 느린 멜로디. 그 순간 일본인은 자신과 세계의 거리를 잰다. 술은 여기서 취하게 하는 도구가 아니라, 마음의 가장자리에서 묵은 먼지를 털어내는 매개다.

일본의 혼술은 고독을 회피하지 않고 받아들이는 태도다. 혼자 마시는 잔 속에 담긴 것은 술이 아니라, 자신을 다독이는 시간이며, 말 없이 이어지는 내적 평화다.

10. 청결과 절제의 초록빛 한 점, 와사비

와사비는 일본 요리의 변두리에 놓인 초록 양념처럼 보이지만, 그 속에는 일본인의 미각과 위생관, 그리고 자연을 대하는 태도가 촘촘히 응축되어 있다. 초밥 위에 얹힌 그 작은 초록 점 하나는 단순한 매운맛이 아니라, 일본적 세계관의 축약이다.

일본에서 와사비의 역사는 헤이안 시대로 거슬러 올라간다. 당시

와사비는 음식 재료라기보다 약재였다. 독특한 알싸함과 향은 강한 살균력을 품었고, 이것이 곧 일본인의 생존과 연결되었다. 일본은 사계절 내내 습도가 높아, 생선이 빠르게 상하는 기후였다. 이 환경에서 날생선을 먹는다는 것은 위생과의 끊임없는 싸움이었다. 그 자리에서 와사비는 생명을 지키는 자연의 방패였다. 생선의 비린내를 누르고, 식중독을 억제하며, 부패를 늦추는 와사비는 '날것의 나라' 일본이 만들어낸 생활의 지혜이자 방어 전략이었다.

에도 시대에 들어서면서 와사비는 기능을 넘어 미학이 되었다. 초밥이 서민 음식으로 자리 잡고, 간장의 감칠맛·생선의 단맛·와사비의 매운 향이 혀끝에서 균형을 이루는 순간 일본 요리의 정수, 즉 '절제된 조화'가 완성되었다. 일본 요리는 과도한 양념을 싫어한다. 매운맛이든 단맛이든 어떤 맛이든 지나치면 '재료의 본질을 해친다'고 여겼다. 그래서 와사비는 언제나 조연이다. 강하게 튀지 않으면서도 절대 빠질 수 없는 향의 기둥. 존재감은 명확하지만, 절대로 앞으로 나오지 않는 이 미학은 일본인의 성격과 닮았다.

와사비는 또한 '순간의 미학'을 품고 있다. 생와사비를 강판에 갈아내면, 그 향은 몇 분 사이에 허공으로 사라진다. 갈아낸 순간이 절정이며, 그 향은 두 번 다시 되살릴 수 없다. 일본인이 '한 번의 만남을 소중히 여기는 정신', 즉 이치고이치에(一期一会)를 숭배하는 것도 같은 감각에서 비롯된다. 지금 이 순간에만 존재하고, 곧 소멸한다는 사실이 와사비의 향을 더욱 귀하게 만든다.

흥미로운 사실은, 우리가 초밥집에서 흔히 만나는 와사비 대부분이 '진짜'가 아니라는 점이다. 진짜 와사비, 즉 본와사비(本わさび)는 시즈오카나 나가노의 맑고 차가운 계곡 물에서만 자라며 가격도 매우 높다. 그래서 대다수 식당은 서양 고추냉이(ホースラディッシュ)에 녹색 색소를 섞은 '모조 와사비'를 사용한다. 그럼에도 일본인은 이를 크게 문제 삼지 않는다. 어쩌면 중요한 것은 '와사비라는 식물'이 아니라 '와사비라는 감각'이기 때문이다. 청결, 절제, 조화, 즉 이 세 가지 정신만 유지된다면, 진짜와 가짜의 경계는 일본 식탁에서 그리 날카롭지 않다.

와사비는 일본인의 기질을 그대로 닮았다. 날것에 대한 두려움을 관리하려는 실용, 재료의 본질을 해치지 않으려는 절제, 순간의 향을 소중히 여기는 시간 감각. 이러한 감성은 와사비에서 초밥으로, 다시 녹차와 미소로 이어지며 일본이라는 나라의 미각 체계를 만든다.

와사비는 음식의 부속물이 아니라, 일본인의 생활 철학을 녹여낸 초록빛 문장이다. 자연이 향을 손으로 갈아내고, 그 짧은 순간의 생동감을 초밥 위에 조용히 얹는 행위, 그것은 작은 식사이면서 동시에 하나의 의례다. 그 순간 와사비는 단순한 양념이 아니라, 자연과 인간이 서로를 이해하고 조심스레 마주하는 방식이 된다. 이 초록빛 한 점에는 일본인의 세계가 깃들어 있다.

11. 두꺼운 스시의 세계

일본 스시가 두껍게 느껴지는 근본적인 이유는 바로 숙성(熟成, じゅくせい) 스시이기 때문이다. 겉보기엔 단순히 생선을 크게 썰어 얹

은 것 같지만, 그 이면에는 일본만의 발효·숙성 문화와 미각 철학이 자리하고 있다.

에도 시대 이후, 스시는 단순히 '날생선에 밥을 얹은 음식'이 아니었다. 일본의 전통 스시는 시간과 온도를 다루는 기술이었다. 어부가 갓 잡은 생선을 바로 썰어 내는 일은 드물었다. 신선한 생선일수록 근육 속에 젖산과 수분이 많아 단맛이 덜하고 질감이 질기기 때문이다.

그래서 스시 장인들은 생선을 손질한 뒤, 하루에서 사흘, 길게는 7일까지 냉장 혹은 저온 숙성을 거친다. 이 과정을 통해 단백질이 아미노산으로 분해되며, 그 결과 '우마미(うま味, 감칠맛)'가 극대화된다.

이 숙성 과정이 바로 일본 스시의 깊은 맛의 핵심이며, 생선의 두께를 결정짓는 이유이기도 하다. 숙성된 생선은 수분이 빠져 표면이 부드럽고 섬세해진다. 너무 얇게 썰면 그 결이 무너지고, 씹을 때 식감이 사라진다.

그래서 장인들은 생선의 종류와 숙성 기간에 맞춰 칼의 각도와 두께를 조절한다. 예컨대, 지방이 많은 참치의 오토로(大トロ)는 숙성 후 섬세한 지방층이 유지되도록 두껍게 썰고, 단단한 흰살 생선인 광어나 도미는 약간 얇게 썰어 밸런스를 맞춘다.

즉, 일본 스시의 두께는 단순히 '풍성함'의 표현이 아니라, 숙성된 재료의 구조를 보호하고 최적의 식감을 유지하기 위한 기술적 결정이다. 숙성된 생선은 겉보기엔 단단하지만, 칼을 대면 안쪽은 마치 실크처럼 부드럽다. 이 질감의 층위를 살리려면 일정한 두께가 필수적이다.

또한 일본 스시는 밥과 생선의 비율을 엄격히 지킨다. 밥(샤리)은 신맛과 온도의 조율을 담당하고, 생선(네타)은 단맛과 감칠맛을 책임진다. 숙성 생선은 풍미가 강하므로, 밥보다 살짝 두껍게 얹어야 균형이 맞는다. 그 비율이 깨지면 밥의 신맛이 생선의 감칠맛을 덮어버리거나, 반대로 생선의 향이 밥을 압도해 버린다. 장인은 두께로 맛의 중심을 조율하는 셈이다.

숙성 스시는 일본의 기후와도 깊은 관련이 있다. 습하고 온도가 높은 일본에서는 신선한 생선을 오래 보관하기 어렵기 때문에, 일찍부터 염지(鹽漬)와 식초 숙성, 해초 덮기, 간장 절임 등 다양한 보존 기술이 발달했다. 이런 전통이 현대 스시의 숙성 기술로 이어진 것이다. 그래서 일본 스시는 '날것'처럼 보여도 사실은 시간이 만든 음식, 즉 '숙성된 생명'의 맛이다.

신선함이 아니라 숙성의 깊이를 추구하는 일본 스시의 미학은 인간이 자연과 시간을 어떻게 다루는가에 대한 식문화적 철학의 결정체다.

12. 마스에 넘치는 사케

일본에서 사케를 주문하면, 잔을 네모난 나무 상자 위에 올려두고 사케를 가득 따르는 장면을 본 적이 있을 것이다. 술이 잔을 넘쳐 받침잔으로 흘러내릴 때, 사람들은 놀라면서도 묘하게 감동한다. 이 장면은 단순한 서비스가 아니다. 일본식 환대의 극치이자, 넘침의 미학이다.

이 네모난 받침잔은 '마스(枡)'라고 한다. 원래는 쌀을 계량하던 용기였다. 쌀 한 되를 담던 나무상자에서 유래했는데, 쌀은 곧 '복(福)'이자 '풍요'의 상징이었다. 그래서 술을 마스에 담는 건 '복을 가득 채워 드립니다'라는 의미다. 사케잔을 마스 위에 놓고 일부러 넘치게 따르는 건, 손님에게 '복이 넘치길 바랍니다'라는 시각적 축복인 셈이다.

술이 넘칠 때 주인은 절대 서두르지 않는다. 잔의 가장자리를 따라 천천히, 그러나 꾸준히 따른다. 투명한 사케가 표면장력을 이기지 못하고 마스 속으로 또르르 흘러내릴 때, 그건 거의 예식처럼 느껴진다. 그 찰나의 '흘러넘침'이야말로 일본식 정성의 표현이다. '당신에게 부족함이 없기를.' 이 한 장면에 그 마음이 담겨 있다.

마스는 나무로 만들어진 경우가 많다. 향긋한 편백(히노키) 냄새가 주향과 어우러지며, 사케의 맛을 한층 부드럽게 만든다. 어떤 집은 유리잔을 마스 안에 넣어주고, 어떤 집은 마스 자체에 술을 직접 따른다. 마스 속 사케를 마실 때는 살짝 모서리를 잡고, 입을 대는 각도를 찾는 게 요령이다. 처음엔 서툴지만, 마스의 모서리가 입술에 닿는 순간 은근한 나무 향이 술과 함께 들어온다.

술이 넘쳤다고 해서 흘린 부분을 버리면 예의가 아니다. 일본에서는 그 넘친 사케를 마스에서 살짝 들어 마신 뒤, '이이니오이(いい匂い, 향이 좋네요)' 하며 감사를 표현한다. 술을 낭비하지 않는다는 뜻이자, 복을 헛되이 흘리지 않는다는 의미다.

이 '넘치는 사케' 문화에는 일본적 미학인 '잉여의 우아함'이 담겨 있다. 완벽히 채우는 것이 아니라 살짝 넘치게 함으로써, 그 여백이 마음을 풍요롭게 만든다.

비슷한 맥락으로 일본 정원에도 '완벽한 대칭'은 없다. 늘 살짝 흐트러져 있어야 생명이 있다. 사케도 마찬가지다. 잔에 딱 맞게 따르는 건 기술이지만, 살짝 넘치게 따르는 건 정(情)이다.

마지막 한 모금이 마스의 구석에 남을 때까지 천천히 마시면, 술맛보다 사람 맛이 남는다. 잔이 넘치는 건 예의에 어긋나는 게 아니라, 오히려 예의의 완성이다. '이만큼 마음을 담았습니다.' 그 말이, 바로 흘러넘친 사케의 표정이다.

13. 나가사키 짬뽕

나가사키 짬뽕의 이야기는 바다 건너온 한 청년의 손에서 시작된다. 19세기 말, 푸젠성 출신 화교 천핑순(陳平順, 1873~1939)은 일본 나가사키에 정착했다. 그는 고향에서 즐겨먹던 탕육사면이라는 국수 요리를 기억하고 있었다.

그런데 나가사키는 항구 도시라 해산물이 풍부했고, 학생들과 노동자들은 싸고 배부른 음식을 찾고 있었다. 천핑순은 고향식 면에 홍합, 오징어, 어묵 같은 나가사키 식재료를 더해 새로운 국수 한 그릇을 만들었다. 이게 바로 나가사키 짬뽕의 원형이다.

1899년, 이 음식은 화려하게 등장한 게 아니었다. 일본으로 유학 온 가난한 중국 유학생들과 항구에서 일하던 중국인 노동자들에게 싸고 든든한 한 끼를 주기 위해 고안된 음식이었다.

이름도 처음엔 그냥 '시나 우동(중국식 우동)', '중화 우동'처럼 투박했다. 그러다 자연스럽게 '섞어 넣는다'는 뜻의 짬뽕(ちゃんぽん)이라는 이름이 굳어졌고, 이후 이 말이 공식 명칭이 되었다.

천핑순이 개업한 가게 '시카이로(四海樓)'는 지금도 4대째 후손들이 운영한다. 나가사키 구라바엔(글로버 공원) 언덕 아래에 있는 용 장식 건물이 바로 그곳이다. 1층은 기념품 가게, 2층은 짬뽕의 역사를 전시한 작은 박물관이 있어서, 음식 한 그릇에 깃든 세월을 눈으로 확인할 수 있다.

오늘날 나가사키 짬뽕은 카스텔라와 함께 나가사키를 대표하는 양대 명물이 되었다. 라멘이 전국적으로 흩어져 있다면, 짬뽕은 이상하리만치 나가사키가 단독으로 원조의 명성을 유지하는 음식이다. 그만큼 '지역의 얼굴'이 강한 음식이다.

물론 일본 전국에서도 쉽게 먹을 수 있다. 짬뽕 전문 체인 링가헛(リンガーハット), 중화요리 체인 교자노오쇼(餃子の王将) 등에서 부담 없이 맛볼 수 있다. 다만, 처음 먹어본다면 큰 사이즈(오오모리)는 피하는 게 좋다. 기본 사이즈만으로도 야채가 산처럼 나온다는 사실을 모르면 놀라기 쉽다.

짬뽕과 함께 자주 언급되는 음식이 사라우동(皿うどん)이다. 딱딱하게 튀긴 가는 면 위에, 짬뽕과 비슷하지만 더 걸쭉한 소스를 부어 먹는다. 현지 사람들은 이 면을 '베이비스타 과자' 같다고 설명할 정도로 느낌이 독특하다. 한국 사람에겐 다소 낯설지만, 일본에서는 나가사키의 쌍둥이 같은 또 하나의 명물이다.

나가사키 지역 안에서도 짬뽕은 지역마다 조금씩 개성이 달라진다. 그중 유명한 것이 운젠시 오바마초의 오바마 짬뽕이다. NHK 드라마 〈우리 아빠는 짬뽕맨〉이 바로 이 지역을 배경으로 삼았을 만큼 자연스럽고 따뜻한 '동네 음식'의 정취가 살아 있다.

14. 일본식 고기구이; 한 점의 질서, 한 점의 미학

일본에서 고기를 굽는 장면을 보면 낯선 사람조차 금세 감을 잡는다. 불판 위는 항상 '여백'이 많다. 한국처럼 고깃집의 흥겨운 풍경이 아니라, 마치 정갈한 다실(茶室)처럼 공간이 텅 비어 있다. 그 여백 위에 고기 한 점이 '또각' 놓인다. 많아야 두 점. 이마저도 서로 닿지 않도록 각을 재듯 놓는다. 겉으로는 절제지만, 속에는 아주 고집스러운 미학이 숨어 있다.

이 습관은 일본 식문화의 기본 리듬에서 출발한다. 일본의 식탁은 '양'보다 '결'을 본다. 음식의 생김새, 굽는 소리, 익어가는 속도까지 한 번에 삼켜 버리지 않고, 한 조각씩 천천히 음미한다. 고기 한 점을 올린 뒤 익어가는 모습을 지켜보는 시간, 그 짧은 공백이 일본인의 식사에서 작은 명상 같은 역할을 한다. 고기를 '굽는' 것이 아니라 '관찰하는' 시간이 된다.

야끼니쿠 문화에서는 이 태도가 더 분명하게 드러난다. 일본식 고기구이는 공동 작업이 아니라 철저한 개인 작업이다. 불판은 테이블의 중심이 아니라 각 사람 앞에 놓이고, 각자는 자신의 공간을 책임진다. 누군가 불판을 독점하거나 고기를 잔뜩 올려놓으면 분위기가 흐트러진다. 일본 사회가 중시하는 '조용한 조화'가 깨지기 때문이다. 그래서 일본인들은 자연스럽게 속도를 맞추고, 서로의 불판을 넘보지 않는다.

또한 야끼니쿠집의 환기 시스템과 실내 구조 자체가 '무리한 굽기'를 억제한다. 일본의 고기구이집은 연기를 최소화하는 구조를 갖추고 있고, 그만큼 손님도 연기와 냄새를 의식한다. 고기를 한꺼번에 올려 연기가 확 피어오르면 주변 시선이 모인다. 일본인의 생활 감각에서 연기와 냄새는 타인에게 닿는 '소음'과 같다. 고기를 조심스레 굽는 행동 자체가 예절이 되는 셈이다.

익힘에 대한 기준도 흥미롭다. 일본인은 고기를 '가장 잘 익은 순간'이라는 극점에서 먹기를 좋아한다. 고기 표면이 미세하게 눌리고 지방이 살짝 반응하며 향이 피어오를 때, 바로 그 정점에서 집어 먹는 것을 미식의 기쁨으로 본다. 이때의 집중력은 사실 꽤 대단하다. 옆사람이 말을 걸어도 '잠깐만…' 하고 익어가는 고기만 바라본다. 일본식 고기구이는 식욕보다 집중력이 먼저다.

한국 삼겹살 문화에서 중요한 것은 '함께 먹는 활기'다. 고기가 익으면 모두가 젓가락을 뻗고, 상 위에는 초조함 대신 활기가 흐른다. 반면 일본에서는 불판 위의 고기가 마치 각자의 템포를 가진 음악처럼 느껴진다. 빠른 사람과 느린 사람이 자연스럽게 섞이고, 그 속도 차이를 서로 굳이 맞추려 하지 않는다. 혼자가 아닌 자리에서도 '개인의 속도'를 존중하는 문화가 드러난다.

일본인이 한 번에 한두 점만 굽는 이유는 단순히 소식을 지향해서가 아니다. 그건 일본 사회가 가진 정서의 축소판이다. 고기는 '채워 넣는 음식'이 아니라 '조율하는 시간'이며, 불판 위의 한 점은 단순한 음식이 아니라 조용한 의식의 중심에 놓인다. 일본인은 그 한 점이 익어가는 동안 질서를 익히고, 마음의 속도를 낮추고, 음식을 넘어서 자신을 다스린다. 불판 위의 작은 고기 한 점이지만, 그 속에는 일본식 삶의 방식이 고스란히 배어 있다.

15. 일본의 짠맛

일본 사람들이 짜게 먹는 이유는 단순히 입맛의 습관이 아니라 기후와 보존의 역사, 그리고 음식 문화에 깊이 스며든 생존의 미학 때문이다. 일본의 짠맛은 단순한 조미가 아니라 기후와 자연환경에 대한 응답이자, 그들이 생활 철학이 만들어낸 필연적 결과다.

우선 환경적 이유가 가장 크다. 일본은 여름이 덥고 습하며, 겨울은 바닷바람이 매섭다. 냉장 기술이 발달하기 전, 이런 기후에서 식재료를 보존하려면 소금이 필수였다. 생선, 채소, 두부, 콩 이 모든 것들의 주식 재료는 염장(鹽藏)을 통해 살아남았다. 그래서 일본 음식의 기초는 간장(醬油), 된장(味噌), 절임(漬物, 쓰케모노) 같은 발효와 염분의 문화로 자리 잡았다. 소금은 단순한 양념이 아니라 부패를 막는 생명의 기술이었다.

특히 일본의 바다와 습도는 '짠맛의 체질'을 만들어냈다. 섬나라의 환경상 바다와 멀리 떨어진 지역일수록 생선을 보존하기 위해 더욱 강한 염분을 썼다. 홋카이도나 도호쿠 지방의 절임음식이 유난히 짠

것도 이 때문이다. 눈이 많은 북부 지방에서는 장기간 저장이 가능한 음식을 만들기 위해, 간장과 된장을 짙게 사용했다. 즉, 짠맛은 일본인의 겨울 대비 방식이었다.

또 하나의 이유는 '맛의 균형'을 중시하는 일본식 미학이다. 일본 음식은 달고, 시고, 짜고, 감칠맛 나는 네 가지 요소가 서로 밀고 당기며 조화를 이룬다. 그중 짠맛은 중심축이다. 소금이나 간장은 단독으로 강한 맛을 내기보다, 재료의 맛을 끌어올리는 역할을 한다. 그래서 일본인의 짠맛은 단순히 세다기보다 정교하다. 맑은 국물에도 간장이 들어가지만, 짠맛보다 감칠맛(うま味, 우마미)이 앞선다. 그 짠맛은 맛의 질서를 세우는 도구다.

사회문화적인 배경도 무시할 수 없다. 일본은 오랫동안 '절제의 미학'을 중시했다. 음식을 풍성하게 먹기보다, 소량을 정성껏 먹는 문화가 발전했다. 이런 식문화에서는 짠맛이 음식의 양을 줄이면서도 만족감을 주는 역할을 한다. 적은 재료로 깊은 맛을 내기 위해, 일본인은 간장의 농도와 염분의 농도를 미세하게 조정했다. '조금의 짠맛으로 전체를 완성한다'는 철학이 만들어진 것이다.

게다가 일본인은 밥을 중심으로 한 식문화를 갖고 있다. 흰 쌀밥은 중립적인 맛이다. 그 단조로움 위에 짠 반찬이 올라와야 식사의 균형이 맞는다. 밥 한 숟가락에 짭조름한 반찬 한 젓가락, 이 구조가 일본 음식의 기본 리듬이다. 그들의 짠맛은 단독으로 강하지 않고, 밥과 함께할 때 완성된다. 그래서 일본인의 염분 섭취량이 높아도, 실제로는 밥의 중화작용으로 조화롭게 느껴진다.

물론 현대 일본에서도 과도한 염분 섭취는 문제로 지적되고 있다.

고혈압이나 심혈관 질환의 원인으로 지목되면서, 정부는 '저염 운동'을 꾸준히 벌여왔다. 하지만 짠맛은 이미 일본인의 미각 기억에 각인된 문화유산이다. 그들은 짠맛을 줄이되, 맛의 깊이를 잃지 않으려한다. 저염 간장, 순된장, 감칠맛 강화제 같은 새로운 시도가 모두 이 전통의 변주다.

일본의 짠맛은 단순한 맛의 선택이 아니라, 역사와 환경이 만든 생존의 언어다. 짠맛은 일본인에게 추억이고, 기술이며, 질서다. 그들의 짠 음식은 거칠지 않다. 절제된 짠맛 안에 바다의 염기와 장인의 손맛, 그리고 '음식은 정갈해야 한다'는 윤리가 함께 녹아 있다.

그래서 일본의 짠맛은 불쾌한 자극이 아니라, 문명적 향이다. 소금이 많아도 시끄럽지 않고, 간장이 진해도 부드럽다. 그것은 단순한 맛이 아니라, 일본이라는 섬나라가 만들어낸 절제된 생존의 예술이다.

16. 한 접시의 오토시

일본의 '오토시(お通し)'는 식당에서 자리에 앉자마자 자동으로 나오는 작은 안주, 즉 '자리세' 같은 개념이다. 손님이 주문하지 않아도먼저 내오는 음식 한 접시, 보통은 두세 입거리의 조그마한 반찬이나무침, 두부, 어묵, 해초류 등이 그것이다.

한국인에게는 '시킨 적도 없는데 왜 돈을 받지?' 싶은 문화지만, 일본에서는 너무나 자연스러운 관습이다. 그 안에는 일본식 환대와 사회적 약속의 철학이 숨어 있다.

오토시의 기원은 에도 시대 이자카야(居酒屋) 문화에서 시작됐다. 당시 술집은 주로 퇴근한 상인이나 장인들이 모여 하루의 피로를 풀던 공간이었고, 손님이 자리에 앉자마자 바로 술을 마실 수 있도록 간단한 안주를 내놓았다. 그것이 오토시의 시초다. 손님이 주문을 기다리며 허기지지 않게 하려는 주인의 배려, 즉 '속도 있는 친절'이었다. 그러나 세월이 흐르며 이것은 상징적 관습으로 자리 잡았다. 지금의 오토시는 '환영의 인사'이자 '가게와 손님의 계약 개시'를 의미한다.

일본식 환대는 늘 조용하고 절제되어 있다. 오토시는 그 절제된 환대의 첫 장면이다. 손님이 자리에 앉으면 점원은 주문을 받기 전에 물수건과 함께 오토시를 낸다. 그것은 '어서 오세요, 이제부터 당신은 우리 공간의 손님입니다'라는 무언의 선언이다. 그리고 이 순간부터 시간과 공간은 사적인 것이 아니라, '가게의 질서'로 들어간다. 즉, 오토시는 단순한 음식이 아니라 관계의 경계선이다.

하지만 이 오토시가 일본에서도 논쟁의 대상이 되기도 한다. 젊은 세대나 외국인 손님들 사이에서는 '주문하지 않았는데 왜 돈을 내야 하느냐'는 불만이 많다. 실제로 오토시는 음식값에 별도로 300~500엔 정도 추가된다. 그러나 일본 사회에서는 이것이 '서비스료'가 아니라 '문화의 약속'으로 이해된다. 서양 레스토랑의 팁처럼, 오토시는 일본식 감사의 표현이다. 가게는 손님에게 정성의 한 접시를 내고, 손님은 그 정성을 기꺼이 지불한다.

또한 오토시는 '술의 리듬'을 맞추는 역할을 한다. 일본인은 술을 급히 마시지 않는다. 한 잔의 사케에도 흐름이 있고, 이야기가 있다. 그래서 오토시는 그 첫 장단을 열어주는 서곡 같은 존재다. 너무 짜거나 자극적이지 않고, 입맛을 살짝 깨우는 정도로 준비된다. 이를테면 간장에 절인 다시마, 미소 된장 두부, 제철 야채의 절임 같은 것들이다. 그것은 식욕이 아니라 분위기를 여는 음식이다.

이 문화는 일본인의 미학과도 맞닿아 있다. 일본 요리는 언제나 '조용한 균형'을 중시한다. 본격적인 식사가 시작되기 전, 오토시는 공간의 온도와 손님의 기분을 조율한다. 말하자면, 오토시는 '요리 이전의 예절'이다. 아무 말 없이 내밀어지는 그 작은 접시 하나가, 일본 사회가 얼마나 섬세하게 관계의 질서를 관리하는가를 보여준다.

오토시는 음식이 아니라 태도다. '작은 것부터 정성스럽게 시작한다'는 일본의 생활철학이 한 접시에 담긴 것이다. 그래서 일본인에게 오토시는 당연한 것이고, 그 당연함이 곧 품격이다. 손님은 오토시를 통해 가게의 수준을 가늠하고, 주인은 오토시를 통해 자신이 얼마나 성의 있는 사람인지를 드러낸다.

한 접시의 오토시, 그것은 일본식 인간관계의 축소판이다. 아무 말 없이 내밀어도 서로의 마음을 읽는 문화, 작은 것 안에서 정성을 증명하는 사회. 오토시는 바로 그 조용한 미학의 시작점이다.

17. 사케와 안주

사케와 안주의 조합은 일본 문화의 깊은 층위를 가장 정교하게 드러낸다. 사케는 술 그 자체로 존재를 과시하기보다, 음식과의 관계 속에서 비로소 성격이 또렷하게 드러나는 술이다. 강렬한 향으로 밀고 들어오지도 않고, 산미로 입안을 장악하지도 않으며, 조용하게 스며들듯 자리 잡는다. 일본의 술자리는 이 절제를 바탕으로 술과 음식이 서로를 침범하지 않고 자연스러운 흐름을 만들어내는 방식으로 형성되어 왔다. 결국 사케를 이해한다는 것은 일본인의 생활 감각과 취향, 그리고 균형을 중시하는 미학을 함께 읽는 일이다.

사케는 보통 향 중심과 맛 중심 두 갈래로 나뉜다. 긴조·다이긴조 계열은 과일 향처럼 가볍고 투명하게 올라오며, 마신 뒤 깔끔하게 떨어진다. 이런 사케에는 맑은 맛을 지닌 흰살 생선이 가장 잘 어울린다. 광어, 도미, 농어처럼 향이 강하지 않은 생선은 사케의 은은한 단맛과 자연스럽게 이어져 혀 위에서 부드럽게 사라진다. 반대로 준마이 계열처럼 감칠맛과 곡물 향이 살아 있는 사케는 방어, 참치, 연어처럼 지방이 풍부한 생선과 조화를 이루며, 생선의 기름기를 사케가 깨끗하게 정리해 준다. 생선과 사케의 조합은 그 자체로 일본식 궁합의 정수를 보여준다. 어느 한쪽도 서로를 압도하지 않고, 맑은 결들이 겹쳐지며 자연스러운 리듬을 만든다.

작은 안주, 이른바 쓰마미(つまみ)는 일본 술자리의 가장 섬세한 요소다. 오뎅 한두 조각, 오이, 무, 가지 같은 단순한 절임, 멸치와 조개류를 진하게 졸인 츠쿠다니, 그리고 차갑게 낸 두부 요리 등은 모두 사케의 흐름을 무너지지 않게 하기 위한 구조를 지니고 있다. 이 작은 접시들은 화려하지 않지만, 사케의 향과 단맛을 망치지 않으면서 술맛을 다시 부드럽게 끌어올리는 역할을 한다. 일본 술 문화의 핵심

은 이처럼 '작고 고요한 안주'가 만들어내는 절제의 미학에 있다.

따뜻한 사케, 즉 칸자케(燗酒)를 마시는 순간에는 완전히 다른 풍경이 펼쳐진다. 40~50도로 데운 준마이 계열은 쌀 향이 부드럽게 퍼지며 온기를 더한다. 여기에 맞는 음식은 조개 술찜, 간장으로 졸인 생선 요리, 닭과 돼지의 조림 등 감칠맛과 온기가 살아 있는 요리들이다. 특히 겨울에는 따뜻한 사케와 조개 사카무시가 만들어내는 조합이 일본식 술자리의 깊은 정서를 잘 보여준다. 온도와 감칠맛이 서로를 감싸며 계절의 분위기까지 입안에 함께 들어온다.

튀김 역시 사케와 훌륭한 궁합을 이룬다. 다만 기름기가 과한 튀김이 아니라 얇은 튀김옷의 텐푸라가 대표적이다. 새우, 대합, 은행, 단호박 등 담백한 재료를 바삭하게 튀긴 텐푸라는 사케의 맑은 감칠맛과 잘 어울린다. 사케는 기름을 부풀리는 대신 깨끗하게 정리해 주기 때문에 텐푸라와의 조합은 깔끔하고 길게 이어진다. 생선튀김 역시 지역 이자카야에서 흔히 볼 수 있는 조합으로, 술과 안주의 균형 감각이 분명하게 드러나는 순간이다.

육류와 사케는 다소 낯설게 느껴질 수 있지만 일본 술자리에서는 오래된 조합이다. 돼지조림인 가쿠니는 지방의 깊은 단맛이 사케의 쌀단맛과 겹쳐 독특한 조화를 이루고, 닭꼬치 역시 소금구이는 향이 맑은 사케와, 간장소스는 묵직한 사케와 자연스럽게 이어진다. 심지어 향이 과하지 않은 와규 스테이크는 오히려 와인보다 사케와 더 잘 어울린다는 평가도 있다. 고기와 사케가 맞는 핵심 이유는 고기의 지방을 사케가 부드럽게 정리해 준다는 데 있다.

사케와 안주의 세계는 과장과 자극의 세계가 아니라 절제와 흐름의 세계다. 술이 음식을 덮지 않고 음식이 술을 압도하지 않는, 최소의 자극으로 최대의 자연스러움을 끌어내는 방식이 일본식 술자리의 본질이다. 맥주가 쾌감의 술이고, 위스키가 향의 술이라면, 사케는 흐름의 술이다. 그 흐름을 완성시키는 것이 바로 안주다. 이 조합을 이해하는 순간 일본인의 생활 감각과 음식 철학이 함께 보인다.

18. 라멘, 라멘

라멘 이야기는 언제나 면발 하나에 세계사가 숨어 있는 것 같다. 국물 한 숟가락 안에 일본의 근대, 중국의 향취, 전후 경제, 서민 문화가 뒤섞여 있기 때문이다. 라멘은 단순한 한 끼가 아니라 일본이 스스로를 다시 빚어온 과정의 아주 작은 축도다.

일본에서 '라멘'이라고 부르는 음식의 첫 출발점은 중국식 소박한 국수였다. 메이지 시기 요코하마와 나가사키의 차이나타운에서 중국 상인들이 끓이던 국물이 일본인의 입맛을 자극했고, 곧 일본식 개조가 시작된다. 일본은 늘 그렇듯 남의 것을 훔치지 않고 흡수한다. 형태는 비슷한데 결이 조금 다르고, 장식은 단순한데 뉘앙스가 깊어진다. 그게 일본식 변주다.

전후 일본의 서민들은 라멘을 '빨리, 뜨겁게, 배부르게' 먹는 음식으로 받아들였다. 한 번 죽을 고비를 넘은 국가가 저렴한 탄수화물에 얼마나 의존했는지 보여주는, 아주 현실적인 풍경이었다. 그래서 전후 라멘집에는 길게 늘어선 노동자의 옷 냄새가 배어 있었고, 주방에서 있던 아저씨들은 늘 땀을 닦아내며 면을 건졌다. 라멘은 거기서 이미 일본의 사회학이 되었다.

재미있는 점은, 일본이 지역마다 라멘을 철학처럼 발달시켰다는 것이다. 삿포로의 미소 라멘은 눈보라 속에서 몸을 녹이는 음식이고, 규슈의 돈코츠는 돼지뼈를 가루처럼 녹여 만든 진한 생명력의 국물이다. 하카타의 가느다란 면은 빠르게 삶아야 하기에 조급한 도시의 리듬을 닮았다. 도쿄의 쇼유 라멘은 적당히 짠맛과 단정한 윤기가 도시의 기질을 품고 있고, 니가타의 생강 간장 라멘은 겨울 바람을 정면으로 맞서는 처절함이 있다.

라멘은 일본적 '집착'이 가장 잘 드러나는 음식이기도 하다. 어떤 가게는 매일 뼈를 열두 시간 끓이고, 어떤 가게는 간장을 50년 묵혀 쓴다. 또 어떤 가게는 면을 0.1밀리미터 단위로 주문 제작한다. 이 정두면 거의 산업이 아니라 정신문화다. 재밌는 건, 그런 집착이 결국 '생활'이라는 것이다. 일본인은 큰 구호보다 작은 습관이 세계를 만든다고 믿고, 라멘은 그 확신의 산물이다.

마지막으로, 라멘 가게를 들어설 때 나는 종종 일본의 민속학이 떠오른다. 문장으로 설명되지 않는 분위기, 이야기로 남지 않는 기운 같은 것들. 새벽 주방에서 피어오르는 하얀 김, 좁은 카운터에 등을 붙이고 먹는 침묵의 예절, 젓가락 부딪치는 소리가 작은 합창처럼 이어지는 그 순간. 라멘은 결국 일본이라는 사회가 가진 '정밀한 느슨함'을 담아낸 음식이다. 질서와 자유가 함께 스며들어 있는, 그 묘한 조합의 국물이다.

19. 마구로 사랑

　참치는 일본에서 단순한 생선이 아니다. 바다에서 건져 올린 고기 한 덩어리가 아니라, 시대와 기술, 욕망과 미학이 뒤섞인 거대한 문화적 상징이다. 일본의 마구로 사랑 이야기를 들여다보면 나라 전체의 기질이 고스란히 비친다.

　일본인이 참치를 좋아하게 된 건 의외로 오래되지 않았다. 에도 시대까지만 해도 참치는 '변질 빨리 되는 생선'이라며 기피 대상이었다. 날것 문화의 본산인 일본조차 이를 날로 먹지 않았다. 그 참치를 일본의 국민 생선으로 바꿔놓은 건, 냉장 기술의 발달과 도시 소비문화의 폭발이었다. 고도성장기에 등장한 냉동선과 콜드체인이 참치를 '썩기 쉬운 고기'에서 '숙성하면 맛이 깊어지는 고기'로 재발견하게 했다.

　일본의 참치 사랑은 기술과 욕망이 합쳐진 서사다. 도쿄 쓰키지(지금의 도요스) 경매장에서 거대한 참치를 앞에 두고 손짓으로 경매 신호를 주고받는 풍경은 거의 종교의식처럼 보인다. 매년 신년 첫 경매에서 수억 엔짜리 참치가 낙찰되는 것은 단지 맛 때문이 아니다. 경매는 일본식 경쟁의 미학이다. 가장 비싼 참치를 사면, 그 가게는 곧 '명예'를 산다. '올해 첫 참치, 최고가 낙찰'이라는 타이틀은 광고보다 강력한 힘을 갖는다.

　흥미로운 건, 일본이 선호하는 참치의 부위가 서양과 다르다는 점이다. 서양에서 붉은 살을 더 선호하는 반면, 일본은 '지방의 꽃'이라 불리는 오도로, 주도로에 깊이 빠져 있다. 이 지방의 윤기는 '사라지는 맛'이다. 입 안에서 녹아 사라지는 속도와 향을 즐기는 문화는, 일본 특유의 '순간의 미학'과도 닮아 있다. 스낵처럼 씹는 맛이 아니라 감탄할 틈조차 주지 않고 사라져 버리는 그 찰나를 즐기는 감성이다.

일본의 마구로 집착에는 어쩐지 추적이라는 성격도 있다. 일본은 전 세계 참치를 따라다닌다. 태평양, 지중해, 대서양 어디든 일본의 참치 배와 구매자들이 가장 먼저 움직인다. 어느 바다에서 어떤 종이 가장 맛있게 잡히는지, 어떤 계절의 어느 지방이 최적기인지 꼼꼼히 기록하고 분석한다. 참치가 아니었다면, 일본이 글로벌 수산물 시장의 정보망을 이토록 촘촘히 구축할 일도 없었을 것이다.

참치 한 마리에 들어가는 장인정신도 대단하다. 칼 한 자루로 거대한 몸을 매끈하게 해체해내는 마구로 해체쇼는 단순한 퍼포먼스가 아니라, 도살과 예술의 경계에 가까운 기술의 집약이다. 지방의 흐름을 예측하며 결을 따라 자르는 것은 숙련된 어부의 수십 년 경험이 축적된 일이다. 일본식 장인문화는 이렇게 바다에서도 꽃을 피운다.

일본의 마구로 사랑은 생선을 사랑한다기보다 '정교하게 다듬어진 세계'를 사랑한다는 뜻이다. 자연의 힘, 기술의 정교함, 순간의 미학, 경쟁의 욕망이 한 덩어리의 참치 위에서 만난다. 그래서 일본에서 참치를 먹는 일은 식사이자 문화 체험이고, 작은 철학 공부처럼 느껴지기도 한다. 참치를 통해 일본을 보면, 이 섬나라는 놀라울 만큼 많은 성격을 한 줄기 지방 속에 숨겨두고 있다.

20. 톤카쓰 왕국

톤카쓰 왕국을 이야기하려면, 이 음식이 어떻게 일본식 변종으로 진화했는지의 역사까지 알아야 한다. 일본인은 단순히 서양 요리를 들여온 것이 아니라, 자기 식탁의 리듬에 맞춰 전혀 새로운 문명을 만들어냈다. 19세기 메이지유신 이후 서양 문물이 거세게 유입되던 시기, 일본은 오스트리아식 슈니첼을 비롯한 유럽식 커틀릿을 받아들였다.

고기에 빵가루를 묻혀 팬에 굽는 방식의 커틀릿은 처음엔 '요로파식 고기튀김'이라는 이름으로 상류층 식당에 등장했으나, 곧 일본식 감각을 만나 기이한 진화를 겪는다. 유럽이 팬프라잉을 고집했다면, 일본은 '기왕 하는 김에 제대로 튀기자'는 판단 아래 텐푸라식 딥프라잉을 적용했다. 튀김 기법을 이미 체계적으로 다루던 일본인에게 기름은 맛을 결정하는 중요한 재료였고, 그 결과 유럽식 커틀릿은 일본에 도착하는 순간 완전히 다른 생명을 얻었다.

1930년대 도쿄 양식 레스토랑들이 돼지고기 커틀릿을 본격적으로 메뉴에 올리면서 'とんかつ(톤카쓰)'라는 이름이 정착한다. 일본인은 퍽퍽한 서양식 커틀릿에 만족하지 못했다. '고기는 두툼해야 씹는 맛이 난다', '튀김엔 밥이 따라야 한다', '양배추는 기본이다'라는 취향적 요구가 이어졌다.

그래서 고기 두께는 과감히 늘렸고, 바삭함을 위해 일본식 생 빵가루가 쓰였으며, 밥 · 미소시루 · 양배추 · 오차까지 붙는 전통적인 정식 구성이 완성됐다. 이렇게 서양 커틀릿은 일본식 정식이라는 독자적 정체성을 갖게 됐고, 사실상 새로운 요리로 재탄생했다.

전후 일본의 직장문화는 톤카쓰를 국민식으로 밀어올린 중요한 배경이었다. 점심시간이 짧았던 회사원들에게 톤카쓰는 빠르고 든든하며, '힘 나는 고기'라는 이미지가 강해 자연스러운 점심 메뉴가 되었다.

특히 일본식 돈카츠 소스는 우스터소스를 일본인의 입맛에 맞게 달고 짭조름하게 변형한 것으로, 밥을 순식간에 사라지게 만드는 결정적 역할을 했다. 여기에 일본 특유의 장인문화가 더해져 기름 온도, 튀김 시간, 빵가루 입자, 고깃결 방향까지 정밀하게 계산하는 장인들이 등장했고, 톤카쓰는 기술적·감각적으로 '과학적 음식'의 경지에 올랐다.

이 모든 과정을 지나 현재의 일본을 보면 왜 '톤카쓰 왕국'이라는 말이 자연스럽게 붙는지 알 수 있다. 서양에서 건너온 커틀릿을 일본식으로 완벽히 뜯어고쳐 재창조했고, 텐푸라의 튀김 기술이 더해져 독자적 조리법이 형성됐으며, 도시 생활과 직장 문화가 이 음식의 발전을 뒷받침했다. 서민적인 식당에서부터 고급 전문점까지 이어지는 폭넓은 스펙트럼은 일본 음식문화의 정교함을 그대로 보여주며, 정밀함과 집착, 장인 기질, 생활 감각, 소박한 위로가 한 접시에 응축돼 있다.

그래서 일본을 톤카쓰 왕국이라고 부르면 단순한 수사가 아니다. 서양의 한 요리를 삼켜 자기 식문화로 완전히 변환해낸 나라, 그리고 그 음식을 일상의 의례로 만든 나라라는 뜻이다. 일본인들은 하루가 고단할 때 조용히 톤카쓰집을 찾고, 바삭한 튀김 한 조각으로 자신의 일상 리듬을 되찾는다. 음식 하나가 나라의 성격을 드러내는 순간이 있다면, 그것이 바로 톤카쓰가 만든 풍경이다.

21. 일본식 단카쓰 문화

일본식 단카쓰(斷捨離) 문화를 들여다보면, 이게 단순한 '물건 비우기'가 아니라 일본인의 사고방식 전체를 지탱하는 하나의 생활철학이라는 사실이 드러난다. 그리고 여길 조금만 깊게 들여다보면, 일본 특유의 꼼꼼함과 여백의 미, 심지어 약간의 집착까지 뒤섞인 꽤 재미있는 세계가 모습을 드러낸다.

일본에서 단카쓰의 원형은 원래 요가 철학의 '비우기, 끊기, 떠나기' 개념에서 왔다고 하지만, 일본인의 손에 들어가자 완전히 다른 실용기술로 재탄생했다. 일본식 단카쓰는 물건을 버리는 행위를 '집 안의 공기 순환을 되살리는 일'로 본다. 그래서 일본 가정의 서랍을 열어보면, 영수증, 종이봉투, 옛 기념품 같은 잡동사니가 생각보다 적다. 일본인은 물건이 쌓이면 '공기가 막힌다'고 표현한다. 이 말은 과장이 아니라, 정말로 '방의 기류가 흐르지 않는다'는 감각적 불편함을 말한다. 단카쓰는 이 막힌 공기를 트는 행위다.

특히 재밌는 건 버리기 과정의 디테일이다. 일본식 단카쓰는 물건을 버릴 때 그 물건을 잠시 들여다보며 '너의 역할은 충분했다'고 마음속으로 인사하는 관습이 있다. 누가 시킨 것도 아닌데 은근히 다들 이 방식을 따른다. 감정이입이 들어간 버리기다. 심지어 단카쓰 관련

서적에는 '잘 버린 물건은 새로운 운을 부른다'는 문구가 나오는데, 이게 일본인에게 꽤 먹힌다. 그래서 단카쓰는 실용주의와 약간의 미신이 기묘하게 뒤섞인 생활기술이 된다.

단카쓰가 왜 이렇게 일본에서 강력하게 작동했는지는 집 구조에서 단서를 찾을 수 있다. 일본의 집은 작고 단정하다. 마루 끝과 벽 사이의 여백까지도 신경 쓰는 세계다. 좁은 공간에서 물건을 쌓아두면 그 자체가 스트레스가 되고, 인간관계나 일과 삶 같은 정신적 문제까지 덩달아 무거워진다고 느껴진다. 그래서 일본인은 물건을 비우는 일을 '인생 정리'와 거의 동급으로 여긴다. 서랍을 정리하면 마음이 정리되고, 낡은 옷을 버리면 과거의 찌꺼기가 떨어져 나가는 느낌을 받는다. 이건 단순한 비유가 아니라, 실제로 일본인들이 흔히 말하는 심리적 감각이다.

이 단카쓰는 집을 넘어 삶의 다른 영역으로 확장된다. 인간관계가 필요 이상으로 소모적이거나, 오래된 습관이 삶을 무겁게 만든다고 판단하면 그것도 난카쓰 대상이 된다. '관계 난카쓰를 했다'라는 표현은 실제로 일본에서 흔히 쓰인다. 연락을 끊고, 마음의 낡은 짐을 놓아버리고, 새로운 시간을 받아들이는 정서적 정리다. 냉정해 보이지만, 일본적 단순성의 핵심이 여기 있다. 인생도 방 정리하듯 해야 한다는 믿음이다.

재미있는 것은 일본의 단카쓰 문화가 소비사회하고도 절묘하게 연결된다는 점이다. 물건을 많이 사지 않기 위해 단카쓰를 하는 게 아니라, 오히려 단카쓰를 하니 더 좋은 물건만 남기려는 욕구가 생긴다. 이 과정에서 '적게 갖되 좋은 것을 갖자'는 일본식 소비 미학이 자연스럽게 따라붙는다. 그래서 일본의 생활용품, 주방도구, 작은 가구들이 지나치게 정교한 이유도 결국 단카쓰 문화의 영향이다. 적은 물건이라면 하나하나가 좋아야 한다는 논리다.

일본식 단카쓰는 비움의 기술이라기보다 삶을 관리하는 방식이다. 혼잡한 머릿속을 가볍게 하고, 방 안의 공기를 흐르게 하고, 물건과 관계를 정리하며, 새로 들어올 것들의 자리를 마련하는 의식 같은 것이다. 일본인은 이 단순한 정리 과정을 통해 '살아간다'는 감각을 되찾는다. 그래서 단카쓰는 일본에서 하나의 문화이자, 생활의 여백을 확보하는 작은 철학으로 자리 잡았다.

22. 오래된 하루가 계속되는 식당

에도 시대 풍의 노포 식당 이야기는 시간의 두께를 씹어보는 경험이다. 문을 열자마자 들려오는 '이라샤이마세 (いらっしゃいませ, 어서 오세요)'는 마케팅 문구가 아니라, 그 집이 수십 년, 어떤 곳은 백 년 넘게 지켜온 생활의 호흡이다. 차가운 효율을 숭배하는 시대에 이 고집스러운 리듬은 묘하게 아름답다. 혁신이라는 말이 번쩍일수록, 노포의 조용한 완고함은 한층 더 깊은 색을 띤다.

노포는 과거를 흉내 낸 박물관 같은 공간이 아니다. 오히려 '침전된 시간'이다. 벽에 스민 간장 냄새, 손때 묻은 나무 테이블의 결, 구석에 걸린 누렇게 바랜 달력 하나가 이 집의 연식을 말해준다. 이런 공간에 앉아 있으면 사람들은 단순히 외식을 하는 게 아니라, 자기 삶이 놓인 시간선 속으로 잠시 흘러 들어간다. 과거를 소비하려는 관광심리가 아니라, 오래된 감각에 기대 보려는 정서가 작동한다.

흥미로운 점은 이런 가게들이 세상과 반대로 움직이면서도 가장 오래 살아남는다는 사실이다. 산업화, 전후 재건과 고도성장, 버블과 잃어버린 세월을 건너는 동안, 노포는 속도를 거부했다. 문명이 가속될수록 사람은 불안해지고, 노포의 느림은 묘한 안정을 준다. 이 느림이야말로 일종의 사회적 진정제다. 신기술이 만든 편의보다, 익숙함이 지켜주는 정서가 사람을 오래 붙잡는다.

음식도 그렇다. 화려한 기교나 실험 대신, 수십 년 같은 레시피. 입맛에도 '기억의 관성'이 있다. 그 관성이 쌓여 하나의 미학이 된다. 초밥이 아름다운 건 생선의 신선함 때문만은 아니다. 그 위에 묵묵히 쌓여온 시간, 반복된 손의 리듬이 품은 무게다. 먹는 일조차 시간에 대한 태도가 된다.

노포의 탁자에 앉아 국물 한 숟가락을 떠먹는 순간, 사람은 잠깐 '나이 든 문명'의 품을 만진다. 새것이 귀하던 시대를 지나, 우리는 오래된 맛과 오래된 나무에서 위안을 찾는 존재가 되어버렸다. 인간의 감정과 문화는 결국 발효의 세계와 닮아 있다. 서둘러 만든 술보다 숙성된 술이 풍미를 가지듯, 삶도 익을 때 깊어진다.

에도 노포의 매력은 거창하게 말하면 문명 속도의 반성이고, 작게 말하면 '살아온 시간도 충분히 귀하다'는 위로다. 빠르게 만들어진 것들이 쉽게 소모되는 시대에, 오래된 공간은 우리가 잃어버린 감각을 되돌려준다. 그 감각은 한국에도 늘 있었지만 변화의 속도에 가려졌을 뿐이다.

여행 중 이런 집 하나에 들어가 앉아보면 된다. 메뉴판을 넘기기 전에 잠시 숨을 고르고, 이 공간을 채운 시간을 천천히 들이마신다. 그 순간 에도는 과거가 아니라 현재가 된다. 좁은 뒷골목 어딘가에서, 아주 오래된 하루가 지금도 조용히 계속되고 있다.

23. 우동의 인문학

일본의 우동 문화는 얼핏 보면 단순한 밀가루 면 이야기지만, 그 안을 들여다보면 기후와 물, 밀과 노동, 그리고 지역 사람들의 성격까지 자연스레 녹아든 작은 인문학이다. 우동 한 그릇이 일본인의 일상에 깊숙이 뿌리내린 이유를 이해하려면, 그 속에 숨어 있는 감각을 천천히 훑어볼 필요가 있다.

우동은 일본에 일종의 '빵'과도 같은 음식이다. 밀가루와 물만 있으면 누구나 만들 수 있고, 지역마다 질감과 풍미가 달라지며, 아침에도 새벽에도 부담 없이 먹을 수 있는 생활식이다. 싸고 빠르고 실패하지 않는 음식이라는 조건까지 겹쳐 우동은 자연스럽게 일본인의 하루를 지탱하는 기본 음식이 되었다.

우동 문화에서 가장 흥미로운 요소는 면보다 국물이다. 일본의 물은 미네랄 함량이 낮은 연수이기 때문에, 다시마의 글루타민산과 가쓰오부시의 이노신산이 미세한 감칠맛을 섬세하게 끌어올린다. 부드러운 불이 해조와 어포의 풍미를 맑게 받쳐주면서 일본 우동 특유의 투명하면서도 깊은 육수가 만들어진다. 이 '투명한 감칠맛'은 일본 음식 전반의 핵심 감각이기도 하다.

다음으로 눈길을 잡아끄는 건 지역별 우동의 확연한 성격 차이다. 간사이는 다시마 비율이 높아 밝고 부드러운 육수에 가벼운 면이 어울려 섬세한 인상을 남긴다. 간토는 가쓰오부시와 쇼유의 비중이 크기 때문에 진하고 힘 있는 맛이 중심을 잡는다. 시코쿠, 특히 가가와의 사누키 우동은 강한 탄력과 단단한 식감으로 유명하며, 나고야는 미소를 더해 독특한 깊이를 만든다. 기후·물맛·지역 기질이 각기 다른 풍경을 한 그릇 안에서 빚어내는 셈이다.

일본인에게 우동은 '집 밖에서 먹는 집밥' 같은 존재다. 역 앞에서 출근길에 후루룩 먹는 우동, 장마철 축축한 공기 속에서 뜨거운 국물로 몸을 데우는 우동, 전후 배급 시절을 버티게 해준 소박한 한 끼까지, 우동은 언제나 일상의 한복판에 있었다. 값이 싸고 조리가 간단하고 실수할 여지가 적다는 점이 이 친밀함을 더욱 강화했다.

우동 문화에는 일본 특유의 섬세한 감각도 깊이 배어 있다. 공예에서 옻칠이 표면의 결을 다루듯, 우동 장인은 면의 식감을 다룬다. 씹을 때의 탄성, 면이 끊어지는 순간의 감각, 국물과 엉기는 정도까지 세밀하게 조율한다. 이 집요한 세공의 태도는 일본 장인정신이 일상의 식탁 속에서도 자연스럽게 살아 있음을 보여준다.

우동은 단순한 면요리를 넘어 일본의 물과 기후, 지역의 역사와 노동, 공예적 감각이 한 화면에 겹쳐진 음식이다. 먹고 나면 금세 잊힐 것 같지만, 그 뒤에 자리한 문화의 지층은 얇지 않다. 우동은 일본이라는 나라의 '미세한 감각 구조'를 비춰주는 작은 프리즘처럼, 한 그릇 안에서 조용히 빛을 낸다.

제 3 부

집 · 생활공간 · 일상

1. 마당과 골목 사이

마당과 도로 사이의 일본 집은 얼핏 보면 담장이 없다. 누군가는 그 단출함을 '허술함'이라 말하지만, 사실 그 빈 공간에는 여러 층의 질서와 기억, 그리고 일본식 미의식이 촘촘히 깔려 있다. 이를 풀어 보면 '경계는 분명하되, 벽은 최소화한다'는 태도가 한 줄기 실처럼 이어진다.

가장 먼저 떠오르는 것은 지형과 화재의 그림자다. 일본은 지진과 화재가 잦았다. 특히 에도 시대 대화재는 도시 전체를 한순간에 집어 삼킨 집단적 기억으로 남아 있다. 그 후유증은 오늘까지 이어졌다. 골목은 막히지 않아야 했고, 소방대가 언제든 드나들 수 있어야 했다. 담장을 높게 세운 집은 불이 번질 때 오히려 자신을 가두는 감옥이 된다. 그래서 일본의 주택가에는 거대한 벽 대신, 불길과 사람의 흐름을 가로막지 않는 작은 경계선들이 놓인다. 나무, 얇은 판자, 낮은 울타리 같은 것들이다. 자연스럽고 유연한 경계가 화재의 땅에서 더 오래 살아남았던 셈이다.

다음은 사람과 사람 사이에 놓인 시선의 규칙이다. 일본 생활 문화에서는 '당신을 방해하지 않겠습니다. 그러니 당신도 나를 방해하지 말아 주세요'라는 묵묵한 합의가 공동체의 기본을 이룬다. 그래서 벽을 세워 이웃을 밀어내는 대신, 서로의 생활을 보지 않는 태도가 더 큰 힘을 발휘한다. 문을 닫으면 소리가 새지 않게 하고, 창이 열려 있다면 일부러 시선을 주지 않는다. 이 '안 보고, 안 들이대기'의 규율이 물리적 담장보다 견고하게 작동한다. 일본의 낮은 울타리는 실제 방어막이라기보다, 서로의 세계를 건드리지 않겠다는 조용한 인사에 가깝다.

전후 일본의 치안도 빼놓을 수 없다. 비교적 낮은 범죄율과 동네 단위의 꾸준한 자율 방범 활동은 높은 담을 필요 없게 만들었다. 일본의 주택가는 어둡지 않게 유지되고, 골목은 좁아도 늘 사람의 기척이 흐른다. 높은 벽으로 스스로를 격리시키는 대신, '동네 전체가 하나의 눈'이 되는 느낌이 더 강한 방범 효과를 냈다. 낮은 담장, 지나가는 사람들의 시선, 조용함을 해치지 않는 예절까지, 모두가 느슨하지만 실효성 있는 울타리가 된다.

마지막으로 도시 미학이 있다. 일본의 주택가는 땅이 좁고 골목이 가늘다. 이런 환경에서 높고 두터운 담은 빛을 가리고 공간을 눌러버린다. 그래서 일본은 작은 나무, 대나무 울타리, 자갈길 같은 자연 소재로 경계를 그린다. 일본 정원의 '비워두는 미학'이 마당과 도로 사이에서도 그대로 반복된다. 경계선이 있으되 튀지 않고, 공간이 나뉘되 단절되지 않는다. 길을 걷다 보면 어느 집 앞 작은 소나무 한 그루가, 누군가의 사적인 공간을 은근하게 표시하는 장식이자 자연미의 장치가 된다.

일본의 담 없는 경계에는 지진과 화재의 유산, 이웃을 배려하는 조용한 규칙, 공동체적 방범 감각, 그리고 자연스럽게 경계를 짓는 미학이 겹겹이 스며 있다. 겉으로는 비어 있는 것 같아도, 그 비어 있음 자체가 일본식 질서의 본체다. 마당과 골목 사이의 그 투명한 담은 보이지 않지만, 누구나 알고 있고, 묵묵히 지켜온 약속에 가까운 풍경으로 서 있다.

2. 골목이 차를 만들었다

좁은 골목과 소형차가 일본을 이야기할 때 빠질 수 없는 두 풍경처럼 보이지만, 사실 둘 사이에는 훨씬 깊은 연관이 있다. 일본의 소형차 문화는 단순히 세금 혜택이나 실용성 때문이 아니다. 더 멀고 오래된 시점에서 보면, 길이 먼저 존재했고 차는 그 길의 형태에 적응해 태어난 존재다. 일본의 자동차 문화는 산업이 만든 결과라기보다, 삶이 먼저 만들어놓은 그물망 위에서 기술이 조심스럽게 자리를 잡아간 역사에 가깝다.

일본의 많은 골목은 애초에 인간의 발걸음을 기준으로 만들어졌다. 에도 시대 상가 골목은 장사꾼의 손수레가 겨우 지나갈 정도의 폭을 가졌고, 농촌의 논두렁길은 마을과 밭을 잇는 생활 통로였다. 전후 혼란 속에서 급하게 조성된 주택지들은 계획 없이 미로처럼 얽혔다. 이런 길들은 근대 도시계획을 거치면서 사라지기는커녕, 그대로 현대 도시의 뼈대가 되어 버렸다. 자동차가 설계되기도 전에 이미 일본의 생활적 동선과 공간 구조가 도시를 굳혀놓은 것이다.

자동차는 그 뒤늦은 손님처럼 들어왔다. 이미 정해진 길의 폭과 굴곡에 맞춰 스스로 작아질 수밖에 없었다. 큰 차를 몰면 코너를 돌 때마다 옆집 돌계단에 걸리기 일쑤였고, 집 앞 주차장은 '한 뼘 더 넓었으면' 싶은 크기였다. 시골 농로는 차 한 대가 지나면 양쪽의 들풀이 흔들리고, 도시의 주택가는 차창 밖으로 이웃집 대문이 훤히 보일 만큼 타이트한 폭을 지녔다. 그 환경에서 자연스럽게 몸집을 줄이고 움직임을 가볍게 만든 것이 경차(輕車)였다.

경차는 단순히 작기만 한 물건이 아니라, 골목이라는 공간의 압력을 흡수해 만든 기술적 타협이자 진화의 결과다. 좁은 길에서 쉽게 회전하고, 담장 사이에 얇게 남은 주차 자리에 미끄러지듯 들어가며, 농촌과 도시를 가리지 않고 '일본의 실재적 공간' 속을 문제없이 통과하는 크기. 기술이 생활을 지배한 것이 아니라, 생활이 기술의 형태를 설성한 드문 사례다. 마치 섬의 생물이 섬의 조건에 맞춰 진화하듯, 일본의 차도 그 골목이라는 생태의 제약에 맞춰 형태를 만들어냈다.

한국에서는 넓은 도로와 대형차가 하나의 성공과 여유의 상징처럼 읽히기도 한다. 그러나 일본의 차들은 섬나라의 땅, 좁은 골목, 미로 같은 주택가와 함께 자라며 전혀 다른 미학을 가지게 되었다. 크기가 아니라 환경 적응성이 차의 성격을 결정한다. 이는 곧 일본의 '생활적 공간감각'이 자동차라는 기계를 통해 외형으로 드러난 셈이다.

그래서 일본의 소형차를 바라보고 있노라면 단순한 교통수단이 아니라 골목의 습관, 도시의 결, 그 동네의 DNA가 바퀴에 달려 굴러다니는 것처럼 느껴진다. 좁은 길이 여러 갈래로 꼬여 미로를 이루듯, 작은 차들이 서로 엇갈리고 스쳐 지나가며 일본식 일상을 만들고 있다. 길이 먼저 있었고, 그 길을 닮으려는 차들이 뒤따랐다. 일본의 소형차 문화는 산업의 결과물이기보다, 공간이 사람을 만들고 사람이 다시 기술을 빚어낸 긴 호흡의 이야기다.

3. 변소가 근대다

수세식 화장실 이야기는 얼핏 보면 그저 생활 잡담처럼 들린다. 그러나 안을 들여다보면 일본 근대사의 성질이 어렴풋이 드러나는 작은 창문이 된다. 사람은 큰 철학보다 매일 반복하는 사소한 행동에서 더 많은 것을 드러낸다. 밥 먹고 자고 싸는 기본 루틴이 사실 문명의 정체성을 세운다. 화장실은 그 핵심 중 하나다.

일본의 수세식 화장실 역사는 크게 세 단계로 나뉜다. 에도 시대의 분뇨 재활용, 메이지기의 근대 위생 개혁, 그리고 전후의 기술 폭발. 이 세 흐름이 합쳐져 오늘의 '일본은 청결 강박이 있다'는 이미지가 만들어졌다.

먼저 에도 시대를 보면 흥미롭다. 그 시절 일본은 분뇨를 그냥 버리지 않았다. 농가가 도시의 '그것'을 돈을 주고 사 갔다. 도시의 배설물이 농촌의 비료가 되는 순환 경제가 이미 작동하고 있었던 것이다. 듣기엔 더럽지만 실상은 매우 체계적이었다. 당시 조선보다 훨씬 앞선 시스템이었다. '버릴 게 하나도 없다'는 감각은 훗날 일본식 기술주의, '생활의 모든 구석을 최적화하겠다'는 집단 미학으로 자연스럽게 이어졌다.

근대적 의미의 수세식 화장실이 들어온 건 메이지 말부터 다이쇼 초기다. 서양식 위생 개념이 수입되자, 일본 지식인들은 화장실을 국가 경쟁력의 지표처럼 보기 시작했다. '변소가 근대다'라는 말까지 등장했을 정도다. 근대화란 것이 얼마나 급했고, 또 얼마나 외형 중심이었는지 그대로 드러난다. 변기도 문명이고 하수도도 국력이라는 사고방식. 인간의 허영은 가구 배치 같은 일상 구석까지 파고든다.

그러나 진짜 전환점은 1960~70년대였다. TOTO·INAX 같은 기업들이 일본식 화장실 혁명을 시작했다. 자동 세척, 온수 비데, 탈취 기능, 난방 변좌…. 화장실이 갑자기 작은 우주선처럼 변모했다. 원래는 상류층이 상징이던 설비가 서민 가정까지 스머든 순간, 화장실은 더 이상 냄새나는 곳이 아니라 일본식 편안함의 마지막 방어선이 되었다. 한국인이 일본 여행에서 비데를 처음 쓰고 놀라는 이유가 바로 여기에 있다. 일본은 정말 별것 아닌 데서 기술을 불꽃처럼 태운다.

이 변화는 단순한 편의성의 문제가 아니다. 일본 사회가 어떻게 기술로 생활을 편하게 만들겠다는 집단적 미학을 형성해 왔는지 보여준다. 또 위생 기준을 전국적으로 평준화하면서 청결이 전후 일본의 국민적 기본값이 되었다. 그 비데 문화는 결국 한국까지 건너가 동아시아 전체의 화장실 수준을 재편했다. 인간은 편안함에 기가 막히게 빠르게 적응한다.

우리는 역사를 이야기할 때 전쟁, 정치, 사상 같은 큰 서사에 집중한다. 하지만 문명의 품질은 종종 가장 사소한 장소, 이를테면 화장실 같은 데서 더 정확히 드러난다. 일본 수세식 화장실의 변화 과정은 기술과 생활, 자존심과 미학이 어떻게 한 방울씩 섞여 근대성을 만들어냈는지를 조용하지만 분명하게 보여준다. 일상의 작은 장치 하나가 사실은 한 나라의 긴 문화사를 끌고 간다.

4. 다른 침대에 누워 같은 꿈을 꾸는 사람들

일본에서는 부부가 같은 방을 쓰더라도 이불이나 침대를 각자 사용하는 일이 아주 흔하다. 처음 이 풍경을 본 외국인은 '사이가 나쁜가?' 하고 의아해하지만, 실제로는 그 반대다. 서로의 수면을 존중하고 관계를 편안하게 지키기 위한 생활적 지혜이기 때문이다. 일본식 부부 잠 문화는 감정이 아니라 잠의 질을 중심에 둔다.

전통적으로 일본 가정의 침실은 '다다미 방'이었다. 낮에는 거실이나 응접실로 쓰고, 밤이 되면 후톤(布団, 이불)을 꺼내 펼쳐 잠자리를 만든다. 이 시절부터 이미 각자 자기 이불을 쓰는 습관이 자리 잡았다. 후톤은 개인마다 두께 선호도, 배치 위치, 접는 방식이 달라 자연스럽게 '내 이불'과 '네 이불'이 구분되었다. 결혼 후에도 이 습관은 무리 없이 이어졌다. 근대 이후 침대가 들어온 뒤에도 트윈 베드를 나란히 붙여 두 개의 침대를 쓰는 방식이 일반적인 형태로 자리잡았다.

이유는 명확하다. 사람마다 체온과 수면 패턴이 다르기 때문이다.

한쪽은 더위를 심하게 타고, 다른 한쪽은 한여름에도 담요를 찾는다. 어떤 이는 조용히 자고, 어떤 이는 뒤척임이 심하고 코를 골기도 한다. 이렇게 서로의 잠을 방해하게 되는 상황을 피하려면 자연스럽게 침구를 나누는 것이 더 낫다. 일본 사람들은 이런 생활적 판단을 감정 문제와 엮지 않는다. 오히려 잘 자는 것이 좋은 관계의 전제라고 여긴다.

일본의 주거환경 또한 이런 문화 형성에 중요한 역할을 했다. 집은 작지만 방의 활용이 유연해, 한 방 안에서도 침대 두 개를 놓거나 후톤 위치를 계절별로 바꿀 수 있다. 부부는 서로의 수면을 침해하지 않으면서도 아침에는 같은 공간에서 차를 끓여 마시고 밥을 먹는다. 잠의 순간만 떨어질 뿐 일상의 리듬은 그대로 공유된다. 물리적 거리는 조금 더 생기지만 심리적 거리는 오히려 가까워지는 방식이다.

도요게이자이(東洋経済)와 닛케이(Nikkci) 등 일본 매체들은 이 현상을 '별도 침구 문화'라 부르며, 현대 일본인의 개인주의와 배려가 자연스럽게 결합한 생활 습관으로 읽어낸다. 같은 방에서 각자 자는 방식이 일본식 친밀함의 새로운 형태라는 해석이다. 부부가 서로 다른 이불을 덮는다고 해서 마음의 온도가 식는 것이 아니라, 오히려 '당신이 편히 잘 수 있도록'이라는 조용한 배려가 깔려 있다.

한국에서는 아직 같은 이불을 쓰는 부부가 많지만, 젊은 세대를 중심으로 트윈 침대나 분리된 침구를 선호하는 흐름이 조금씩 확산되고 있다. 결혼 초기에는 '같이 자야 정이 붙는다'고 생각하지만, 시간이 지나면 '따로 자야 평화롭다'고 말하는 이들도 적지 않다. 일본의 이불 분리 문화는 사랑이 식은 결과가 아니라, 오래 함께 살기 위한 생활의 숙성된 기술이다.

　서로의 공간을 존중하면서도 한 집 안에서 온기를 나누는 방식. 다른 침대에 누워도 같은 꿈을 꾸는 부부의 조용한 생활 감각. 이것이 일본식 잠 문화의 핵심이다.

5. 일본 가정 욕조; 오후로

　일본의 가정용 욕조, 즉 오후로(お風呂)는 단순한 씻는 공간이 아니다. 일본인의 삶과 정서가 오랜 시간 축적된 작은 우주, 하루의 끝에서 마음을 정리하고 다시 태어나는 장치다. 일본에서 목욕은 위생적 행위 이전에 정화다. 불교의 청정 사상과 신토의 깨끗함을 중시하는 감각이 자연스레 어우러지며, 물은 몸을 씻는 것보다 마음의 먼지를 씻어내는 존재로 자리 잡았다.

　일본의 욕조는 대체로 작고 깊다. 서양식 욕조처럼 누워서 늘어지지 않고, 무릎을 세운 채 고요히 몸을 담근다. 물의 온도는 보통 40도 전후, 뜨겁지만 날카롭지 않은 온기다. 처음 몸이 잠길 때 느껴지는 그 묵직한 긴장은, 하루 혈관에 쌓였던 소음이 서서히 흩어지는 신호처럼 다가온다. 일본인들이 '목욕한다'가 아닌 '오후로에 들어간다'라고 말하는 이유가 여기에 있다. 들어간다는 말에는 몸을 씻기보다 자신의 안으로 잠시 들어가는 명상의 감각이 담겨 있다.

　욕조에 몸을 담그기 전에 반드시 샤워로 몸을 씻는 관습은 위생을 넘어서 배려와 질서의 미학이다. 가족이 함께 사용하는 물을 더럽히지 않기 위한 최소한의 예절이자, 서로의 순서를 위해 공간을 정갈히 만드는 방식이다. 한 통의 물이 가족을 조용히 묶어주는 매개가 되고, 누군가의 뒤를 생각하며 자신을 단정히 하는 이 습관은 일본의 공동체 감각을 가장 소박하게 보여준다.

과거 일본 가정에서는 아버지가 퇴근 후 가장 먼저 욕조에 들었다. 이어 어머니와 아이들이 차례로 욕조를 사용했다. 이는 단순한 위계라기보다 가족 간의 존중 순서였다. 욕조 속에서 아이는 아버지에게 하루의 이야기를 털어놓았고, 어머니는 말없이 아이의 등을 닦아주었다. 김이 서린 욕실 안에서 오가는 짧은 대화와 고요한 침묵은 어느 식탁의 대화보다 따뜻했다. 그래서 일본 영화나 애니메이션에서 욕조는 늘 가족의 유대와 평화를 상징하는 장면으로 등장한다.

현대의 일본 욕조는 기술적 완성도가 높다. 버튼 하나로 물을 채우고 온도를 맞추며, 일정한 온두를 유지한다. 재가열 시스템으로 물을 다시 데워 쓰기도 하고, 다음날 세탁용수로 재활용하는 일도 흔하다. 이런 절약의 철학은 욕조를 단순한 편의 설비가 아니라, 생활 속의 질서와 절제의 상징으로 만든다. 물을 함부로 낭비하지 않는 감각은 일본식 순응과 생태관의 연장이다.

욕실의 풍경 또한 중요한 요소다. 욕조 주변은 대개 나무나 돌, 흰 타일로 마감되고, 어떤 가정은 작게라도 창을 내어 몸을 담근 채 정원을 바라볼 수 있도록 한다. 온천의 전통이 집 안으로 들어온 것이다. 욕조 속에서 바라보는 푸른 대나무, 비에 젖은 이끼, 달빛이 흘러내리는 정원은 단순한 조경이 아니라 자연과의 대화다. 몸은 물속에, 눈은 자연 속에 잠기며, 인간은 잠시 세상과 화해한다.

일본의 욕조는 청결의 도구가 아니라 하루의 리듬이 응축된 조용한 성소다. 물속에서 하루의 소음을 흘려보내고, 내일의 자신을 준비하는 공간. 뜨거운 물이 식으면 하루가 끝나고, 다시 물을 채우면 새로운 하루가 시작되는 곳. 그 작은 욕조 안에는 인간과 자연, 가족과 시간, 몸과 마음이 모두 잠시 하나로 모인다. 일본 가정의 오후로는 그렇게 조용히 세월을 데우며, 한 민족의 섬세한 감성과 절제된 아름다움을 품어온 생활의 철학이다.

6. 냉장고 속의 조용한 질서

냉장고 안의 '내 것, 네 것'은 일본 가정에서 일종의 생활 철학처럼 자리 잡아 있다. 푸딩 하나, 요거트 하나, 남은 카레 한 스푼까지도 모두 주인이 따로 있다. 한국인의 눈에는 '그깟 걸 왜 따져?' 싶지만, 일본식 감각에서는 매우 중요하다. 냉장고는 조용한 규칙이 흐르는 작은 사회이기 때문이다.

일본 사람들은 누가 먹으려고 남겨둔 음식인지 애매하면 절대 손대지 않는다. 이유는 단순하다. 음식 하나에도 '작은 계획'이 깃들어 있다고 보기 때문이다. 내일 아침에 먹으려던 것, 퇴근 후 조용히 즐기려던 디저트, 밤에 드라마 보면서 열어 보려던 음료 같은 사소한 계획까지 존중하는 문화다.

그래서 일본 부부의 냉장고 대화는 조심스럽고 세밀하다.

"이거 먹어도 돼?"

“응, 그건 공동용.”

“아니, 그건 내일 먹으려고 남긴 거야.”

특히 도시락 반찬 재료처럼 용도가 정해진 음식은 절대 건드리지 않는다. 반면 우유, 김치, 물, 기본 조미료 같은 공동 식품은 누구나 자유롭게 쓴다. 하지만 이 공동 구역도 깔끔하게 정리해두어 개인 구역과 섞이지 않도록 한다. 어떤 집은 아예 칸을 둘로 나누어 혼란이 생기지 않게 관리한다.

냉장고 속의 구분 문화는 결국 양보 부족이 아니라, 서로의 공간을 존중해야 관계가 편하다는 일본식 생활 철학이다. 작은 음식 하나라도 상대의 계획을 건드리지 않으면 집안이 훨씬 조용하고 평화롭다는 경험이 오래 축적되며 만들어진 규칙이다.

냉장고를 들여다보면, 부부 관계의 스타일이 은근히 드러난다. 보이지 않는 선, 조용한 배려, 작은 행복을 지키는 습관. 치기운 칸 속에서 따뜻한 질서가 묵묵히 작동하고 있다.

7. 조이타나

일본 군마현의 쿠사츠 온천(草津温泉)은 온천의 나라 일본에서도 특별한 존재다. ‘온천의 왕좌’라는 별명이 괜히 붙은 것이 아니다. 이 곳의 원천수는 대부분 섭씨 50도에서 95도에 이르고, 어떤 곳은 100도에 가까운 물이 솟구쳐 나온다. 말 그대로 끓는 물이다. 사람 몸이 견딜 리 없다. 그런데도 쿠사츠 사람들은 이 뜨거운 물을 식히기 위

해 아주 일본적인 방식의 지혜를 만들어냈다. 그게 바로 '유모미(湯も
み)'다.

유모미는 길이 1.5미터 정도의 넓적한 나무판으로 끓는 온천수를
휘저어 온도를 낮추는 전통이다. 관광 쇼처럼 보이지만, 본질은 정교
한 기술과 근력, 그리고 인내의 공연이다. 단순히 식히는 게 아니라,
물을 공기와 섞어 산소를 더하고, 유황 냄새를 부드럽게 누그러뜨리
며, 무엇보다 온도를 일정하게 맞추기 위해서다. 사람들이 노래를 맞
춰 부르며 힘껏 나무판을 흔드는 이유는 단순한 흥이 아니라, 물의
얼굴을 곱게 다듬는 행위다.

쿠사츠의 온천수는 '유바타케(湯畑, 온천밭)'라 불리는 거대한 분출
지에서 흘러나온다. 이곳은 뜨거운 물이 돌 수로 위를 폭포처럼 흘러
내리며 하얀 증기를 뿜어내는 장관을 이루는데, 흐르는 동안 조금씩
온도가 낮아진다. 긴 수로를 천천히 지나 숙소나 공공탕으로 도착할
즈음에는 섭씨 40도 안팎으로 안정된다. 그 과정을 바라보고 있으
면, '뜨거운 물을 식히는 풍경이 이렇게 아름다울 수도 있구나' 하는
감탄이 절로 나온다. 이것이 바로 쿠사츠의 미학이다.

특히 쿠사츠 사람들이 고집하는 원칙이 있다. 찬물을 섞지 않는다.
그들의 말로 하면, 온천은 온천 그대로여야 한다. 찬물을 섞으면 온
천의 약효가 희석되고, 물의 '힘'이 사라진다고 믿는다. 그래서 유모
미는 물 온도를 조절하는 기술일 뿐 아니라, 자연 그대로의 성분을
지키기 위한 의식이 된다.

오늘날 유모미는 쿠사츠의 명물이다. 전통 복장을 한 여성들이 나
무판을 힘껏 흔들며 '요이토코나~ 요이토코나~(よいとこな~)'라는 구

호를 외치면, 뜨거운 증기가 솟구치고 유황 향이 공기 속에 퍼진다. 그 순간 공간 전체가 다른 세계가 된다. 뜨거우면서도 상쾌한, 묵직하면서도 맑은 공기. 이 모순된 감각이 쿠사츠 온천의 매력이다.

쿠사츠의 물은 살균력이 강해 예전부터 약효가 뛰어난 온천으로 유명했다. 에도 시대의 의학서에는 피부병, 근육통, 상처 회복 등에 효과가 있다고 기록되어 있고, 지금도 일본 사람들은 '쿠사츠 온천에 하루 한 번 들어가면 의사가 필요 없다'고 말한다. 그래서 쿠사츠는 단순한 휴양지가 아니라 몸과 마음을 정화하는 성소(聖所)로 받아들여진다.

이 뜨거운 물을 억지로 식히지 않고, 자연의 상태를 보존한 채 노래와 나무판으로 길들여온 태도 속에는 일본인이 가진 자연관이 숨어 있다. 자연을 꺾지 않고, 부드럽게 다스리는 방식. 쿠사츠의 유모미는 결국 자연과 인간 사이에서 탄생한 조화의 의식이다. 그 뜨기운 물 속에서 사람들은 치유되고, 다시 살아난다.

8. 목조주택; 가벼운 집

일본의 목조주택을 들여다보면, 그것은 단순한 건축 양식이 아니라 일본인이 기후와 더불어 살아온 방식, 습기와의 긴 투쟁, 그리고 '가벼운 집'이라는 독특한 미학이 응축된 작은 문명사 한 조각처럼 느껴진다. 나무로 지은 집 한 채가 이렇게까지 많은 이야기를 품는 것도 놀랍다.

일본 목조주택의 바탕에는 두 가지 철학이 있다. 하나는 '집은 영원하지 않다'는 전제, 다른 하나는 '무겁게 버티지 말고 가볍게 흘려보내라'는 태도다. 이 둘은 일본의 기후가 강요한 생존의 지혜였다. 일본은 강우량이 많고 습도가 높다. 여름이면 공기가 끈적하게 달라붙고, 장마철에는 집 안까지 곰팡이의 기운이 스며든다. 이런 환경에서 돌과 흙으로 만들어진 무거운 집은 숨을 쉬지 못하고 금세 썩는다.

그래서 일본의 전통 건축은 오래전부터 나무, 종이, 흙벽을 기본 재료로 사용했다. 가볍고 통기성이 좋고, 무엇보다 쉽게 고쳐 쓸 수 있기 때문이다. 이 '고쳐 쓰기'는 일본식 목조건축의 심장이었다. 집은 완성품이 아니라, 끊임없이 손을 대며 갱신해야 하는 살아 있는 구조물로 여겨졌다.

기둥과 보를 결합하는 전통 기술인 '시구치(仕口, しぐち)'는 못을 거의 사용하지 않는다. 나무와 나무가 서로 맞물리며 유연성을 확보하는 방식이라, 지진이 나면 집 전체가 땅과 함께 흔들린다. 뻣뻣하게 버티는 집보다, 휘어지며 충격을 흘려보내는 집이 지진에 강하다는 오래된 지혜가 여기에 녹아 있다.

그리고 일본 집을 상징하는 쇼지(障子, しょうじ)와 후스마(襖). 방과 방 사이를 벽이 아니라 종이문으로 나누는 구조는 단순히 멋을 위한 장식이 아니라, 바람과 빛, 생활의 흐름을 조절하는 장치다. 여름엔 환기를 돕고, 겨울엔 은은한 빛을 받아들이며 방을 부드럽게 감싼다. 무엇보다 필요에 따라 공간을 나누거나 합칠 수 있어, 가족 구성의 변화에 자연스럽게 적응한다. 일본인의 집은 방을 고정하지 않는다.

삶의 변화에 따라 형태가 바뀌는 유연한 존재다.

　여기에는 일본인의 세계관이 숨어 있다. '집은 삶을 담는 그릇이지, 성(城)이 아니다.' 조선이 집을 신분과 권위의 상징으로 삼았다면, 일본의 집은 자연의 리듬과 인간의 이동성에 적응하는 생물처럼 존재했다. 그래서 오늘날에도 일본 도시에서는 30~40년 간격으로 집을 허물고 새로 짓는 풍경이 낯설지 않다. 한국의 관점에서는 '터무니없는 낭비'처럼 보이지만, 일본인에게 집은 영속하는 재산이 아니라 주기적으로 새로 태어나는 존재다. 새로 짓는 과정에서 내진 설계와 단열이 최신 형태로 갱신되며, 동네의 구조도 조금씩 바뀐다.

　가구 문화도 이 철학을 그대로 닮아 있다. 육중한 장롱 대신 가볍게 옮길 수 있는 작은 수납장, 바닥에 앉는 생활을 중심으로 한 다다미, 그리고 물건을 최소한으로 두어 공간 자체가 숨을 쉬게 하는 방식이 한데 어우러져, 일본 목조주택 특유의 가벼운 미학을 완성한다.

　이런 집들은 사라질 때조차 아름답다. 장마철 나무 기둥이 '툭' 하고 수축하는 소리, 쇼지를 여는 사각사각한 마찰음, 다다미 섬유가 발바닥 아래서 살짝 울리는 감촉. 건물 전체가 기계가 아니라 생명체처럼 반응한다. 그래서 오래된 목조주택을 떠나는 일본인이, 마치 한 생물을 떠나보내는 듯한 감정을 느낀다는 이야기가 전혀 이상하지 않다.

　일본의 목조주택은 결국, 자연과 인간이 서로의 호흡에 맞춰 살아온 방식의 기록이다. 집안의 모든 소리가 생명의 기척처럼 들리는 이유는, 그 집이 '물질'이 아니라 '관계'로 지어졌기 때문이다.

9. 불편한 다다미

다다미 위에 앉으면 처음엔 따뜻한 풀 냄새가 난다. 이 향은 일본 식 집의 첫인상이며, 사람을 조용히 눕게 만들 만큼 편안하다. 그러 나 그 편안함은 오래 가지 않는다. 오래 앉아 있으면 무릎과 허리가 먼저 항의한다. 다다미는 앉는 자세를 바꿔도 결국 바닥에 가까운 일본식 생활을 강요하고, 그 자세는 현대인의 관절에 여유를 주지 않는다. 편안해 보이지만, 실은 몸의 '견딤'을 전제로 하는 문화적 구 조다.

다다미의 불편함은 단지 자세 때문만이 아니다. 보이는 것보다 훨 씬 섬세하고 취약한 재질이다. 눌리면 자국이 남고, 습기를 먹으면 금세 곰팡이가 피고, 햇빛에 오래 두면 색이 바래 버린다. 집 안의 기 온, 사람의 발걸음, 가구의 무게까지 모든 것이 다다미에게 흔적을 남긴다. 그래서 일본인은 다다미 하나를 집 안의 '살아 있는 생물'처 럼 다룬다. 불편을 감수하면서도 계속 관리해야 한다.

그럼에도 일본인은 이 다다미라는 불편한 바닥을 온전히 포기하지 못했다. 이유는 단순히 전통 때문이 아니다. 다다미에서의 삶은 '빠 른 생활'과 정반대의 시간을 전제로 한다. 깊이 앉아야 하고, 조심스 럽게 걸어야 하며, 작은 습관 하나가 집 전체의 공기를 바꾼다. 다다 미의 불편함은 오히려 일본인에게 '조심하는 삶'을 가르쳤고, 그 조 심 속에서 특별한 고요와 단정함이 생겼다.

하지만 현대 생활은 다다미와 어울리지 않는다. 청소가 번거롭고, 알레르기 문제도 심각하며, 전자제품 중심의 생활과도 충돌한다. 일본 사람들도 다다미 방을 점차 줄여가고 있고, 아예 다다미 없는 집을 선호하는 젊은 세대도 많다. 그러나 정작 그들은 다다미가 사라진 집에서 '어딘가 허전하다'고 느낀다. 다다미는 몸에는 불편하지만, 마음에는 특별한 자리를 남긴다.

다다미는 결국 일본인의 집 안에 남아 있는 가장 오래된 긴장이다. 자연을 삶으로 끌어들였던 시절의 흔적이자, 현대적 편의와 부딪히는 전통의 마지막 보루다. 불편함을 감수하면서 이어온 생활 방식, 그러나 그 불편함 속에서만 생겨나는 정서. 그래서 다다미는 단순한 바닥재가 아니라 일본식 시간감각의 은유다.

다다미는 딱딱한 진실을 조용히 말한다. 편안함만이 좋은 삶이 아니라는 것, 조금 불편해야만 느껴지는 고요와 집중이 있다는 것. 일본인은 그 불편함을 잘 알면서도, 완전히 놓지 못한다. 다다미 위에서 살아온 시간들이 그들 마음속에서 아직도 사라지지 않았기 때문이다.

10. 작은 공원, 큰 철학

일본의 공원은 단순히 도시의 쉼터가 아니라, 조화의 미학이 살아 있는 공간 예술이다. 서양의 공원이 자연을 재현하거나 인간의 질서를 강조하는 데 비해, 일본의 공원은 자연과 인간이 서로를 스며들게 만드는 장소다. 그곳에서는 인공과 자연, 질서와 우연, 정적과 생명이 절묘하게 공존한다.

에도 시대의 공원은 처음부터 '공원'이라 불리지 않았다. 원래는 다이묘(大名, 봉건 영주)나 귀족의 정원이었고, 그것이 서민들에게 개방되면서 지금의 공원 개념이 형성됐다.

대표적인 예가 도쿄의 고이시카와 고라쿠엔(小石川後楽園)이나 교토의 가쓰라리큐(桂離宮) 같은 정원이다. 이곳들은 단순히 나무와 연못이 있는 정원이 아니라, 하나의 철학적 세계였다. 인위적으로 만든 풍경이면서도, 자연의 흐름을 억누르지 않고 그대로 받아들였다. 돌 하나, 나무 한 그루, 심지어 물결의 방향까지 모두 계산되어 있으나, 보는 이로 하여금 그 인공을 느끼지 못하게 한다. 이 '인공 속의 자연'이 바로 일본 정원, 나아가 일본 공원의 본질이다.

메이지유신 이후 서양의 도시 계획이 도입되면서 일본의 공원은 공공시설로 확대되었다. 이때 만들어진 것이 도쿄의 우에노 공원(上野公園), 오사카의 나카노시마 공원(中之島公園) 등이다.

하지만 이들 공원도 서양식 잔디밭 위에 벤치를 놓은 형태가 아니라, 여전히 사계절의 변화를 중심으로 설계된 정서적 공간이었다. 봄에는 벚꽃이 흐드러지고, 여름에는 매미 소리, 가을에는 단풍, 겨울에는 고요한 설경이 그 자리를 차지한다. 일본의 공원은 자연을 꾸미지 않고, 계절이 스스로 꾸며주는 무대를 제공한다.

특히 벚꽃놀이(花見, 하나미)는 일본 공원의 대표적 장면이다. 벚꽃이 피면 사람들은 도시의 공원으로 몰려나와 매트를 펴고 술과 도시락을 나눈다. 이 광경은 단순한 유흥이 아니라, 덧없음을 즐기는 일본적 정서의 집단적 표현이다. 잠깐 피었다 지는 꽃 속에서 인생의 아름다움과 슬픔을 함께 느끼는 것, 그것이 일본 공원의 미학적 순간이다.

또한 일본의 공원은 철저히 생활의 일부다. 도시의 밀도 속에서도 공원은 일정한 간격으로 배치되어, 시민들의 산책로이자 휴식 공간으로 기능한다. 아침에는 노인들이 라디오체조를 하고, 오후에는 아이들이 뛰어놀며, 해질 무렵에는 직장인이 잠시 앉아 담배 한 대를 피운다. 이렇듯 일본의 공원은 사회의 계층과 연령, 신분을 넘나드는 평등한 시간의 장소다.

흥미로운 점은, 일본의 공원에는 '과도한 화려함'이 없다.

꽃밭은 절제되어 있고, 안내판은 작고 단정하며, 나무들은 대체로 그대로 자란다. 이는 일본 특유의 와비사비(侘寂) 미학이 공간 설계에 녹아 있기 때문이다. 공원은 자연을 소유하거나 통제하는 곳이 아니라, 인간이 잠시 머무는 장소일 뿐이라는 겸허한 감각이 바탕에 있다.

일본의 공원은 '자연 속의 예술'이 아니라 '예술 속의 자연'이다. 그곳에서 사람은 사신을 드러내지 않는다.

조용히 걷고, 벤치에 앉아, 나뭇잎이 떨어지는 소리를 듣는다. 그 고요함 속에서 비로소 인간은 자신이 자연의 일부임을 깨닫는다. 일본의 공원은 도시의 소음 속에서도 세상을 잠시 멈추게 하는 공간 철학, 즉 '조용히 살아간다는 것의 품격'을 가르쳐주는 곳이다.

11. 집에서 얼어죽는 일본인

일본의 '히트쇼크'는 겨울철이 되면 매년 반복되는, 그러나 여전히 많은 생명을 앗아가는 재난이다. 따뜻한 거실에서 차가운 욕실로 이동하거나, 냉기 속에서 갑자기 뜨거운 물에 몸을 담그는 순간, 신체가 극심한 온도차에 반응해 혈압이 급상승하거나 급강하한다. 그 결과 심장마비, 뇌졸중, 의식상실로 이어지는 경우가 많다. 일본 보건성 통계에 따르면 해마다 약 1만 4,000명 이상이 욕실에서 사망하며, 교통사고 사망자의 세 배를 넘는다.

이 현상이 유독 일본에서 두드러지는 이유는 주거 구조와 기후, 그리고 생활습관의 결합 때문이다. 일본의 주택은 대부분 '국소 난방' 구조로, 방마다 따로 난방을 한다. 즉, 거실은 따뜻하지만 복도와 욕실, 화장실은 냉기 속에 있다. 이는 습기가 많은 일본 기후에 맞춘 전통 건축의 유산으로, 통풍과 환기를 중시하다 보니 단열이 약하다. 이 온도 불균형이 바로 히트쇼크의 주된 원인이다.

겨울 저녁, 따뜻한 거실에서 옷을 벗고 차가운 욕실로 들어가면 피부의 혈관이 급격히 수축한다. 이어 뜨거운 물에 몸을 담그면 다시 혈관이 확장하면서 혈압이 급변한다. 특히 고령자에게는 이 변화가 치명적이다. 실제로 일본에서 히트쇼크로 사망하는 사람 대부분은 60세 이상 노년층이다. 그들은 전기세를 아끼거나, '조금 추운 건 참을 수 있다'는 사고방식 때문에 욕실 난방기를 켜지 않는 경우가 많다. 이 '참음'이야말로 일본식 생활윤리의 본질이지만, 동시에 위험의 근원이기도 하다.

히트쇼크는 단순히 건강 문제가 아니라 문화의 문제다. 일본인은 청결과 정숙을 중시하며, 매일 밤 뜨거운 물에 몸을 담그는 것을 하루의 의례로 여긴다. 목욕은 신체를 씻는 행위이자 정신을 정화하는 시간이다. 그래서 목욕 습관을 쉽게 바꾸지 않는다. 그러나 그 '청결의 의식'이 겨울철에는 역설적으로 생명을 위협한다. 욕실이 성스러운 공간이자 동시에 가장 위험한 공간이 되는 셈이다.

최근 일본 정부와 지방자치단체는 히트쇼크 예방을 위해 다양한 캠페인을 펼치고 있다. 욕실과 탈의실의 온도차를 줄이기 위해 히터를 설치하거나, 입욕 전후에 따뜻한 물을 마시고 천천히 몸을 담그라는 생활 지침이 강조된다. 또 욕조의 물 온도를 41도 이하로 유지하고, 장시간 입욕을 피하라는 권고가 보편화되고 있다. 고령자들이 혼자 목욕하지 않도록 가족이 같은 시간대에 함께 생활하도록 유도하는 정책도 있다.

하지만 여전히 히트쇼크는 '일본적 사고방식의 그림자'로 남아 있다. 청결, 절약, 인내, 절제, 이 네 가지 미덕이 동시에 인간의 생리적 안전을 위협하는 모순을 만들어낸다. 일본의 겨울은 단지 기온의 문제가 아니라, 문화의 온도차가 낳은 현상이다. 히트쇼크는 일본 사회가 얼마나 규율 있고, 또 얼마나 위험하게 절제되어 있는가를 보여주는 상징적 사건이다.

따뜻함을 사랑하지만 그 따뜻함을 관리하지 못하는 나라. 히트쇼크는 바로 그 역설의 결과다. 일본의 욕실은 여전히 정갈하고 조용하지만, 그 고요함 속엔 매년 수천 명의 생명이 사라지는 '차가운 비극'이 숨어 있다.

12. 란도셀 이야기

일본의 초등학생들이 메는 '란도셀(ランドセル)'은 단순한 가방이 아니다. 그것은 일본 사회가 어린이에게 건네는 첫 번째 상징물이며, 근대 일본의 '어른 되기 의식'이 응축된 문화유산이다. 아이가 초등학교에 입학하면 부모나 조부모는 거의 예외 없이 란도셀을 선물한다. 그 순간, 아이는 한 사람의 '학생'으로서 사회의 일원으로 편입된다.

란도셀의 유래는 메이지 시대까지 거슬러 올라간다. 네덜란드어 '란셀(ransel, 군용 배낭)'에서 온 말로, 처음에는 일본군의 배낭을 본떠 만들어진 것이었다. 근대 교육제도가 시작되던 1880년대, 일본 정부는 '학생은 군인처럼 규율 있게 길러야 한다'는 사상을 바탕으로, 통일된 형태의 책가방을 도입했다. 즉, 란도셀은 근대 국민국가의 훈육 도구로 태어났다. '학교'가 전쟁터라면, 아이는 사회에 입문하는 병사였던 셈이다.

전후 일본에서도 이 전통은 변하지 않았다. 오히려 더 정교해졌다. 란도셀은 단순히 물건을 넣는 용도가 아니라, 아이의 몸과 성장을 지켜보는 상징이 되었다. 튼튼한 가죽으로 만들어 6년 동안 사용할 수 있도록 설계되었으며, 한 번 사면 졸업 때까지 바꾸지 않는다. 무겁지만 쉽게 망가지지 않는 구조는 '끈기와 책임감'을 배우게 한다는 교육철학과 맞닿아 있다. 부모는 자녀가 그 가방을 메고 비를 맞으며, 눈길을 걸으며, 몸과 마음이 자라는 모습을 본다.

색깔에도 상징이 있다. 과거에는 남학생은 검정, 여학생은 빨강으로 나뉘었으나 최근에는 파스텔톤, 네이비, 보르도, 심지어 흰색까지 다양해졌다. 그러나 여전히 많은 부모는 '전통적인 색이 좋다'고 말한다. 전통은 일본에서 단지 과거의 습관이 아니라, 질서의 언어이기 때문이다. 아이는 개인이기 전에 사회 속의 존재이며, 란도셀은 그 사회와 맺는 첫 계약이다.

란도셀을 메고 등교하는 아침 풍경은 일본 도시의 정서적 상징이다. 도로에는 '통학로' 표지판이 세워져 있고, 노인 자원봉사자들이 아이들을 배웅한다. 어린이가 건널목에 서면 자동차는 반드시 멈춘다. 아이의 란도셀에는 반사경과 이름표, 비상용 방범벨이 달려 있다. 그것은 보호의 장치이자, 사회가 아이를 공동으로 책임지는 표시다. 일본의 안전문화는 이 작은 가방에서부터 시작된다.

그러나 이 평화로운 전통 뒤에는 무게와 부담의 그림자도 있다. 실제로 란도셀은 평균 6년간 매일 사용되며, 무게는 1.2~1.5킬로그램 정도다. 교과서와 필통을 넣으면 하루 5킬로그램에 이르는 경우도 많다. 아이들의 어깨와 척추에 부담이 크다는 지적이 잇따르면서, 최근에는 경량화된 소재나 바퀴형 가방도 등장했다. 하지만 여전히 '란도셀은 등으로 메야 한다'는 보수적인 인식이 강하다.

흥미로운 점은, 이 전통이 이미 일본의 문화 상품이 되었다는 것이다. 교토나 나고야에서는 수공예 가죽 장인이 한 땀 한 땀 란도셀을 제작하며, 일부 브랜드는 10만 엔을 훌쩍 넘는다. 해외에서도 일본의 란도셀은 '완벽한 장인정신'의 상징으로 인기를 끈다. 파리, 뉴욕, 서울에서도 패션 아이템으로 팔리고 있다. 본래의 기능을 넘어, '질서와 정갈함'이라는 일본적 미학이 세계인의 눈에 들어온 것이다.

란도셀은 일본식 근대의 상징이다. 집단 속의 규율, 물건의 완성도, 아이의 성장을 향한 조용한 사회적 관찰. 그것은 단지 가방이 아니라, 한 사회가 아이에게 건네는 첫 번째 책임의 무게다. 아이가 그 무거운 가방을 지고 집을 나서는 순간, 일본의 근대는 또 한 번 재현된다.

13. 책의 골목, 진보초

진보초(神保町)는 도쿄 한복판에 자리한 작은 동네지만, 그 풍경은 결코 작지 않다. 이곳은 헌책의 왕국이며, 오래된 종이 냄새와 사라진 시대의 지식이 층층이 쌓여 있는 거대한 '지적 밀림'에 가깝다. 걷기만 해도 책의 역사와 일본 출판문화의 밑바닥을 들여다보게 되는 곳, 그것이 진보초다.

도쿄 지도를 펼쳐 보면, 황거의 엄숙한 공간과 아카사카의 권력 축을 지나, 대학과 출판사가 밀집한 칸다(神田) 지역이 나온다. 바로 그 심장부에 진보초가 들어앉아 있다. 이 지리적 조건은 우연이 아니다. 일본의 지식 네트워크가 자연스럽게 모이는 '지적 하류(下流)'이기 때문이다. 대학과 출판, 책방, 독자가 한데 엉켜 흐르는 구조에서 진보초는 자연히 '헌책의 수도'라는 얼굴을 갖게 됐다.

거리에는 작은 서점들이 다닥다닥 붙어 있고, 간판에는 '전공서적', '근현대사 자료', '종교 서적', '라노베 · 만화', '희귀본' 같은 글자가 끝없이 이어진다. 책방 주인의 취향이 가게의 정체성을 정확히 결정한다. 어떤 가게는 메이지 시대의 교과서만 모으고, 어떤 가게는 전전·전후 정치 팸플릿만을 취급한다. 또 다른 곳은 1960~70년대 학생운동 잡지로 벽을 도배해 놓았다. 단순한 '판매'가 아니라 주인이 자신의 신념과 취향을 문장으로, 종이로 펼쳐놓은 작은 박물관들이다.

진보초의 탄생에는 메이지 시대 이후 일본 학술문화의 흐름이 깊게 얽혀 있다. 도쿄 제국대학(지금의 도쿄대)을 중심으로 학문·출판 생태계가 형성되면서, 자연스레 대학가 주변에 헌책 시장이 자리 잡았다. 교수들은 연구서적을 사고팔고, 출판사 편집자들은 책을 구하러 이곳을 드나들며, 학생들은 사야 할 책을 여기서 건졌다. 그렇게 형성된 '지적 중고 시장'이 100년 넘게 이어져 지금의 진보초가 된 것이다.

하지만 진보초는 헌책만 있는 동네가 아니다. 골목을 한 번 돌면 오래된 양식집, 기름 냄새 가득한 가라아게 상점, 작고 어두운 재즈 카페, 라멘집, 편집자와 작가들이 밤마다 모여 앉아 이야기를 풀던 술집들이 보인다. 이 동네는 책을 중심으로 한 사람들의 커뮤니티가 축적된 공간이다. 책이 사람을 부르고, 사람이 다시 책을 부르는 순환이 세대마다 반복된다. 한 세대의 기억이 사라지면, 다음 세대의 취향이 그 자리를 메우며, 동네의 시간은 계속 덧칠된다.

진보초의 진짜 매력은 이 '시간의 밀도'에 있다. 낡은 서점 문을 열면, 종이가 삭아가는 냄새와 함께 오래된 사상, 잊힌 논쟁, 한 시대를 흔든 문장들이 조용히 잠들어 있다가 손님의 손끝에서 다시 깨어난다. 어떤 책은 누군가의 필기가 가득하고, 어떤 책은 누렇게 변색된 페이지 사이로 과거의 삶이 스며 있다. 책이 단순한 물건이 아니라,

시대의 기억을 공유하는 그릇이라는 사실을 이곳에서 가장 뚜렷하게 확인할 수 있다.

진보초는 공간이 아니라 하나의 거대한 아카이브다. 일본 출판문화의 심장, 도쿄 인문학의 골목, 세대를 넘어 축적된 취향의 집적체. 종이의 냄새와 사람의 열정이 섞여 시간이 천천히 발효되는 곳.

이 조용한 거리의 헌책들은 말없이 오래된 시대를 견딘 증언자다. 그 앞에서 독자는 어느 새 한 나라가 책을 어떻게 대했는지, 그리고 책이 한 나라를 어떻게 만들었는지를 조용히 체감하게 된다.

제4부

도시·이동·인프라

1. 겨울 타다미線 여행 이야기

겨울의 타다미선은 목적지가 아니라 과정 그 자체다. 지도를 펴고 보면 니가타에서 후쿠시마로 이어지는 가느다란 선 하나. 하지만 눈이 내리면 그 선은 선로가 아니라 사유의 통로가 된다. 열차는 서두르지 않는다. 속도를 포기한 기계만이 풍경을 살린다는 사실을, 타다미선은 매번 증명한다.

눈은 이 지역의 문법이다. 들판은 하얗게 평등해지고, 산의 윤곽은 연필로 한 번 더 그린 듯 또렷해진다. 타다미강은 얼어붙은 듯 보이지만, 얼지 않는다. 물은 여전히 흐르고, 그 위로 김이 오른다. 살아 있다는 증거가 이토록 조용할 수 있다는 게 놀랍다.

열차 창에 이슬이 맺히면, 누군가는 손가락으로 짧은 선을 그어 풍경을 다시 확인한다. 확인이라는 행위는 때로 믿음을 강화한다.

객실 안은 소박하다. 말수가 적은 승객들, 두툼한 코트, 따뜻한 캔 커피. 여행의 규칙은 단 하나다. 서로를 방해하지 말 것. 일본의 지방선은 늘 그렇다. 친절은 넘치지 않지만, 불편도 없다. 침묵이 배려로 기능하는 드문 공간. 눈이 쌓인 플랫폼에서 역무원이 제설을 하는 모습은 노동의 미학을 보여준다. 소음은 없고, 동작은 정확하다.

아이즈와카마쓰 쪽으로 다가갈수록 역들은 더 작아진다. 작은 역일수록 이야기는 많다. 학생이 내리고, 장을 보러 온 노인이 타고, 사진가가 잠깐 숨을 고른다. 겨울은 관광을 줄이고 생활을 드러낸다. 그래서 타다미선의 겨울은 '구경'이 아니라 '동행'이다. 우리는 그들의 하루 옆자리에 잠시 앉아 있다가 내려올 뿐이다.

해가 기울 무렵, 설경은 푸른 기운을 얻는다. 흰색이 가장 많은 색이 되는 시간. 이때 열차가 철교를 건너면, 강 위의 그림자와 산의 음영이 겹쳐 하나의 사진이 된다. 셔터를 누르지 않아도 좋다. 기억은 이 구간에서 늘 고해상도다. 서늘한 공기 속에서 생각은 느려지고, 느린 생각은 불필요한 판단을 걷어낸다.

겨울 타다미선 여행은 많이 보지 않아도 충분하다는 것. 빠르지 않아도 도착한다는 것. 그리고 풍경은 설명이 아니라 체류를 요구한다는 것. 눈이 내리는 날, 타다미선에 오르면 여행은 일정을 잃고 의미를 얻는다. 이 선로가 오래 살아남았으면 하는 이유도 여기에 있다. 세상에는 속도를 낮춰야만 드러나는 진실이 아직 많다.

2. 일본 항구가 일본의 미래

일본 항구를 걷다 보면 먼저 귀에 들어오는 것은 고요다. 그 고요는 바람이나 파도 때문이 아니라, 질서가 만든 침묵이다. 작업이 끝난 어선은 마치 의식이 끝난 신사(神社)처럼 정중하다. 도구는 각자 이름을 가진 듯 자기 자리를 지키고, 낡은 자재도 관리된 흔적이 남아 있다. 이 풍경은 깨끗함을 넘어 직업에 대한 존엄성이 가시화된 것이다. 그곳에서 노동은 구질구질한 생계가 아니라, 세대를 이어 단련된 기술과 자부심의 연장이다. 시간이 천천히 흐를 수 있는 문화, '되는 대로'가 아니라 정해진 대로 하는 문화가 품위를 만든다.

한국 항구로 돌아오면 공기는 갑자기 무거워진다. 들리는 소리는 파도도 아니고, 작업 소리도 아니다. 곳곳에 배인 피곤한 체념과 변명이다. 로프는 잠시 내려둔 것이 아니라 아무 데나 던진 듯 놓여 있고, 기름 얼룩은 마치 풍경의 일부처럼 굳어 있다. '지금 바쁜데 청소까지 해야 하냐'는 무언의 논리가 배 위에 눌러붙어 있다. 일터는 자부심을 드러내는 무대가 아니라, 버티는 과정에서 망가져가는 장면으로 보일 때가 많다. 바다가 거칠어서가 아니라 태도가 거칠기 때문이다.

일본의 정돈은 단순히 깨끗해서가 아니라 세월을 다루는 방식을 보여준다. 오래되면 닳는 것이 아니라 오래될수록 더 다듬어진다. 거친 바다 앞에서도 '질서가 곧 안전'이라는 집단적 합의가 있고, 그 합의는 법과 문화와 자존심에 의해 유지된다. 심지어 작은 항구에서도 이 감각은 변하지 않는다. 관리와 예방은 비용이 아니라 의무이자 품격이다. 꾸준함이야말로 기술이라는 사실을 안다.

한국의 무질서는 피곤에서 시작됐지만, 어느새 습관과 정당화로 고착됐다. '당장 먹고 살기 바쁜데 무슨 품격이냐'는 말은 처음엔 사실이었을지 몰라도, 지금은 변명이 됐다. 문제는 그 변명의 수명이 이미 다해가고 있다는 점이다. 태도는 생존보다 오래 남는다. 산업이 급성장할 땐 속도가 미덕이지만, 성숙기에는 관리가 실력이다. 그런데 한국은 아직도 속도의 시대 언어로 관리의 시대를 살고 있다. 대충, 빨리, 나중에라는 주문이 항구 바닥에 쌓인 쓰레기처럼 남는다.

일본 어선은 기능과 미학이 충돌하지 않는다는 걸 보여준다. 정돈이 곧 효율이고, 청결이 곧 안전이라는 인식이 있다. 그래서 낡아도 아름답다. 기술이 시간과 함께 쌓인 흔적은 곧 신뢰다. 이 문화는 단지 바다에서만 보이지 않는다. 도시의 공공 공간, 철도 플랫폼, 지역 상점가에도 흐른다. '다른 사람이 사용할 공간은 내 공간처럼 다뤄야 한다'는 공공성 개념이 깊다.

반면 한국 항구는 시간을 벌기 위해 미래를 빚내는 방식이 너무 흔하다. 쓰레기는 치우는 것이 아니라 '곧 치울 예정'으로 존재하고, 장비는 유지하는 것이 아니라 '고장 나기 전까지 쓰는 것'으로 여겨진다. 이 방식은 효율이 아닌 지출 연기일 뿐이다. 결국 더 큰 비용으로 돌아온다. 미래를 당겨 쓰는 태도가 바다뿐 아니라 도시와 산업에서도 반복된다.

이것은 기술의 문제가 아니라 습관의 문제, 경제의 문제가 아니라 문명의 문제, 노동의 문제가 아니라 태도와 시간에 대한 철학의 문제다. 일본은 느리게 가는 법을 알고, 그래서 오래 간다. 한국은 빨리 가는 법은 배웠지만, 오래 가는 법을 아직 배우는 중이다.

항구의 풍경은 그 나라의 미래다. 정돈된 밧줄은 질서의 상징이고, 흩어진 쓰레기는 태도의 기록이다. 국가의 경쟁력은 거대한 정책보다 사소한 습관의 총합에서 태어난다. 바다는 속임수를 모른다. 정직한 태도만이 오래 떠 있다.

3. 교토·오사카·도쿄, 그리고 사람들

교토, 오사카, 도쿄 사람을 비교하는 일은 마치 서로 다른 찻잎을 한 주전자에 띄워놓고 향을 세심하게 구분하는 일과 닮았다. 같은 물에서 우러나왔지만, 잎의 빛깔과 향이 다르면 맛도 여운도 달라진다. 일본이라는 땅 위에 놓인 세 도시 역시 그러하다. 지역의 시간과 기질이 사람의 말투와 몸짓에 배어, 각기 다른 차가 된다.

교토 사람들에게는 속삭이는 기품이 있다. 말은 느리고 부드러운데, 그 안에 숨겨진 경계심이 실핏줄처럼 흐른다. 예의를 최전선에 세우지만, 그 예의는 상대를 들이지 않기 위한 기술이기도 하다. '온중유한(溫中有寒)', 즉 겉은 따뜻해 보이지만 속에는 차갑게 조여둔 경계가 있다. '생각해볼게요'가 실제로는 '정중하게 거절합니다'라는 뜻일 때가 많다. 천년 수도의 기억, 귀족 문화의 잔향, 상인의 자존심이 겹겹이 쌓여 속내가 쉽게 드러나지 않는 사람을 만든다. 교토인은 친절하지만 쉽게 가까워지지 않는다. 공손함은 배려인 동시에 방패다.

오사카 사람들은 활달한 시장의 인간에 가깝다. 말할 때는 대체로 크고, 웃음도 거침없고, 손짓과 몸짓은 자연스레 과장된다. 낯선 이에게도 몇 번 말씀이 오가면 금세 친구처럼 굴고, 가게에서 흥정하듯 유머를 던지는 일이 많다. 계산은 빠르고 감정 표현은 솔직하다. 그래서 어떤 이는 편하고 어떤 이는 부담스러워한다. 오사카 유머는 장사꾼의 감각에서 태어난다. 말의 속도와 리듬, 간섭 같은 애정 표현, '재미있어야 한다'는 알싸한 압박이 뒤섞여 유쾌한 장면을 만든다. 장사 도시의 피가 흐르기에 흥정의 말씨가 곧 삶의 태도다.

도쿄 사람들은 도시성이 응축된 존재다. 말투는 정돈되어 있고, 행동은 조심스럽다. 쓸데없이 다투지 않고, 굳이 친밀함을 서두르지 않는다. 수도의 견고한 경쟁 속에서 피로와 예민함이 쌓였지만, 그 위에 예의와 거리감으로 덮어 조용한 외관을 만든다. 도쿄 지하철의 정숙함, 질서 정연한 줄 서기, '민폐'라는 단어가 갖는 거의 절대적 힘까지 모두 이러한 태도를 설명한다. 내면에서는 수없이 빠르게 움직이고 있지만, 겉은 조용하고 차분하다. 현대적 고독이 이들의 일상에 유령처럼 따라붙는다.

세 도시를 나란히 놓고 보면 교토는 품위 속에 경계가 흐르고, 오사카는 활달한 속에 계산이 숨어 있으며, 도쿄는 예의 속에 고독이 잠겨 있다. 우롱, 말차, 보리차처럼 각각의 잎이 다른 향을 내듯, 일본이라는 집 안에서도 지역 기질이 놀랍도록 다른 결을 이룬다. 이 차이를 이해하기 시작하면 여행은 단순한 풍경 구경에서 벗어나, 사람의 결을 읽고 도시가 품은 시간의 깊이를 맛보는 여정으로 확장된다.

4. 기차 시간표; 공동체의 리듬

일본의 기차 시간표는 거의 예술의 경지다. '정확하다'는 표현으로는 부족하다. 일본 철도는 '시간의 신성함'을 믿는 종교와도 같다. 기차는 출발 시각에 단 1분도 어기지 않는다. 시각표에 10:03이면, 그건 '대략'이 아니라 '정확히 10시 3분 0초'다. 승무원들은 초 단위로 손목시계를 맞추고, 역장과 기관사는 신호 하나에 호흡을 맞춘다. 도쿄의 야마노테선 같은 도시 순환선은 2분 간격으로 운행되는데, 놀랍게도 그 수천 편의 열차가 매일 이 리듬을 유지한다.

이 정밀함은 단순한 기술력의 결과가 아니다. 일본 사회의 질서, 책임, 시간 감각이 만들어낸 결과다. 일본에서 '지각'은 개인의 문제가 아니라 공공의 실패로 여겨진다. 2017년에는 열차가 출발 시각보다 20초 일찍 출발한 사건이 있었다. 철도 회사는 공식 사과문을 냈다.

'승객 여러분께 불편을 끼쳐드려 대단히 죄송합니다. 열차가 예정 시각보다 20초 일찍 출발했습니다.'

20초의 차이를 사과하는 나라, 이것이 일본이다.

이 정확성은 철저한 시스템에서 비롯된다. 모든 역에는 초 단위로 맞춰진 표준시계가 있고, 신호 시스템은 자동화되어 있으며, 기관사의 행동 하나하나가 매뉴얼화 되어 있다. 심지어 기관사가 열차 안에서 말을 할 때도 정해진 대본이 있다. '문 닫습니다. 출발합니다. 신호 확인했습니다(ドアを閉めます。発車します。信号を確認しました。)'. 이 이 일련의 말은 단순한 안내가 아니라, '내가 모든 절차를 확인했다'는 일종의 자기 확인 의식이다.

그런데 이 모든 정밀함 속에도 인간적인 따뜻함이 있다. 폭우나 눈으로 열차가 지연되면, 역 직원들은 작은 종이 쪽지를 나눠준다. '지연 증명서(遅延証明書)'다. 회사나 학교에 제출하면, '열차가 늦어서 지각했다'는 합당한 이유가 된다. 이마저도 분 단위로 기록된다.

일본의 시간표는 사회의 집단적 약속이다. 모두가 정해진 시간에 맞춰 움직이기 때문에, 기차는 늦지 않고, 승객은 혼잡 속에서도 질서를 유지한다. 열차가 정확히 제시간에 들어오고, 사람들은 순서대로 타고 내리며, 개찰구를 통과할 때까지 큰 소리 한마디 없다.

그래서 일본의 기차역은 늘 묘한 긴장과 평화가 동시에 흐른다. 그건 단순한 교통 시스템이 아니라, '시간을 존중하는 공동체의 리듬'이다. 시간이 흐르는 게 아니라, 시간에 맞춰 사는 나라. 기차가 정시에 오는 건 기계의 능력이 아니라, 사람들의 약속이기 때문이다.

5. 자판기 천국

일본의 거리에는 사람보다 자판기가 많다고들 한다. 그건 과장이 아니다. 일본 전역에는 약 400만 대가 넘는 자판기가 깔려 있다. 20명당 한 대꼴이다. 골목마다, 신사 앞에도, 시골 버스 정류장에도, 심지어 논두렁 옆에도 서 있다. 일본의 자판기는 단순한 기계가 아니라 24시간 열려 있는 작은 상점이자 국민적 신뢰의 상징이다.

자판기 문화가 이렇게 발달한 이유는 일본의 사회 구조와 성격이 그대로 반영된 결과다. 첫째는 치안의 안정이다. 일본에서는 길가에 있는 자판기가 훼손되거나 도난당하는 일이 거의 없다. 사람들은 공공의 물건을 '자기 것처럼' 다룬다. 누군가가 이익을 보려고 무언가를 훔치면, 사회 전체가 부끄러워진다는 인식이 깊게 자리 잡았다. 이 신뢰의 문화가 자판기를 가능하게 했다.

둘째는 효율과 정시성의 미학이다. 일본인들은 기다림을 싫어하면서도, 서비스 품질에는 철저하다. 자판기는 이 두 욕망을 동시에 충족시킨다. 가게 문이 닫혀도, 직원이 없어도, 언제든지 같은 품질의 음료를 제공한다. 심지어 몇몇 자판기는 온도까지 조절된다. 겨울엔 뜨거운 캔커피가, 여름엔 얼음처럼 찬 음료가 나온다. 캔에 'あたたかい(따뜻함)'과 'つめたい(차가움)'이 따로 표시되어 있다. 자판기 앞에서 일본인은 계절의 온도를 고른다.

셋째는 다양성과 세밀함의 집착이다. 일본 자판기에는 음료만 있는 게 아니다. 신사 옆에는 '오미쿠지(점괘)' 자판기가 있고, 오키나와에는 망고주스 자판기, 홋카이도에는 옥수수 수프 자판기, 도쿄 신주쿠에는 우산, 넥타이, 마스크 자판기가 있다. 심지어 교토의 어떤 골목에는 '따끈한 오뎅 자판기'도 있다. 한 나라의 산업기술과 기획력이 골목마다 세워져 있는 셈이다.

넷째는 '인간 없는 서비스'에 대한 문화적 안도감이다. 일본 사회는 타인의 시선을 늘 의식하는 사회다. 그래서 가끔은 사람의 시선 없이도 구매할 수 있는 공간이 필요하다. 자판기는 바로 그런 '무인 심리의 피난처' 역할을 한다. 피곤한 회사원이 말없이 캔커피 하나 뽑아 들고 담배를 피우는 장면, 그 몇 분이 일본인에게는 하루의 휴식이다.

게다가 일본의 자판기 디자인은 의외로 '정중하다'.

돈을 넣으면 부드럽게 돌아가고, 잔돈이 또랑또랑 나올 때마다 '고

맙습니다'라는 소리라도 들리는 듯하다. 일부 자판기는 실제로 '아리가토 고자이마스(ありがとうございます)'라고 한다. 어떤 면에서는 사람보다 친절하다.

결국 일본의 자판기는 기술의 상징이 아니라 '신뢰와 질서의 시각적 증거'다. 아무도 지키지 않아도 질서가 유지되고, 아무도 팔지 않아도 거래가 이루어진다. 불 꺼진 골목의 자판기 불빛은 일본 사회의 성격을 상징한다. 조용하고, 정확하고, 친절하며, 혼자 있어도 불편하지 않은 사회.

밤거리를 걸으며 자판기 불빛을 바라보면, 일본의 도시가 가진 특유의 정적이 느껴진다. 그건 외로움이 아니라 질서의 아름다움이다. 일본의 자판기는 말없이 묻는다.

'오늘도 수고했지? 따뜻한 커피 한 캔 어때?'

6. 일본 버스 풍경

일본의 버스는 승객이 자리에 앉을 때까지 출발하지 않는다. 언뜻 사소한 풍경 같지만, 그 속에는 일본 사회의 질서감각과 배려의 미학이 아주 정밀하게 녹아 있다. '버스의 정시운행'과 '인간의 안전'이 동시에 존중받는 사회, 그것이 일본이다.

일본 버스를 타보면 먼저 느껴지는 건 조용함이다. 운전기사는 출발 전 '고죠우샤 아리가토우 고자이마스(ご乗車ありがとうございます, 탑승해주셔서 감사합니다)'라고 인사하고, 승객이 자리에 앉을 때까지

시동만 켠 채 기다린다. 서 있거나, 균형을 잡지 못한 승객이 있으면 절대 출발하지 않는다. 모든 승객이 자리에 앉았거나 손잡이를 잡은 걸 눈으로 확인한 후, 천천히 움직인다. 급출발은 거의 없다.

이 문화의 뿌리는 일본의 '안전제일' 정신이다. 일본 사회에서 '위험'은 개인의 부주의보다 시스템의 실패로 간주된다. 만약 승객이 넘어져 다치면, 운전기사 개인이 아니라 회사 전체가 책임을 진다. 그래서 일본의 교통 시스템은 '사고 제로'를 목표로 한다. '조금 서둘러도 되겠지'라는 관용은 허락되지 않는다. 완벽한 예외 없는 규칙, 그것이 신뢰의 근간이다.

또한 일본의 버스 운전사는 단순한 운전기사가 아니다. '서비스인'이자 '안전의 관리자'다. 모자를 쓰고, 장갑을 끼고, 정중한 언어로 안내한다. 출발과 정차 때마다 '핫샤 시마스(発車します, 출발하겠습니다)' '토마리마스(停まります, 정차합니다)'를 반드시 말하고, 방향지시등과 동시에 몸짓으로 손 신호를 준다. 이런 형식미는 효율보다는 '존중의 표현'이다. 승객을 고객이 아닌 '동행자'로 대하는 태도다.

도쿄, 교토, 삿포로 같은 대도시의 버스에서도 이 원칙은 같다. 설령 정류장마다 탑승객이 많아 시간이 지체되어도, 서두르지 않는다. 일본에서는 정시보다 안전이 우선이다. 반대로 한국의 버스 문화처럼, 승객이 완전히 타기 전에 출발하거나, 급정거로 흔들리는 일은 거의 없다. 일본인의 시간의식은 빠르지만, 그것은 '정확함'이지 '성급함'이 아니다.

이 습관에는 일본 사회의 '타인 배려 윤리'가 깊이 스며 있다. 일본인은 타인을 방해하거나 불편하게 만드는 행위를 극도로 꺼린다. 버스가 급출발해 노약자가 넘어지는 일은, 단순한 실수가 아니라 부끄러운 일이다. 그래서 운전기사뿐 아니라 승객도 예의가 철저하다. 노인이 천천히 오르면 뒷사람이 밀지 않고 기다리고, 자리가 비면 자연스럽게 양보한다. 누구도 '빨리 좀 가요!'라고 소리치지 않는다.

이러한 '조용한 질서'는 일본 교통문화 전반의 특징이다. 지하철 문이 닫힐 때까지 뛰지 않고, 신호등이 바뀌기 전엔 절대 건너지 않는다. 자동차 운전자도 횡단보도 앞에서는 항상 멈춘다. 이 모든 행동에는 한 가지 공통된 원리가 있다.

'나의 서두름이 타인의 위험이 되어선 안 된다.'

일본 사회의 도덕은 바로 이 문장에서 출발한다. 그래서 일본의 버스는 단순한 교통수단이 아니라, 사회의 윤리를 실천하는 공간이다. 한 대의 버스가 멈추고 기다리는 그 몇 초 동안, 일본 사회는 자신이 세운 질서의 품격을 증명한다. 그리고 그 침묵 속에서, 세상은 느리지만 안전하게 움직인다.

7. 등산, 순례의 길

일본은 국토의 70퍼센트 이상이 산지인데, 한국처럼 '등산 붐'이 일상화된 나라는 아니다. 산은 많지만, 등산객은 드물다. 일본인은 왜 산을 그토록 가까이 두고도 오르지 않을까? 이유는 단순한 '취미의 차이'가 아니라 일본인의 자연관, 종교관, 그리고 사회문화적 생활 리듬 속에 깊이 뿌리내린 사고방식 때문이다.

먼저, 일본에서 산은 '정복의 대상'이 아니라 '신의 영역'이다. 신도에서 산은 신이 깃든 장소, 즉 신체(神体)다. '야마(山)'는 단순한 지형이 아니라, 인간이 함부로 범접해서는 안 되는 신성한 경계로 여겨졌다. 대표적인 예가 후지산이다. 일본인은 후지산을 등산의 목표로 삼기보다는, 멀리서 바라보며 경배하는 존재로 대했다. '후지산은 오르는 산이 아니라, 감상하는 산'이라는 말이 있을 정도다.

또한 일본의 산악 신앙, 즉 '야마노카미(山の神)' 문화는 농경과 직결되어 있다. 산은 물의 근원이며, 수확과 생명의 순환을 주관하는 존재다. 그래서 옛사람들에게 산은 사냥터나 신성한 제사의 장소였지, 여가나 운동의 대상이 아니었다. 인간이 산에 오르는 것은 '일상적'이 아니라 '의례적' 행위였다. 지금도 일본 각지에는 산에 들어가기 전 정화의식을 행하고, 특정 시기 외에는 입산을 금하는 전통이 남아 있다.

현대 일본에서도 이 사고방식은 은연중에 이어진다. 일본인의 자연관은 '자연을 이용하는' 것이 아니라 '자연과 조화하는' 데 있다. 산을 오르는 행위는 인간이 자연의 질서를 교란시키는 것으로 여겨진다. 반면 한국의 근대 등산문화는 '산을 정복하고, 정상에서 바라보는 성취'의 상징이다. 일본인에게는 그런 '정복 서사' 자체가 어색하다. 자연은 도전의 대상이 아니라 감상의 대상이다.

물론 일본에도 등산은 있다. 그러나 그것은 '운동'이 아니라 '순례'의 성격에 가깝다. 대표적인 예가 구마노고도(熊野古道)나 산악 불교의 성지인 하구로산(羽黒山), 요시노산(吉野山) 같은 순례길이다. 이런 길을 걷는 사람들은 운동을 하러 간다기보다 마음을 닦고, 삶의 의미를 되새기러 간다. 한국의 등산복 차림 대신 흰 옷이나 전통 복장을 입고 걷는 모습은, 산이 종교적 공간임을 상징한다.

또 하나의 이유는 일본의 여가문화가 '집단적'이 아니라 '개인적, 정적'이라는 점이다. 일본인은 주말이면 등산 대신 온천, 정원 산책, 미술관 관람, 낚시, 또는 집에서 조용히 독서를 택한다. 즉 '휴식'이란 고요함과 안정의 회복이지, 육체적 도전이 아니다. 게다가 일본의 기후는 여름엔 습하고, 겨울엔 폭설이 잦아 등산이 불편하다. 산은 많지만, 인간에게 그리 친절하지 않은 지형이다.

마지막으로, 일본 사회의 안전문화도 한몫한다. 일본은 '위험 회피 사회'다. 산은 사고의 위험이 크고, 관리되지 않은 지역이 많다. 정부는 등산로를 과도하게 개방하지 않고, 주민들도 '괜히 위험한 일은 하지 않는다'는 태도가 강하다. 산악구조대가 전국적으로 체계화된 한국과 달리, 일본은 '자기책임' 원칙이 강하다. 즉, 위험을 감수하면서까지 오를 이유를 느끼지 않는다.

일본에 등산문화가 발달하지 않은 이유는, 산이 '정복의 대상'이 아니라 '존재의 상징'이기 때문이다. 일본인은 산을 바라보며 절하고, 산기슭에 신사를 세워 감사하며, 산이 주는 물과 공기를 일상 속에서 느낀다. 그들에게 산은 '가까이 두고 오르지 않는 신의 집'이다.

그래서 일본의 자연은 조용하다. 산은 신의 숨결이고, 인간은 그 아래에서 고개를 숙인다. 산을 오르기보다, 산을 느끼는 문화, 그것이 일본이 선택한 자연과의 거리다.

8. 자전거 탄 풍경

일본 경찰의 자전거 순찰은 작고 조용하지만, 그 안에는 일본 사회의 질서 개념이 고스란히 담겨 있다. 자동차 대신 자전거를 타고 골목을 누비는 경찰의 모습은 일본 특유의 '가까운 치안', 즉 생활 속의 경찰, 공동체의 일원으로서의 경찰을 상징한다.

일본 거리에는 곳곳에 '파출소(交番, 고반)'가 있다. 이 고반은 단순한 경찰 초소가 아니다. 주민과 가장 가까운 공공기관이며, 치안의 최전선이자 일상 행정의 창구다. 길을 잃은 사람에게 길을 안내하고, 잃어버린 지갑을 찾아주는 일부터 가정 분쟁의 초기 중재까지, 고반 경찰은 거의 '동네의 관리자'처럼 일한다. 이런 생활 중심의 치안 구조 속에서 자전거 순찰은 자연스럽게 핵심 업무가 되었다.

자동차보다 자전거를 쓰는 이유는 명확하다. 일본의 도시는 골목이 많고, 인도와 차도가 명확히 구분되어 있으며, 밀집도가 높다. 좁은 골목과 상점가를 빠르게 오가며 주민과 눈을 맞추는 데는 자전거가 가장 효율적이다. 자동차처럼 위압적이지 않고, 도보보다 넓은 범위를 순찰할 수 있다. 덕분에 자전거 경찰은 '감시자'가 아니라 '친근한 존재'로 인식된다. 주민들은 그들을 보면 인사하고, 아이들은 손을 흔든다.

이 자전거 순찰은 일본식 치안 철학인 '미리 막는 치안'과도 깊이 연결된다. 일본 경찰은 사건이 터진 뒤에 대응하기보다, 그 징후를 조기에 감지하고 방지하는 데 초점을 둔다. 매일 같은 시간에 같은 길을 돌며 주민들의 얼굴과 공간의 변화를 기억한다. 평소와 다른 사람, 다른 물건, 다른 분위기를 감지하면 즉시 주의를 기울인다. 이 '루틴의 감각'이 일본 사회의 안정감을 만든다.

경찰의 자전거는 단순한 교통수단이 아니라 하나의 상징이다. 검은 제복에 흰 헬멧, 정갈한 자세로 자전거를 타는 모습은 일본식 '규율의 미학'을 드러낸다. 그들의 움직임은 질서 있고 조용하며, 결코 허둥대지 않는다. 일본 경찰은 '강한 경찰'이 아니라 '정중한 경찰'로 불린다. 범인을 체포할 때조차 '실례합니다(失礼します)'로 말을 시작하는 문화가 있다. 자전거 순찰은 그 정중함의 연장선에 있다.

이런 제도적 기반 덕분에 일본은 세계에서도 '생활 치안'이 가장 안정된 나라 중 하나다. 범죄 발생률이 낮은 이유는 처벌의 두려움보다, 감시와 배려가 공존하는 공동체적 감시 덕분이다. 자전거 순찰은 그 사회적 공감의 장치다. 경찰이 멀리서 내려다보는 존재가 아니라, 매일 마주치는 이웃으로 기능할 때, 사람들은 스스로 법질서를 지키려 한다.

또한 이 제도는 환경과도 맞물린다. 일본은 '에코 치안' 개념을 도입해 자전거 순찰을 환경친화적 정책의 일환으로 보고 있다. 석유를 쓰지 않고, 도심의 소음을 줄이며, 동시에 시민과의 접점을 늘린다. 교통정체도 피하고, 시민 접근성도 높이니 일거양득이다.

일본 경찰의 자전거 순찰은 '권위의 상징'이 아니라 '신뢰의 상징'이다. 골목의 작은 파출소에서 출발한 자전거 한 대가 사회 전체의 안심감을 만든다. 일본식 치안의 본질은 힘이 아니라, 예의와 반복, 그리고 사람과 사람 사이의 '눈맞춤'에 있다.

9. 불법주차라니…

일본에는 '불법주차'가 거의 없다. 그건 단속이 무섭기 때문만이 아니라, 사회 전체가 '질서'라는 보이지 않는 계약을 매우 진지하게 지키기 때문이다. 일본의 거리는 좁고 밀집되어 있지만, 주차 질서는 거의 완벽하다. 자동차가 인도에 걸쳐 있거나, 골목을 막고 서 있는 모습을 보기 어렵다. 이는 단순한 법 집행의 결과가 아니라, 일본인의 생활 철학과 도시 시스템이 맞물린 결과다.

우선, 일본에서 자동차를 사려면 '주차증명제'를 통과해야 한다. 즉, 자신의 차량을 세워둘 주차 공간이 있다는 것을 증명해야만 차량 등록이 가능하다. 집 근처에 정식 주차장이 없으면, 자동차를 소유할 자격조차 주어지지 않는다. 이 제도는 1962년부터 시행되었고, 일본 도시의 질서를 근본적으로 바꾸었다. '차를 살 자유'보다 '공간을 관리할 책임'이 우선이라는 사고방식이다.

주차장의 비용은 만만치 않다. 도쿄 중심가에서는 월 주차료가 3만~6만 엔에 이른다. 그러나 일본인들은 그 비용을 기꺼이 지불한다. 왜냐하면 '남의 공간을 침범하지 않는다'는 윤리가 체화되어 있기 때문이다. 일본 사회에서는 '타인에게 폐를 끼치지 않는 것'이 가장 기본적인 미덕이다. 길가에 차를 세워 통행을 방해하는 행위는 단순한 위법이 아니라 '민폐'다. 법보다 부끄러움이 더 강력한 억제력으로 작용한다.

게다가 단속 시스템도 정교하다. 일본의 경찰은 불법주차 전담 민간요원을 두어, 카메라로 차량 번호와 시간을 기록한다. 주차 금지

구역에 1분만 정차해도 즉시 사진이 찍히고, 벌금 통지가 온다. 벌금은 1만5천~2만 엔 정도지만, 진짜 타격은 사회적 평판이다. 벌금을 내도 기록은 남고, 회사 차량이라면 상사에게 바로 보고된다. 신뢰가 중요한 사회에서 '규칙 위반자'라는 낙인은 오래간다.

이런 구조 덕분에 일본의 거리는 효율적이다. 상점 앞에는 단기 주차장, 역 주변에는 시간제 코인 주차장, 주거지에는 세입자 전용 주차장이 촘촘히 마련되어 있다. 시스템이 개인의 양심을 보조하고, 개인의 양심이 시스템을 존중한다. 이는 '국가가 질서를 강제한다'기보다 '사회가 스스로 질서를 유지한다'는 형태다.

흥미롭게도, 이런 주차 질서는 일본인의 '공간 미학'과도 통한다. 일본의 거리는 비좁지만, 그 안에서 차, 사람, 자전거, 상점 간의 균형이 흐트러지지 않는다. 그들은 공간을 물리적 자원이 아니라 '공유된 풍경'으로 본다. 그래서 도로는 개인의 편의기 이니리, 모두의 미학을 구성하는 요소다. 불법주차는 단순한 규칙 위반이 아니라, 그 풍경을 망치는 무례다.

또한 일본인의 '시간의식'도 큰 역할을 한다. 약속된 시간에 맞추어 출발하고, 정해진 주차구역에 들어가며, 필요한 만큼만 머문다. '조금만 세워 둘게요'라는 사고가 아예 없다. '조금'이라는 말은 질서를 흐리는 변명으로 여겨진다. 일본 사회는 '예외 없는 규율'을 미덕으로 삼는다.

일본에 불법주차가 없는 이유는 경찰 때문이 아니라, 시민 덕분이다. 사회 전체가 '공간을 공유하는 윤리'를 배운 나라, 그리고 그것을 일상화한 나라. 자동차는 개인의 소유물이지만, 도로는 모두의 것이다. 일본인은 그 단순한 원리를 철저히 지킨다.

그래서 일본의 거리는 깨끗하다. 질서가 단속의 결과가 아니라, 습관과 양심의 결과이기 때문이다. 일본의 청결은 도로 위의 쓰레기뿐 아니라, 도로 위의 차까지 포함한다. 그것이 일본이 만든, 보이지 않는 아름다움의 규율이다.

10. 단톡방 문화

일본에는 한국처럼 '단톡방(단체 대화방)' 문화가 거의 없다. 표면적으로는 'LINE(라인)' 같은 메신저를 널리 쓰지만, 그 사용방식은 한국과 전혀 다르다. 일본인은 메신저를 사교 수단이 아니라 '연락 도구'로 쓴다. 즉, 감정이나 친밀함을 표현하는 장이 아니라, 일정한 거리와 예절을 유지하는 업무적 · 실무적 통신 공간이다.

한국에서는 단체 대화방이 일상이다. 친구, 직장, 학부모, 동호회, 심지어 가족까지 각종 단톡방이 생겨나며, 거기서 유대감과 농담, 정보와 감정이 교차한다. 그러나 일본에서는 그런 '끈끈한 연결' 자체가 불편하다. 일본 사회의 인간관계는 본래 '공적 공간에서의 화합'에 기초하지, '사적 공간에서의 교류'에는 인색하다. 일본인은 겉으로는 친절하지만, 그 친절은 예절의 형태이지, 감정의 공유가 아니다.

따라서 LINE 대화도 철저히 일대일 중심이다. 직장에서는 '오늘 회의 3시에 시작합니다' '감사합니다, 확인했습니다' 수준의 짧고 정중한 메시지가 오갈 뿐, 단체방에 사진이나 농담, 감상문을 올리는 문화는 거의 없다. 만약 누군가 단체방에서 말을 길게 늘어놓거나 감정적인 표현을 하면, 오히려 '공적 질서에 사적인 감정을 들이밀었다'는 인상을 준다. 일본 사회에서는 감정보다 조화가, 말보다 침묵이 미덕이기 때문이다.

이런 문화의 배경에는 일본 특유의 '공·사 분리'가 있다. 일본인은 인간관계를 '공적인 나(建前, 다테마에)'와 '사적인 나(本音, 혼네)'로 나누어 관리한다. 단톡방은 이 두 세계를 섞어버리는 공간이다. 그래서 일본인은 아예 그런 공간을 만들지 않는다. 회사에서는 메일이나 업무용 채팅, 사적으로는 소규모 LINE 방 정도로 구분한다. 공적 질서 속에서는 침묵이 신뢰를, 사적 관계 속에서는 느슨한 간격이 편안함을 만든다.

또한 일본 사회에는 '눈치의 피로'가 덜하다. 한국에서는 단톡방에서 답장을 빨리 안 하면 예의가 없다고 느껴지지만, 일본에서는 '굳이 즉시 답하지 않아도 된다'는 암묵적 합의가 있다. 즉, 타인의 시간을 침범하지 않는 것이 기본 예의다. 그래서 일본의 LINE 대화는 길지 않다. 간결한 말, 이모티콘 하나, 혹은 '스탬프' 하나로 끝낸다. 그 짧음 속에 서로의 공간을 존중하는 철학이 숨어 있다.

흥미롭게도 일본의 10대, 20대 젊은 층도 이런 문화에 익숙하다. SNS에서는 활발히 표현하지만, 메신저에서는 오히려 절제된다. 단체방 대신 개인의 타임라인이나 게시판 형태로 소통한다. 즉, 일본인은 '집단 대화'보다 '개별 표현'을 더 선호한다. 이는 일본 사회의 개인주의가 감정적으로는 억제되어 있지만, 표현 방식에서는 세련되게 독립된 형태로 발달했음을 보여준다.

일본에 단톡방 문화가 없는 이유는 단순한 습관이 아니라, 사회적 미학의 차이다. 한국은 '함께'의 감정이 신뢰를 만들지만, 일본은 '거리를 둔 배려'가 신뢰를 만든다. 한국의 단톡방이 공동체의 언어라면, 일본의 침묵은 또 다른 형태의 소통이다.

그래서 일본 사회의 인간관계는 조용하지만, 결코 차갑지 않다. 단톡방 대신 서로의 리듬을 존중하며, 말보다 시간으로 신뢰를 쌓는다. 그것이 일본식 관계의 방식이다. '끈끈함'이 아니라 '조용한 존중'으로 이어지는 사회.

11. 야누스의 거리

일본의 도시는 언제나 두 얼굴을 갖고 있다. 낮의 일본은 철저히 잘 다듬어진 조각품처럼 정교하고, 밤의 일본은 인간적인 피로와 일탈의 그림자가 살짝 번진다. 그러나 이 둘은 서로 충돌하지 않는다. 오히려 하나의 리듬처럼 낮과 밤이 맞물려 돌아가며, 일본 도시만의 독특한 질서를 만들어낸다. 정밀함과 느슨함, 통제와 방임, 이 상반된 힘이 공존하는 모습은 마치 두 얼굴을 가진 신, 야누스의 일상적 변주 같다.

낮의 일본 거리는 '이상적인 청결'에 가깝다. 쓰레기통이 거의 없는데도 거리는 깨끗하다. 이는 단순한 배경이 아니라 오랜 생활 문화의 결과다. 일본 아이들은 초등학교 때부터 '자신의 쓰레기는 자신이 집까지 가져간다'는 교육을 받는다. 운동회나 소풍에서도 아이들이 먹은 쓰레기를 비닐봉지에 담아 집으로 가져가는 모습은 너무나 자연스러운 풍경이다. 청결함은 단지 위생의 문제가 아니라, 타인을 배려하는 기본적인 습관으로 자리 잡혔다.

이 습관은 직장인에게도 이어진다. 편의점에서 음료를 마신 뒤 쓰레기를 들고 퇴근하는 사람들, 공원에서 도시락을 먹은 뒤 포장지를 가방에 넣어가는 사람들, 역 앞에서 커피를 마시고 컵을 들고 이동하는 사람들. 이들은 '길거리는 모두의 것'이라는 감각을 몸으로 익혔다. 공공의 공간을 '우리의 것'으로 받아들이는 태도는 일본식 '화(和)' 정신, 즉 조화와 공존을 지탱하는 가장 밑바닥의 의식이다.

그러나 밤이 되면 거리의 결이 달라진다. 신주쿠·신바시·우메다 같은 대도시의 번화가를 걸어보면 낮에는 보이지 않던 작은 균열이 나타난다. 회사원들의 회식 뒤 남겨진 캔맥주와 종이컵, 바람에 날린 영수증 조각, 술 기운에 비틀거리며 벽에 기대 앉은 사람들, 어딘가에서 새어 나오는 담배 냄새. 낮의 질서가 깔끔한 원본이라면, 밤은 그 원본을 잠시 뒤집어 놓은 스케치 같다. 전체는 무너지지 않지만, 곳곳에 인간적인 헐거움이 스며 있다.

그럼에도 이 '헐거움'은 오래 가지 않는다. 일본의 도시 시스템은 밤새도록 움직인다. 자정이 지나면 환경미화원들이 조를 나눠 골목을 훑고 지나간다. 지자체 청소팀뿐 아니라 지역 자원봉사 조직, 상점가 상인회가 자체적으로 만든 청소팀까지 동원된다. 한국인이 잘 모르는 일본 도심의 또 다른 풍경은 바로 이 새벽 청소의 전통이다. 새벽 네다섯 시가 되면 한밤중의 흔적들이 거의 사라져 있다. 유흥의 향기와 피로의 조각들은 새벽바람과 함께 쓸려 나가고, 도시의 표정은 다시 완벽에 가깝게 닦여 있다.

여기에는 단순한 노동의 문제가 아니라 일본적 윤리관이 숨었다. 일본은 일탈 자체를 억압하기보다 '일탈은 허용하되, 반드시 되돌려 놓는다'는 문화적 규율을 갖고 있다. 사람들은 밤에 회식으로 방탕해질 수 있고, 거리에는 잠시 흔적이 남는다. 하지만 그 흔적을 없애고, 다시 질서로 회복하는 과정에서 도시 전체가 하나의 '정화 의식'을 치르는 셈이다. 일본의 도시 청결은 이런 순환의 결과다. 죄와 속죄가 반복되며, 질서와 일탈이 교차하고, 결국 아침에는 다시 정제된 상태로 돌아온다.

이 과정에서 중요한 것은 청소 노동을 바라보는 일본인의 시선이다. 청소부는 '뒤편에서 묵묵히 일하는 사람'이 아니라, 도시의 질서를 유지해주는 '공적 직업'으로 존중받는다. 신주쿠역, 도쿄역, 우메다역 근처를 보면 청소부들이 아침 인사를 하며 일을 시작하는데, 시민들 역시 자연스럽게 고개를 숙여 인사한다. 누군가는 '일본이 깨끗한 건 청소부들 덕분이다'라고 말하며 감사의 표현을 한다. 청결의 배경에는 시스템뿐 아니라 인간에 대한 존중이 있다.

그래서 일본의 도시 풍경을 보면 어느 순간 철학적이라는 생각이 든다. 낮의 거리에는 완벽한 질서가 있고, 밤에는 인간의 흔적이 있다. 그 흔적조차 방치되지 않고 새벽에 정리된다. 일본의 도시가 '청결하다'는 명성은 단지 물리적 청소의 결과가 아니라, 일탈을 인정하고 정리를 책임지는 사회적 윤리의 결과다.

일본의 청결은 위생이 아니라 '생활의 윤리학'이다. 청결은 타인을 배려하는 방식이며, 일탈은 인간의 솔직함이고, 정화는 공동체의 책임이다. 이 세 가지가 매일의 순환으로 반복되며, 일본의 도시는 다음 날 또다시 완전한 얼굴을 들고 세계 앞에 선다.

일본의 거리는 이처럼 두 얼굴을 가진다. 낮은 질서의 얼굴, 밤은 인간의 얼굴. 그리고 새벽은 그 두 얼굴을 화해시키는 시간이다.

12. 자가용 NO, 지하철은 YES

일본인들은 자동차를 가지고 있으면서도 지하철을 훨씬 더 자주 이용한다. 얼핏 보면 단순한 교통습관처럼 보이지만, 그 안에는 일본 사회의 질서 감각, 시간 의식, 그리고 도시를 바라보는 철학이 녹아 있다. 일본 도시에서 지하철을 탄다는 것은 이동을 위한 선택이 아니라, 일종의 생활 방식이자 사회적 조율의 방식이다.

무엇보다 일본의 도시 구조 자체가 대중교통 중심으로 설계되어 있다. 도쿄, 오사카, 나고야 같은 대도시는 인구 밀도가 높아 도로가 복잡하고, 주차장은 늘 부족하다. 도심 한복판에 주차를 하려면 하루 요금이 수천 엔에 달하고, 주말에는 빈자리조차 흔치 않다. 도로는 상시 혼잡해 러시아워에는 '차를 타면 지각한다'는 말이 나올 정도다. 이런 구조 속에서 일본 도시의 현실은 자연스럽게 '자동차보다 지하철이 더 빠른 나라'가 되었다.

지하철의 정시성과 청결함도 일본인들의 선택을 이끈다. 일본에서 시간은 단순한 약속이 아니라 '도덕'에 가깝다. 몇 초만 늦어도 '열차가 늦어 죄송합니다'라는 사과 방송이 나오는 나라이므로, 지하철의 정시성은 곧 신뢰의 상징이다. 회사원에게는 성실함의 증거이고, 학생에게는 책임감의 기준이다. 만약 차를 몰고 출근하다가 교통체증에 걸려 지각하면, 그것은 단순한 실수가 아니라 '예상하지 못한 행동을 한 것'으로 여겨진다.

일본 도시의 또 다른 특징은 '걷는 문화'다. 역 주변에는 상점, 병원, 학교, 관공서까지 밀집해 있다. 도시의 생태계 자체가 역을 중심으로 짜여 있기 때문에, 자동차는 오히려 도시의 박자를 어긋나게 하는 존재가 된다. 일본인은 걷고, 전철을 타고, 다시 걸으며 하루를 구성하고, 그 흐름 속에서 도시는 하나의 리듬처럼 작동한다.

심리적인 요인도 무시할 수 없다. 일본 사회는 '타인과 공간을 공유하는 질서'를 매우 중요하게 여긴다. 지하철 안에서 조용히 책을 읽거나 스마트폰으로 뉴스를 보는 시간은 일본인에게 작은 사색의 순간이자 규율을 익히는 연습이다. 아무리 붐비는 열차에서도 큰 소리를 내지 않고, 줄을 정확하게 서며, 타고 내릴 때 서로의 동선을 방해하지 않는다. 자동차의 자유로움 대신, 이 규율 속의 평온함을 선택하는 셈이다.

경제적 요소 또한 큰 비중을 차지한다. 일본의 유류세, 보험료, 차량 검사비는 상당히 비싸며, 도심에서는 주차 증명 제도가 있어 집 근처에 주차 공간이 없으면 차량을 등록할 수조차 없다. 이런 현실에서 자동차는 '필수품'이라기보다 '사치품'에 가깝다. 반면 지하철 정기권은 회사 지원이나 세금 공제를 받을 수 있어 경제적으로 훨씬 유리하다. 결국 합리적인 선택이 문화가 된 것이다.

이 모든 요소가 어우러져 일본인의 지하철 사랑은 단순한 이동 방식이 아니라 일본식 도시철학이 된다. 자동차가 개인의 자유를 상징한다면, 일본의 지하철은 사회적 질서를 움직이는 하나의 예술이다. 열차가 정확한 시간에 도착할 때마다, 일본인은 '세상은 아직 질서 안에 있다'는 안도감을 얻는다. 그 안도감이 바로 일본 도시의 심장을 뛰게 만드는 힘이다.

13. 터널, 평지 그리고 터널

일본의 터널 이야기는 한 나라의 건설 기술을 넘어서 지형과 기후, 그리고 일본인 특유의 끈질긴 성질을 동시에 보여주는 흥미로운 장면이다. 일본은 산악 비율이 70퍼센트기 넘는다. 나라 진체가 울퉁불퉁한 바위 덩어리 위에 얹혀 있는 셈이니, 어딜 가든 산을 뚫지 않고선 길을 만들기가 어렵다. 그래서 일본의 터널은 단순한 관통 구조물이 아니라, 그 나라의 근대와 전후 재건, 산업화와 지방 교통 확대를 책임진 조용한 주역에 가깝다.

일본의 오래된 철도 터널을 보면 '어떻게든 뚫고 지나간다'는 집념이 보인다. 메이지 시대엔 서양 기술을 받아들여 첫 대규모 철도 터널을 뚫기 시작했는데, 장비도 부족하고 지형도 험해서 온갖 사고와 붕괴를 겪었다. 그럼에도 일본은 산을 돌아가지 않았다. 가능한 한 직선으로 뚫고 들어가며 교통망을 기어이 관통시켰다. 이 성향은 신칸센 시대에 들어서 정점을 찍는다. 도카이도 신칸센을 타고 가면 몇 분 주기로 터널이 나타난다. 한 구간 전체가 '터널 - 잠깐 평지 - 다시 터널'의 연속이다. 그만큼 일본 땅이 깊고, 일본 사람들의 기술 집착도 깊다.

지방으로 가면 풍경이 더 강렬해진다. 겨울에 눈이 무겁게 쌓이는 도호쿠나 니가타 쪽은 터널 없이는 도로를 유지할 수 없다. 눈사태가 매년 일어난다. 그래서 산을 뚫어 도로를 집어넣거나, 길 위에 반쯤 터널 같은 '갤러리 구조'를 덮어 씌워 눈사태를 막는다. 바다를 끼고 난 해안도로는 절벽 아래로 떨어질 위험이 커서, 바다와 맞닿은 해안선 옆에도 작은 터널이 끊임없이 이어진다. 일본의 해안 철도는 바다를 달리는 것이 아니라 바다와 산 사이를 뚫고 지나가는 모습에 더 가깝다.

터널의 내부는 의외로 아늑할 정도로 조용하다. 일본은 유지·보수에 정말 집요하다. CCTV, 배수, 환기, 균열 감지 센서까지 촘촘하다. 심지어 인공조명도 일정한 색온도로 유지해 운전자가 터널 안에서 갑작스러운 시각 피로를 느끼지 않도록 배려한다. 이런 세심함이 쌓여 일본의 터널은 오래되고 낡아도 안정된 분위기가 난다.

일본 터널 문화의 정점은 거대한 '세이칸 터널(青函トンネル)'이다. 혼슈와 홋카이도를 바다 밑에서 잇는 세계 최장급 해저 터널이다. 파도는 매서웠고, 지반은 복잡했고, 물은 끊임없이 스며들었지만 일본은 24년에 걸쳐 이 터널을 완성했다. '가능하냐'보다 '언젠가는 해낸다'가 앞섰던 프로젝트다. 일본의 집념이 어떤 풍경을 만드는지 상징적으로 보여준다.

또 하나 흥미로운 장면은 일본의 '폐터널'들이다. 지방 곳곳에는 옛 철도 노선이 폐선되면서 버려진 터널이 숲 속에 남아 있다. 습기와 이끼가 올라오고, 입구엔 녹슨 금속문이 덜렁 닫혀 있다. 이곳을 탐험하는 사람들도 적지 않아, 아주 일본적 풍경의 또 다른 단면이 된다. 기술과 자연이 부딪힌 자국이 조용한 폐허로 남아 있는 셈이다.

일본의 터널은 단지 산을 뚫는 기술이 아니라, 일본인의 생활 감각과 자연과의 싸움, 그리고 '조용한 끈기'라는 미학까지 담고 있다. 섬나라의 교통을 만들고, 산업을 뒷받침하고, 지방을 이어온 이 어둡고 긴 통로들은 일본이라는 나라의 성질을 보여주는 작은 현미경이다.

14. 0계 신칸센

신칸센의 출발점은 1964년 도쿄와 오사카를 잇는 도카이도 신칸센 개통이었다. 전후 불과 스무 해도 지나지 않은 시점에 일본은 세계 어디에도 없던 시속 200킬로미터 이상의 전동 고속열차를 직접 설계해 선로 위에 올렸다. 세계는 놀랐고 일본 내부에서는 묘한 자부심이 솟아올랐다. 폐허에서 일어난 나라가 가장 먼저 미래형 철도를 달리게 했다는 사실은 상징성이 컸다. 당시 젊은 기술자들은 미국 항공공학의 데이터, 유럽 철도 기술, 메이지 시대부터 이어온 일본 고유의 철도 경험을 끝없이 분해하고 조립하며 새로운 시스템을 완성했다. 그렇게 해서 등장한 첫 모델이 0계 신칸센이었다. 사람들은 이 하얀 열차를 '하얀 탄환'이라 불렀다.

그러나 신칸센의 기원은 더 오래된 시간 속에 숨어 있다. 1930년대 일본은 이미 도쿄에서 시모노세키까지 이어지는 고속 직선 철도를 꿈꿨다. 당시 시국으로 인해 이 계획은 완성되지 못했지만, 전쟁기 공사 흔적과 토목 기반은 후에 신칸센 건설의 밑그림이 된다. 전쟁의 미완 유적이 전후 일본 기술의 토대가 된 셈이다.

1964년 도쿄 올림픽은 신칸센 개통과 완벽하게 맞물렸다. 일본은 세계인 앞에서 '우리는 돌아왔다'는 선언을 하고 싶었다. 개통 기한을 맞추기 위해 공사 현장은 말 그대로 시간과의 싸움이었고, 예산은 예정보다 크게 초과되었지만 일본은 속도를 늦추지 않았다. 누구도 포기하지 않았고 결국 올림픽 개막에 맞춰 신칸센을 선로에 올렸다.

신칸센의 진짜 혁명은 단순히 빠른 속도가 아니라 놀라운 안전성과 정시성이다. 개통 이후 수십 년 동안 충돌이나 탈선으로 인한 사망 사고가 단 한 번도 없었다. 지진 많은 나라에서 이런 기록을 만든 비결은 시스템 분리와 철저한 자동제어였다. 사람의 실수를 구조적으로 차단했고, 모든 차량이 전동차 방식으로 동작하며 균일한 가속과 제동을 가능하게 했다. 일본 특유의 '오차를 용납하지 않는 정밀 감각'이 철도 전체에 스며 있는 구조다.

노선은 해마다 확장되었다. 도카이도선은 산요 지역으로 이어졌고, 북쪽으로는 도호쿠와 홋카이도까지, 중부로는 조에쓰와 호쿠리쿠까지 뻗어나갔다. 도호쿠 신칸센의 최신형 열차는 시속 320킬로미터로 달리면서도 소음과 진동이 억제된 조용한 속도감을 만들었다. 터널이 많은 일본 지형 때문에 선두차의 코가 계속 길어지며 특유의 유선형 실루엣이 탄생한 것도 흥미로운 문화적 풍경이다.

21세기에 들어 신칸센은 일본의 외교 상품이 되기 시작했다. 대만의 고속철도는 거의 신칸센 기술의 해외 버전이고, 인도와 미국 텍사스, 영국 등 여러 나라가 일본식 고속철 시스템을 검토했다. 단순한 교통기술이 아니라, 정시성, 안전성, 규범성을 수출하는 일종의 문명 패키지 역할이 된 것이다.

그리고 현재 일본은 '리니어 중앙신칸센'이라는 초전도 자기부상 열차를 건설 중이다. 도쿄에서 나고야, 더 나아가 오사카까지 시속 500킬로미터 이상으로 잇는 거대한 프로젝트다. 산악지대 대부분을 지하로 뚫어 관통해야 하는 만큼, 일본이 다시 한번 본토 지형과 맞붙어 무언의 대결을 벌이는 셈이다.

신칸센의 역사는 일본의 근현대사와 나란히 움직였다. 전쟁기 구상, 전후 재건, 올림픽을 통한 국가 이미지 세우기, 산업화의 가속, 지방 연결망의 안정, 세계 기술의 모델화, 그리고 자기부상이라는 미래 실험까지 이어진다. 신칸센 한 줄기는 단지 선로가 아니라, 일본이라는 나라가 스스로를 어떤 모습으로 만들고 싶은지 보여주는 거대한 서사적 길이다.

15. 학교 앞 횡단보도

일본의 학교 앞 횡단보도는 일본 사회의 규율과 배려가 고스란히 드러나는 장면이다. 아침 8시 전후, 초등학교 앞 도로는 정적 속의 질서로 움직인다. 형광색 조끼를 입은 노인 자원봉사자나 학부모들이 횡단보도 양쪽에 서서 '교통안전 깃발'을 들고 선다. 그들은 차량이 다가오면 노란 깃발을 도로 쪽으로 살짝 내밀어 '아이들이 건넙니다'라는 신호를 보낸다. 이 신호 하나에 운전자는 반드시 정지선 앞에서 멈춘다. 경적도, 서두름도 없다.

아이들은 줄을 지어 건넌다. 대부분 란도셀을 멘 초등학생으로, 남녀 구분 없이 밝은 노란색 모자를 쓴다. 일부 학교에서는 반별로 깃발을 들고 선 '리더 학생'이 맨 앞에 서서 '이찌, 니, 산'하고 걸음의 리듬을 맞춘다. 횡단보도 한가운데에서는 절반쯤 건너서 한 번 고개를 숙여 봉사자에게 인사하는 아이들도 있다. 그 짧은 인사에도 교육의 일관성이 스며 있다.

차들이 멈춰 있는 동안에도 운전자는 인내심 있게 기다린다. 일본에서는 어린이 앞에서 엔진 소리를 높이거나 재촉하는 행동이 '비상식'으로 여겨진다. 어떤 도로에는 '스쿨존' 표시와 함께 도로 표면에 큰 평면 거북선 모양의 방지턱이 설치되어 있다. 차가 자연스레 속도를 줄이도록 유도하기 위해서다.

비 오는 날이면 아이들은 투명 비옷을 입고, 발에는 고무장화를 신는다. 손에는 접히지 않는 튼튼한 장우산을 들고, 가방에는 형광 커버가 씌워진다. 우산 끝이 부딪히지 않도록 약속이라도 한 듯 서로 거리를 유지한다.

이 풍경은 단순한 통학 장면이 아니라, 일본 사회가 '규율을 생활 속에서 체득하는 방식'을 보여준다. '가르침'보다 '습관'을 통해 질서를 내면화시키는 것이다.

횡단보도 앞의 몇 초간의 정지, 인사, 순서 지키기, 차량의 침묵 속 배려, 이 일상의 미세한 동작들이 일본의 공공질서 뿌리를 이룬다.

이런 장면은 봄 입학식 시기에는 더 다채롭다. 벚꽃이 흩날리는 거리, 새 란도셀을 멘 1학년 아이들이 부모 손을 잡고 첫 횡단보도를 건너는 순간, 그들은 이미 '사회 속의 시민'으로서 첫걸음을 내딛고 있는 셈이다.

16. 포장마차의 낭만

도시가 잠들기 직전, 일본의 포장마차는 슬그머니 다른 세계로 문을 연다. 낮 동안의 일본이 정교하고 절제된 그림이라면, 포장마차는 그 그림 뒤에서 후닥닥 튀어나온 낙서에 가깝다. 그러나 그 낙서가 더 인간적이고, 더 따뜻하다. 포장마차는 일본 도시의 '뒷골목 서정학' 같은 존재다.

포장마차는 원래 메이지 말부터 쇼와 초기에 생계를 잇던 서민 장사꾼들의 이동식 부엌에서 시작되었다. 전후 폐허 속에서는 더 결정적인 의미를 가졌다. 집이 무너지고 직장이 사라졌던 시대, 사람들은 삶의 잿더미 위에 다시 작은 술상부터 차렸다. 불빛 하나, 국물 냄새 하나로 '살아 있다'는 감각을 확인하는 공간이 바로 포장마차였다. 전후 복구의 첫 냄비는 포장마차에서 펄펄 끓었다.

오늘날 포장마차가 주는 낭만은 바로 그 시대의 잔향이다. 좁은 천막 안, 플라스틱 의자 몇 개, 스테인리스 조리대. 그 속에서 낯선 사람끼리도 스스럼없이 말을 건다. 일본인은 원래 조용하다는 도식과 달리, 포장마차만큼은 '예외의 공간'이다. 회사에서 벗어난 샐러리맨은 정장을 푼 채 국물 한 숟갈과 함께 하루의 갑옷을 내려놓는다. '혼자이되 혼자가 아닌' 기묘한 동행이 이루어진다.

후쿠오카 하카타의 '야타이'가 그 대표적인 문화이고, 홋카이도 삿포로의 간이 라멘 포장마차, 오사카 도톤보리 강변의 잡다한 포장 노점들까지 지역별 개성이 또렷하다. 불빛은 노랗고, 김은 하얗고, 생맥은 차갑고, 바람은 조금 차갑다. 이 네 가지가 한자리에 모이면 일본식 서민 낭만의 완성이다.

포장마차에 앉아 있으면 일본 사회의 원래 얼굴이 잠깐 드러난다. 질서, 규칙, 효율이 잠시 물러나고, '피곤한 인간'이 전면에 등장한다. 도시의 맥박이 느려지는 순간이다. 오뎅 국물이 보글거리는 소리, 라멘 사리 삶는 물소리, 손님과 주인의 짧고 건조한 대화가 작은 합창처럼 어우러진다. 이 소리들은 일본인의 마음속 깊은 곳에 남은 전후 기억과도 묘하게 이어진다. 사람은 따뜻한 걸 찾는 존재라는 아주 단순한 진실.

포장마차의 낭만은 대단한 장치에서 나오지 않는다. 천막이 바람에 흔들리고, 옷에 냄새가 배고, 의자가 삐걱거리고, 메뉴가 단출한 바로 그 결핍에서 나온다. 결핍이 오히려 마음을 편하게 만든다. 어쩌면 일본의 포장마차는 '완벽함의 나라'가 어쩌다 흘린 작은 틈, 그 틈이 주는 숨구멍 같다.

도시가 싸늘한데 천막 안은 따뜻한 곳. 누구나 잠깐 머물다 가는 곳. 지나고 보면 아무것도 아닌 저녁인데, 이상하게 기억에 오래 남는 곳. 포장마차는 그런 일본만의 야간 풍경이다. 여기에 앉으면 인간이란 동물의 가장 단순한 기쁨, 즉 따뜻한 국물, 익지 않은 대화,

혼자인 듯한 군중 속을 도로 되찾게 된다.

17. 퇴근 후 가자, 이자카야로

퇴근 후 이자카야 안에 들어서면, 일본 사회의 낮 얼굴이 스르르 벗겨진다. 회사 바깥은 여전히 '일본'이지만, 이자카야 안은 거의 다른 나라다. 낮의 일본이 정밀함과 과묵함의 무대라면, 저녁의 이자카야는 느슨함과 허심탄회가 허용되는 '작은 무중력 지대'다.

문을 여는 순간, 그 특유의 따뜻한 공기가 몸을 감싼다. 간장과 숯불 냄새가 섞여 피곤한 신경을 느슨하게 풀어버린다. 밝지도 어둡지도 않은 조명은 사람의 표정을 부드럽게 깎고, 반쯤 들뜬 웅성거림이 정장을 입은 손님들의 긴장감을 천천히 녹인다. 하루 종일 알람처럼 울리던 시간의 규율이 이곳에선 잠시 멈춘다.

테이블마다 작은 드라마가 펼쳐진다. 상사는 그날 업무에선 절대 꺼내지 않을 농담을 던지고, 후배는 평소엔 입 밖에도 못 낼 푸념을 슬쩍 올린다. 이자카야에서의 대화는 일본 사회의 '나이트 모드'다. 말끝 하나하나에 붙어 있던 규범이 느슨해지고, 미세한 감정의 곡선이 그대로 드러난다. 그러나 이 자유는 한시적이다. 문을 나서는 순간 다시 낮의 질서로 복귀해야 하기에, 사람들은 이 짧은 틈에서 유난히 솔직해지기도 한다.

벽에는 손글씨 메뉴판이 삐뚤삐뚤 걸려 있다. 오늘의 추천, 사바사바 타타키, 토리카라아게, 아츠아게, 닭꼬치, 감자버터, 이런 것들은 흔해 보이지만, 사실 일본인의 '퇴근 후 자존감'을 지탱하는 작은 요리들이다. 따끈한 국물 한 모금, 시큼한 간자이(초절임) 한 점, 차가운 생맥 한 잔이 모여 하루의 실패와 피곤을 산뜻하게 재조립해 준다. 이게 일본식 회복력이다. 거창한 치유가 아니라, 소박한 위로의 반복.

무엇보다 흥미로운 건, 이자카야 안에서는 사람들의 말투도 조금 달라진다는 점이다. 낮에는 말 수 적은 샐러리맨이 술기운을 빌려 '아, 그건 말이지…' 하고 서둘러 이야기를 꺼낸다. 직장에서 '역할'을 벗고 드러나는 이 얼굴은, 일본 사회가 억눌러두는 원래의 인간적 깊이다. 정적인 도시 속에서 유일하게 감정이 가볍게 흔들리는 공간.

이자카야의 밤이 진짜 매력적인 이유는, 일본 사회의 모든 갈등과 균열이 이곳에서 잠시 유예된다는 사실이다. 상하관계도 조금 누그러지고, 말수가 적은 사람도 목소리를 낸다. 술기운이 단순히 기분을 띄우는 게 아니라, 하루 동안 눌린 시간과 감정의 압력을 풀어주는 역할을 한다. 마치 도시의 배출구처럼.

문을 나서면 다시 규율과 예의의 도시가 서 있지만, 이자카야 안에서 흘린 웃음과 대화는 몸 안 깊숙이 스며든다. 그 작은 해방감이 다음 날 아침 사람들을 다시 출근하게 만든다. 도시가 숨을 들이켰다가 내쉬는 리듬 속에서, 퇴근 후 이자카야는 일본 사회의 가장 인간적인 호흡이 된다.

18. Japanese Town in Seoul

서울 동부이촌동은 지도를 펼쳐 놓고 봐서는 결코 알 수 없는, 복잡한 시간들이 살아 있는 동네다. 한강 바람이 스치고 아파트 단지가 반듯하게 서 있는 지금의 모습 아래에는, 조용하지만 또렷한 역사의 지붕이 몇 겹씩 깔려 있다. 이곳은 애초부터 '서울 속 일본'이라는 별칭을 갖고 살았고, 그 일본의 얼굴은 시대마다 다른 표정을 지었다.

한일병합기 시절 이촌 일대는 일본군 헌병과 그 가족들이 살던 작은 군사 마을이었다. 용산 일본군 기지와 가까웠고, 한강이 흐르면서 바람이 잘 들었기 때문에 군속 가족들이 안정적으로 머물기에 적당한 지형이었다. 지금 같은 대단지 아파트는 없었지만, 군사적 규율이 묵묵히 흐르는 주거 구역이 형성되었고, 한강변을 따라 걷는 일본 헌병과 가족들의 모습은 그 시대만이 긴장감을 이 마을에 남겼다. 이 조용한 그림자는 해방 이후 꽤 오랫동안 흔적처럼 이어졌다.

그러나 1960~70년대 늘어 동부이촌동은 또 다른 일본을 품기 시작한다. 이번에는 군인이 아니라 일본 기업의 기술자와 주재원들이 등장한다. 국교 정상화 후 경제 협력 열기가 치솟던 시기, 서울에서 조용하면서도 도심 접근성이 좋은 동네는 많지 않았다. 이촌동은 마침 그런 조건을 갖춘 보기 드문 장소였고, 일본인 가족들은 자연스럽게 이곳으로 모여들었다. 새로 지어진 아파트는 생활 패턴이 차분한 일본인들의 취향과 기묘하게 맞아떨어졌고, 골목마다 일본식 간판과 정돈된 분위기가 번지며 동네는 서서히 일본인 타운으로 변모했다.

1970~90년대의 동부이촌동은 서울에서도 가장 이국적인 생활 리

듬을 보여주는 곳이었다. 아침이면 일본인 아이들이 네모난 가방을 메고 일본인 학교로 향했고, 저녁이면 일본 회사원들이 삼삼오오 골목을 걸어 이자카야에 들어섰다. 어느 아파트 단지에서는 일본식 화초가 심어진 작은 정원이 눈에 띄었고, 상가에는 라멘집, 소바집, 일본형 빵집이 조용한 질서를 유지한 채 운영됐다. 더욱 흥미로운 건, 이촌동 전체가 한국 특유의 소란과는 다른 정숙함을 갖기 시작했다는 점이다. 상가의 움직임, 아파트 복도의 발소리, 분리수거함의 정리 상태까지 일본적 생활 감각이 동네의 공기를 바꾸었다.

21세기 들어 일본 기업의 해외 주재 인력이 줄면서 일본인의 비중은 예전만큼 크지 않게 되었다. 일본인 학교도 동네를 떠났고, 구(舊)일본인 타운이라는 정체성은 서서히 옅어졌다. 그럼에도 동부이촌동을 걸어보면 과거의 잔향이 은근히 남아 있다. 오래된 라멘집에서 풍기는 육수 냄새, 정리 정돈이 잘 된 상가의 질서, 말수보다 예절이 먼저 느껴지는 동네 분위기. 이촌동은 지금도 서울에서 보기 드문 정숙함과 단정함을 품고 있다. 일본의 문화적 흔적은 사라지지 않고, 새로운 한국식 고급 주거 문화와 얇게 섞여 독특한 생활 공기를 만든다.

동부이촌동은 병합기에는 일본군 헌병 가족의 주거지였고, 산업화 시대에는 일본 기업 주재원들의 생활지였으며, 지금은 일본적 질서가 은은하게 스민 조용한 서울의 고급 동네다. 겉으로는 평범한 아파트촌 같지만, 그 아래 깔린 시간의 결을 따라 걸어보면 이 동네는 여전히 서울에서 가장 특별한 '조용한 국경' 같은 공간으로 남아 있다.

제5부

신·자연·전통 미학

1. 신사에서 박수치는 이유

신사(神社, じんじゃ)에서 치는 박수는 단순한 의식이 아니라 일본 사람들이 '신(神, かみ)과 인간의 관계'를 어떻게 구성해왔는지 보여주는 일종의 문화적 단층면이다. 겉의 예법 뒤에는 수천 년 쌓인 감각과 관념이 숨어 있다.

먼저 가장 기본적이고 오래된 이유가 있다. 고대 일본에서 신은 멀리 있는 절대자가 아니라 나무와 돌, 폭포, 연기, 바람 같은 자연 현상 안에 살아 있다고 여겨졌다. 그래서 신사에서 박수를 치는 행위는, 신을 호출하거나 깨우는 의미가 있다. 인간 쪽에서 먼저 '나 여기 왔습니다' 하고 존재를 알리는 신호다. 신도(神道) 세계관에서는 말보다 '소리의 떨림'이 더 직접적으로 닿는다고 여겼다. 박수는 인간이 낼 수 있는 가장 원초적이고 즉각적인 소리였다.

이 박수는 단순히 '딱' 하고 치는 정도가 아니라 가시와데(柏手, かしわで)라는 독특한 이름을 가졌다. 떡갈나무 잎이 넓게 펼쳐진 모양처럼 손을 벌리고 맞부딪친다는 데서 왔다. 장례식처럼 조용해야 하는

곳을 제외하면, 일본 신사에서는 오히려 소리가 크게 울릴수록 좋다고 여긴다. 소리의 울림은 신을 깨우는 힘이고, 주변의 탁한 기운을 터뜨리는 정화의 기능까지 함께 있다고 믿었기 때문이다.

박수는 또한 리듬의 역할도 한다. 신도 의례는 모든 동작이 흐름으로 설계되어 있다. 두 번 절한 뒤 두 번 박수를 치고 마지막에 한 번 절하는 '이례이박수일례(二礼二拍手一礼)'는, 인간과 신이 경계에서 한 번 만나고, 대화하고, 다시 각자 자리로 돌아가는 과정처럼 구성돼 있다. 절은 몸을 낮추는 행위, 박수는 존재를 드러내는 행위, 마지막 절은 다시 관계를 매듭짓는 행위다.

여기에 일본적 감각이 하나 더 있다. 신은 인간의 마음속을 읽지 않는다고 여겼다. 마음이라는 것은 모호하고 변덕스럽기 때문이다. 그래서 신과 소통하려면 뭔가 '명확한 징표'를 보여줘야 한다는 생각이 있었다. 박수를 치는 순간 신경이 집중되고, 의지와 기원이 명획히 정렬된다. 지금도 제관들이 의식을 시작하기 전 손뼉을 한 번 크게 치며 마음을 정논하는 이유가 이것이다.

정화의 이유도 빼놓을 수 없다. 일본의 옛 의례에서 '소리로 잡귀를 쫓는다'는 개념이 강했다. 지진, 화재, 역병 같은 재난을 하나의 영적 존재로 보던 시대에는, 소리로 경계를 그어 재난을 막는다는 신앙이 존재했다. 박수는 그중 가장 일상적이고 간단한 방식이었다. 신사에서 박수 소리가 나면 '이 공간이 지금 정화되고 있다'는 감각을 자연스럽게 갖게 된다.

결국 신사에서 박수를 치는 이유는 네 가지이다. 신을 깨우기 위한 호출, 자신을 정돈하기 위한 집중, 공간을 정화하기 위한 소리, 의식의 흐름을 완성하기 위한 리듬. 이런 것들이 뒤엉켜 오늘의 예법이 되었다.

다음에 신사를 찾으면 '박수 두 번'이 단순한 의례가 아니라, 오래된 자연 종교가 발명한 소리의 철학이라는 점을 떠올리면 일본이 더 풍부하게 읽힌다.

2. 신사와 사찰이 나란히

일본을 여행하다 보면 신사(神社)와 불교 사찰(寺院)이 한 마을, 한 골목 안에 나란히 서 있는 장면을 어렵지 않게 만난다. 하나는 신토의 신을 모신 공간이고, 다른 하나는 불교의 부처를 모신 수행의 집인데, 이 둘이 마치 오래된 형제처럼 공존하는 풍경은 일본 종교 문화의 독특한 유연성을 가장 잘 보여준다.

이 공존의 뿌리는 일본 특유의 종교 융합, 신불습합(神仏習合)에 있다. 신도(神道)와 불교(仏教)가 서로 배척하지 않고, 하나의 체계로 자연스럽게 섞여 공존했던 현상이다. 일본 종교사의 가장 중요한 특징 가운데 하나다.

불교가 6세기경 백제와 중국을 통해 일본으로 들어왔을 때, 기존의 신토 신앙은 이미 생활 깊숙이 자리 잡고 있었다. 그런데 일본인들은 두 종교를 대립하는 체계로 보지 않았다. 그들은 '신은 부처의 현신(化身)'이며 '부처는 신이 저쪽 세계에서 드러난 모습'이라는 식으로 해석했다. 충돌 대신 조화를 택하는 사고방식이었다. 이 융통성 덕분에 일본 종교는 갈등보다 흡수와 병존의 길을 걸어갔다.

이후 불교는 귀족과 지식층을 중심으로 깊이 뿌리내렸고, 신토는 백성들의 일상 속 의례와 축제를 담당했다. 두 종교는 서로 영역을 쪼개기보다, 기능을 나누어 보완하는 방식으로 자리 잡았다. 신사는 출생·결혼·농사·풍요 같은 '삶의 의례'를 맡았고, 사찰은 죽음·윤회·명상·구원 같은 '정신의 의례'를 감당했다.

그래서 일본인에게는 태어날 때 신사에서 이름을 받고, 죽을 때 사찰에서 장례를 치르는 일이 자연스러운 삶의 순환이 되었다. 하나는 삶을 여는 문이고, 하나는 삶을 닫는 문인 셈이다.

건축적으로도 신불습합(神仏習合)은 아름다운 방식으로 드러난다. 나라의 도다이지(東大寺) 경내에는 불상과 함께 신토의 신을 모시는 작은 신사가 있고, 이세신궁(伊勢神宮) 근처에는 오래전부터 절들이 존재해왔다. 도리이(鳥居)의 붉은 문과 사찰의 불탑이 한 시야에 들이오는 장면은 일본만의 종교적 관용이 만든 독특한 풍경이다.

그러나 이런 조화가 언제나 순탄했던 것은 아니다. 메이지유신 이후 일본 정부는 신불분리령(神仏分離令)을 내려 신토를 국가의 중심 이데올로기로, 불교를 외래 사상으로 구분했다. 이는 천황 중심의 정통성을 강화하려는 정치적 조치였다. 그 과정에서 신사와 사찰의 오랜 연대는 강제로 끊기고, 곳곳에서 사찰의 신상(神像)이 파괴되는 등 갈등이 벌어졌다.

그럼에도 수백 년간 이어진 신불습합의 전통은 완전히 사라지지 않았다. 일본인들의 사고와 감각 속에 이미 깊이 새겨져 있었기 때문이다. 오늘날 일본 곳곳에서 신사와 절이 다시 나란히 서 있는 풍경을 쉽게 볼 수 있는 이유가 여기에 있다.

신사와 사찰의 공존은 단순한 역사적 흔적이 아니라, 일본 문화의 심층 구조를 드러내는 상징이다. 그것은 '이거나 저거나'가 아닌, '둘 다이면서 하나'라는 사고방식이다. 하나는 삶을 시작하는 곳이고, 하나는 죽음을 품는 곳이지만, 두 신성의 길이 서로 등을 돌리지 않고 나란히 서 있다는 사실 자체가 일본인의 세계관을 말해준다. 복합성과 모순을 갈등이 아니라 조화로 받아들이는 정서, 그것이 이 독특한 풍경을 만든 힘이다.

3. 스기와 히노키 숲

일본의 숲을 이야기한다는 것은 단순히 나무의 종류를 나열하는 작업이 아니다. 스기와 히노키라는 두 나무를 따라가다 보면, 전후 일본이 시간과 자본을 어떻게 다루었는지, 그리고 한 나라가 폐허 속에서 어떤 감각으로 미래를 설계했는지가 자연스레 드러난다. 일본의 산은 조용히 서 있지만 그 고요 속에는 자원 전략, 문화 정체성, 장기 자본주의, 그리고 문명이 시간을 건축하는 방식이 숨어 있다.

스기(杉)는 한국에서 삼나무라 부르는, 곧고 빠르게 자라는 나무다. 히노키(檜)는 편백으로서 향이 깊고 목질이 곱다. 스기는 성장 속도와 효율의 상징이 되었고, 히노키는 품격과 내구성으로 신사·사찰·전통 건축의 중심을 이루었다. 전후 복구의 뼈대를 세운 것이 스기라면, 일본의 정신적 풍경을 지킨 것은 히노키였다. 두 나무는 일본 숲을 자연이 아니라 '국가 자본과 문화 자본의 조형물'로 만들었다.

전쟁이 끝난 뒤 일본은 잿더미였다. 철근과 콘크리트를 무한히 생산할 여력이 없던 시절, 일본은 도시보다 산을 먼저 들여다보았다. 대부분의 나라가 전후 복구에서 도심 재건을 최우선에 두지만, 일본은 산을 '버려진 공간'이 아니라 '미래 자본'으로 읽었다. 스기와 히노키를 정책적으로, 집단적으로 심어 산을 거대한 밭으로 만들고, 햇빛과 바람과 물의 흐름을 설계했다. 나무가 자라기를 기다리는 시간 전체가 하나의 투자였다. 임업이라 부르지만 실상은 국가 재건 전략이었다.

평지가 부족한 일본에서 경사지 역시 예외 없이 활용되었다. 전후 보조금과 산림조합의 지원 속에 일본 산들은 스기와 히노키로 촘촘히 덮였다. 이 숲은 자연림이 아니라 기대한 '목재 공장'에 가까웠다. 수십 년 뒤 똑같은 높이와 굵기를 가진 나무가 규칙적으로 서 있는 풍경은 이 계획의 흔적이다. 숲을 심은 게 아니라 수직 목재 생산 설비를 구축한 셈이었다.

하지만 나무는 심어두기만 한다고 크지 않는다. 햇빛과 물을 두고 지나친 경쟁을 하면 오히려 쇠약해진다. 그래서 일정 시기마다 약한 나무를 잘라내는 '솎아베기(間伐)'가 필수였다. 이때 나온 목재는 크지 않아도 관리 비용을 충당하는 중간 배당이 되었고, 일본 임업가들은 이를 '숲을 읽는다'고 불렀다. 미래 가치를 극대화하기 위해 숲의 흐름을 이해하고 손질하는 기술이자 철학이었다.

스기와 히노키는 40~60년은 지나야 본격적인 수확이 가능하다.

아버지가 심고 아들이 베고, 아들이 심어 손자가 수확하는 모델이다. 단기 이익이 아니라 세대 자본의 구조다. 빠른 수익을 추구하는 한국의 아파트 중심 개발 모델과 달리, 일본은 '산을 천천히 키워 자산을 굴리는 방식'을 선택했다. 벌목 후에는 바로 다시 심어 숲의 시간을 끊지 않았다. 산 전체가 하나의 장기 통장처럼 운영되었다.

히노키는 특히 일본에게 정신적 자산이다. 신사와 사찰의 건축 재료로 쓰이며, 은은한 향은 정결함과 고요함의 상징이 되었다. 지역마다 'ㅇㅇ히노키'라는 브랜드가 생겨나면서 지방 경제는 숲과 긴밀히 연결되었다. 목재는 단순 자재가 아니라 지역 정체성과 자부심을 품은 문화물이기도 했다.

그러나 세계 목재 수입이 본격화되자 일본 목재는 값싼 해외산에 밀렸다. 경제성이 떨어지면서 숲은 한동안 방치되었고, 스기 꽃가루 알레르기는 국가적 고민거리가 되었다. 그럼에도 일본은 숲을 새로운 방식으로 재해석했다. 탄소 흡수원, 삼림 치유 관광, 친환경 목조 빌딩 붐, 지방 산림을 활용한 기후 관광 등 숲의 가치를 다시 확장시키는 흐름이 등장했다. 숲은 '목재 공장'에서 '환경·건강·문화 자산'으로 변신하고 있다.

스기는 경제를 일으킨 나무이고, 히노키는 품격을 지킨 나무다. 두 나무가 만든 숲은 일본 전후의 국가 전략, 문화 정체성, 장기 자본 감각을 드러낸다. 숲을 키우는 나라는 시간이 길고, 시간이 긴 나라는 문장의 깊이가 깊어진다. 땅을 빠르게 소비하는 문명과 시간을 천천히 재배하는 문명은 겉보기엔 같은 시대를 살아도 다른 미래로 나아간다. 일본은 산을 깎아 아파트를 올리는 대신 숲을 심고 기다리는 길을 택했다. 그 속도는 느렸지만, 그 느림이 만든 숲은 전후 일본이 이룬 가장 조용한 기적 중 하나다.

나무는 오늘의 수익을 약속하지 않지만, 세대를 거쳐 문명을 남긴다. 숲은 결국 시간의 정치이고, 일본은 그 느린 정치를 가장 섬세한 방식으로 다스려왔다.

4. 보이지 않는 곳까지 완벽하게; 사시모노

사시모노(指物)는 일본 전통 목공예의 중심에 놓인 기술로, 나무와 나무를 못이나 풀 없이 정교하게 짜 맞추는 방식이다. 이름 그대로 '끼워 넣는다, 정확히 맞춘다'는 뜻을 지닌 이 기술은 장인의 감각을 절대적으로 요구한다. 나무의 결과 습기, 계절의 변화까지 읽어내야 하므로 1mm의 오차도 허용되지 않는다. 그래서 사시모노는 단순한 제작 방식이 아니라 상인석 사고 자체에 가깝다.

겉으로 보기에는 담백하고 소박하다. 그러나 내부 구조를 열어보면 여러 겹의 짜임과 숨겨진 결합이 촘촘하게 박혀 있다. 바깥은 절제되어 있지만 속은 복잡하고 깊다. 가까이 들여다볼수록 정성과 기술이 드러나는 방식은 일본 미학이 즐겨 말하는 '겉으로 드러내지 않는 멋'을 상징한다. 화려함을 내세우지 않아도, 은근하게 드러나는 깊이가 작품의 품격을 결정한다.

지역별로도 사시모노는 독특한 개성을 지닌다. 에도 사시모노는 서민과 장인들의 일상 속에서 발전해 실용성과 절제를 우선시했다.

교토 사시모노는 귀족 문화의 영향 아래 옻칠, 금분, 자개 등의 장식을 더해 한층 품위 있는 미감을 만들었다. 상업 도시 오사카는 구조의 견고함과 실용적 효율성에 집중했고, 히로시마 후추 지역은 가정용 장롱의 표준형을 만들어낼 만큼 생활 중심의 공예가 발달했다. 가나자와 사시모노는 공예와 회화의 경계가 희미해진 듯한 화려함과 예술성을 드러내며 또 다른 세계를 열었다.

지금도 사시모노는 박물관과 공방에서 숨결을 이어간다. 도쿄와 교토의 전통 공예관에서는 짜맞춤 구조를 해부하듯 전시하고, 직접 손으로 만져볼 수 있도록 한다. 이 기술은 현대 미니멀리즘 디자인과도 자연스럽게 결합해 세계적 관심을 받고 있다. '보이지 않는 곳까지 완벽하게'라는 철학은 시대가 달라져도 지워지지 않는다.

사시모노의 핵심은 그 이름보다 더 깊은 곳에 있다. 눈에 띄는 장식이나 과시가 아니라, 밖에서는 보이지 않는 접합부와 내부 구조에 더 많은 정성과 기술을 쏟는 태도. 조용하지만 흔들리지 않는 이 미학이 일본 디자인과 장인정신의 뿌리를 형성했다. 사시모노는 단순한 가구 제작 기술이 아니라, 남에게 보이지 않는 부분에서 작품의 가치를 결정하는 한 문화의 정신이다.

5. 불완전함을 품은 아름다움; 와비사비

일본의 미학 와비사비(侘寂)는 세계 어디에서도 쉽게 찾기 어려운, 불완전함의 찬미다. 반짝이는 금빛보다 빛바랜 흙색을, 매끈한 대리

석보다 균열이 가느다랗게 퍼진 찻잔을 더 귀하게 여기는 감수성. 겉으로는 소박하고 초라해 보이지만 그 안에는 덧없음과 고요, 그리고 삶의 허무를 받아들이는 깊은 평온이 자리한다.

이 미학의 뿌리는 일본의 자연과 종교적 세계에서 비롯된다. 불교의 무상(無常) 사상, 즉 모든 것은 변한다는 통찰과 신토의 자연숭배가 겹쳐지며, '영원한 아름다움'보다 '사라져가는 아름다움'을 존중하는 감각이 태어났다. 눈이 내렸다가 녹아내리는 풍경, 세월에 바래가는 목재의 미묘한 색 변화, 금이 간 다완(茶碗)의 투박한 표면… 이 모든 것이 와비사비의 세계에서는 시간이 만든 미로 받아들여진다.

'와비(侘)'는 원래 궁핍·결핍을 뜻하던 말이었다. 그러나 차문화가 성숙해지면서 그 의미는 세속을 벗어난 조용한 충만함을 가리키게 되었다. '사비(寂)'는 고요·적막을 뜻하지만, 이는 외로운 침묵이 아니라 모든 것이 제 자리를 찾은 순간의 평화다. 두 개념이 합쳐진 와비사비는 단순히 낡은 것의 미가 아니라, 덧없음을 인정하는 태도가 만든 철학적 미라고 할 수 있다.

일본의 예술 전반이 이 철학을 품고 있다. 차도(茶道)는 와비사비의 실천적 형식이다. 찻잔은 일부러 완벽하게 만들지 않고, 다실은 좁고 어둡고, 여백을 넓게 둔다. 그 어둠 속에서 인간은 번잡한 세상을 벗어나 끓는 물소리와 차향을 들으며 잠시 '시간의 정적'을 마신다. 도자기, 정원, 건축, 문학에서도 마찬가지다. 기리산 숲의 이끼 낀 돌길, 교토의 오래된 다완 한 점, 바람에 흔들리는 대숲의 그림자, 즉 완전하지 않기에 오히려 완전한 순간들이다.

와비사비는 '없음의 충만'을 가르친다. 결핍은 모자람이 아니라 본질을 드러내는 틈이다. 화려함이 사라지고 난 자리에 남는 흔적, 그 틈새에서 진짜의 깊이가 나타난다. 그래서 일본 전통미는 절제되어 있고, 여백이 많다. 여백 속에서 사유가 자라며, 시간은 조용히 내려 앉는다.

와비사비는 미학이자 인생철학이다. 젊음보다 노쇠함을, 새것보다 낡음을, 완전함보다 균열을 사랑하는 마음. '사라짐을 두려워하지 않고, 지금 이 순간을 있는 그대로 받아들이는 태도'. 일본의 아름다움은 언제나 이 와비사비의 호흡 위에 놓여 있다. 조용하고, 단정하며, 깊고, 어딘가 슬프게 아름답다.

6. 바람에도 신이 머문다

일본의 신토(神道)는 종교라는 말보다 삶의 감각, 혹은 자연의 예법이라는 표현이 더 어울린다. '신의 길'이라는 뜻을 지닌 이 세계에서 '신(神, 가미)'은 절대적 존재가 아니라 산과 강, 나무와 돌, 심지어 감정과 일상 속 기척에 머무는 생명력이다. 신토는 일본인의 세계관과 예절, 미의식, 정치적 상징까지 깊이 스며 있는 생활 철학의 원류다.

신토의 시작은 일본 국가보다 오래되었다. 불교·유교·도교가 전해지기 훨씬 전, 일본 사람들은 세상의 거의 모든 것에 영혼이 깃들어 있다고 느꼈다. 산은 거기 있는 채로 신이 되었고, 물은 흐르며 신이 되었고, 바람이 불면 그 바람에도 신이 스쳤다. 그 수는 셀 수 없이 많다고 믿어 팔백만의 신(八百万の神)라 불렀다.

이 다신적 세계관은 일본 특유의 조화와 순응의 정서를 낳았다. 신토에는 절대적인 선악이 없다. 더 중요한 것은 균형이다. 신토에서 '죄(罪)'란 도덕적 악이 아니라 자연의 질서가 어긋난 상태, 즉 조화가 깨진 순간을 뜻한다.

신토의 중심에는 정화(淨化)가 있다. 신사에 들어가기 전 물로 손과 입을 씻는 행위, 제례 전 몸과 공간을 깨끗이 하는 절차는 단순한 형식이 아니다. 이는 '세상과 다시 맑게 이어지는 준비'다. 불교가 마음의 청정을 강조했다면, 신토는 몸과 공간의 청정을 무엇보다 중시했다. 신사의 제단이 항상 흰 자갈(白砂)과 간결한 나무 구조로 이루어지는 이유가 여기에 있다.

신토의 자연관은 인간을 자연 위에 놓지 않는다. 자연을 지배하는 존재가 아니라 그 일부로서 감사해야 할 존재로 본다. 그래서 일본 전통 건축은 늘 자연을 향해 열려 있다. 신사는 가능하면 숲 한가운데 지어지고, 나무는 자르지 않은 채 그대로 두며, 신은 건물 안이 아니라 바람과 빛과 나뭇결 속에 머무는 존재로 여겨진다. 이 감각이 훗날 와비사비(侘寂)라는 미학, 즉 불완전함과 덧없음의 아름다움을 낳는 토양이 되었다.

역사적으로 신토는 정치와도 긴밀히 얽혀 있었다. 고대 일본에서 천황은 태양신 아마테라스 오미카미(天照大神)의 후손으로 여겨졌다. 이 신화적 세계관은 일본 왕실의 정통성을 지탱하는 근원적 서사였다. 근대 메이지유신 시기에는 이를 기반으로 '국가신토'가 정비되어 정치적 기능을 떠안았다. 그러나 패전 이후 신토는 다시 국가로부터 분리되어 조용히 생활 속 신앙으로 돌아왔다.

오늘날 신토는 일본인의 일상에서 여전히 살아 있다. 새해 첫 신사 참배 하츠모데(初詣), 마을 축제를 밝히는 미코시(神輿), 일본식 결혼식의 신전식, 집안 대청소와 같은 정화적 의례까지 모두 신토의 연장이다. 일본인은 특정 신을 믿는다기보다, 일상 속에서 감사하고 깨끗이 살려는 태도를 실천하며 신토를 이어간다.

신토는 신을 숭배하기보다 세상을 존중하는 방식이다. 인간과 자연, 삶과 죽음, 질서와 흐름 사이의 미묘한 균형을 감각적으로 이해하는 세계관. 이 조용한 신앙의 체온이 일본 문화 곳곳을 데우며 흐르고 있다. 고요하지만 깊고, 절제되어 있으나 따뜻한 그 감각, 바람에도 신이 머문다고 믿는 나라의 오래된 마음이다.

7. 토리이 위의 시메나와; 일본이 '신성'을 다루는 가장 조용한 방식

신사 입구 토리이(鳥居) 위에 얹힌 시메나와(しめ縄)는 멀리서 보면 그저 굵직한 짚밧줄일 뿐이다. 하지만 일본 사람이 신사 앞을 지날 때, 무심히 올려다보는 그 밧줄 하나에 일본 신토의 세계관이 고스란히 응축되어 있다. 시메나와는 일본인이 신의 자리와 인간의 자리를 '어떻게 구분하는가'를 보여주는 가장 단순하면서도 가장 정교한 장치다.

시메나와의 첫 번째 역할은 경계를 만드는 것이다. 짚으로 꼬아 만든 밧줄 하나가 토리이 위에 얹히는 순간, 그 아래의 땅은 더 이상 평범한 길목이 아니다. 밖은 인간의 세계, 안쪽은 신(神)의 기척이 머무는 공간이 된다. 간판도, 규칙도, 안내문도 없다. 밧줄 한 가닥이 공간의 '성격'을 단숨에 바꾼다. 이것이 바로 일본 신토적 미학의 정수다. 화려한 조각이나 웅장한 울림 없이, 가장 소박한 재료로 가장 강한 전환을 만든다.

시메나와를 만드는 재료가 자연물뿐이라는 것도 중요한 힌트다. 먼저 볏짚을 말린 뒤 손으로 비벼 섬유를 풀고, 그 섬유를 다시 굵고 단단하게 꼬아 만든다. 지역과 신사의 격에 따라 굵기, 길이, 매듭 방식이 조금씩 다르다. 인공 재료나 화학 섬유를 쓰지 않는 이유는 간단하다. 신의 영역을 표시하는 것은 인간의 기술이 아니라 자연의 결이어야 한다는 신토의 감각 때문이다. 그래서 시메나와는 시간이 지나 색이 바래고 해지면 반드시 새 것으로 교체한다. 이는 단순한 유지 관리가 아니라, 공간의 '영적 청소'에 가깝다. 신을 맞이하는 문 앞을 늘 새롭게 유지하려는 것이다.

시메나와 아래 흔들리는 종잇조각, 시데(紙垂, しで)도 빼놓을 수 없다. 번개 모양으로 접힌 이 흰 종이는 사악한 기운을 끊어내고 정화한다는 상징을 갖는다. 일본에서는 '정화의 힘'을 물, 바람, 빛처럼 보이지 않는 자연의 움직임에서 찾는다. 시데가 바람에 흔들릴 때 만들어내는 거의 들리지 않는 미세한 바스락거림은 신사의 공기를 약간 더 맑게 만드는 의식의 일부이기도 하다. 신토는 소리를 크게 울리기보다, 바람의 아주 작은 떨림 속에 신성함을 담는다.

시메나와가 걸리는 대상은 토리이에만 한정되지 않는다. 신체로 모시는 오래된 고목, 우뚝 솟은 바위, 샘물, 폭포 같은 자연물에도 시메나와가 둘러져 있다. 인간이 가공하지 않은 자연물은 오히려 '더 강한 신성'을 가진다고 여긴다. 그래서 '이 나무는 자르지 마라', '이 바위는 건드리지 마라'라는 경고문을 붙이지 않는다. 대신 시메나와 하나만 둘러도 사람들은 본능처럼 멈춘다. 밧줄 하나가 규칙과 경고의 역할을 대신한다. 일본인이 경계를 설정하는 방식은 이렇게 조용하고, 느슨해 보이지만 동시에 강력하다.

흥미로운 점은 시메나와의 장식 형태가 지역마다, 신사마다 미묘하게 다르다는 것이다. 교토의 신사에서는 비교적 얇고 단정한 형태가 많고, 규슈나 시코쿠 쪽 신사로 가면 굵고 강건한 형태가 많다. 일부 지역에서는 '역병'을 막기 위해 호박이나 해산물 장식을 함께 걸기도 한다. 같은 짚밧줄이라도 지역의 신앙과 생활 문화가 반영되어 독특한 조형미를 갖는다.

일본 신사에서 시메나와는 공간의 신성함을 과장하지 않는다. 큰 북을 울리거나, 현란한 조명을 켜거나, 금빛 장식을 달지는 않는다. 대신 자연 재료로 만든 밧줄 하나로 '이곳은 다른 공간이다'라는 메시지를 충분히 전달한다. 인간 세계와 신의 세계가 교차하는 자리에서 시메나와는 말없는 문지기처럼 걸려 있다. 그 아래를 지나가는 사람은 자연스레 발걸음을 늦추고, 목소리를 낮추며, 몸과 마음을 정돈한다.

시메나와는 일본 신토 철학의 핵심을 가장 단순하게 보여주는 상징이다. 보이지 않는 경계를 보이게 만들고, 자연의 재료로 신성함을 구현하며, 한 가닥의 줄로 공간의 분위기를 바꿔낸다. 토리이 위의 굵은 짚 줄이 바람에 묵직하게 흔들리는 모습을 바라보면, 그 아래를 지나가는 인간의 걸음과 마음가짐도 바뀐다. 일본인의 조용한 신성 개념이 가장 아름답게 드러나는 순간이 바로 그 장면이다.

8. 후지산

후지산이라는 이름을 부르면 일본인은 자연스럽게 고개를 든다. 멀리 있어도 가까이 있는 것처럼, 보고 있지 않아도 마음의 한쪽에 늘 걸려 있는 산이기 때문이다. 후지산은 일본을 상징하는 풍경이면서, 일본인의 정신 구조 속에 자리 잡은 하나의 의식이기도 하다. 그들은 후지산을 단순한 자연물로 보지 않는다. 그 산을 바라보는 일은 곧 자신이 어디에 서 있는지를 확인하는 일과 비슷하다.

후지산의 매력은 그 완벽한 무양새에서 시작된다. 흐트러짐 없는 비등변 삼각형의 능선, 겨울이면 눈으로 덮인 백색의 정상, 계절마다 색을 달리하는 숲과 호수의 그림자. 후지산은 마치 신이 직접 그려 넣은 도상화처럼 보인다. 자연은 대개 불규칙하고, 인간은 그 불규칙함 속에서 아름다움을 찾는다. 그런데 후지산은 반대로 지나칠 만큼 '정연한' 형태를 가졌다. 일본인은 이 산의 단정함 속에서 자연과 질서가 공존하는 하나의 미학을 느낀다.

일본인에게 후지산은 영적인 존재였다. 신도에서 산은 신이 머무는 자리였고, 그중에서도 후지산은 가장 높은 곳이자 가장 순수한 장소로 여겨졌다. 예로부터 수행자와 순례자들은 이 산을 오르며 세속의 때를 벗기고자 했다. 산에 오르는 길은 고난이 아니라 정화였다.

지금도 새벽의 정상에서 해가 떠오르는 장면을 본 사람들은 그 순간 자신이 '이 세상에 다시 태어나는 기분'이라고 말한다. 후지산은 그렇게 개인의 생을 재정리하게 만드는 조용한 힘을 가지고 있다.

이 산은 또한 일본 예술의 원형이기도 하다. 가쓰시카 호쿠사이의 '부쿠사이후가쿠(富嶽三十六景)'는 후지산을 세계적으로 널리 알린 작품이다. 호쿠사이는 동일한 산이 어떻게 무수한 표정을 가질 수 있는지를 보여줬고, 그의 후지산은 지금도 일본인의 집 안과 마음속에 걸려 있다. 건축, 회화, 문학, 사진, 심지어 기업 로고에 이르기까지 후지산은 일본인의 창작 욕망이 투영되는 하나의 틀이 되었다. 사람들은 후지산을 바라보며 그 안에서 자신이 원하는 상징을 읽어낸다. 순수함, 고독, 견고함, 고요, 혹은 영원성.

그러나 후지산은 늘 고요한 존재만은 아니다. 이 산은 살아 있는 화산이며, 먼 과거의 폭발이 여전히 지형과 전설 곳곳에 흔적을 남기고 있다. 일본인은 그 사실을 정확히 알고 있다. 후지산에 깃든 아름다움과 위협은 늘 함께 존재했고, 일본인은 그 두 감정을 동시에 받아들이는 법을 배웠다. 자연을 정복하는 대신 공존하고, 경외심을 품은 채 지켜보는 태도는 일본 문화 전반에 깊은 영향을 남겼다.

그래서 일본인에게 후지산은 단순한 명산이 아니라 마음의 기준점이다. 방황할 때는 그 산을 떠올리며 방향을 잡고, 기쁨의 순간에는 그 산을 배경 삼아 스스로의 시간을 기록한다. 후지산을 보며 자란 일본인은 그 모양처럼 단정하길 바라지만, 동시에 그 깊은 내부처럼 복잡하고 뜨거운 생을 품는다. 후지산은 일본의 자화상이면서 일본인 한 사람 한 사람의 마음속에 서 있는 조용한 수미산이다.

그 산은 움직이지 않지만, 사람들은 계속해서 거기에 의미를 쌓는다. 그래서 후지산은 언제나 지금도 만들어지고 있는 산이고, 앞으로도 일본과 함께 천천히 시간을 늘려갈 것이다.

9. 일본식 초가집; 가야부키야

일본식 초가집을 떠올리면, 사람들은 먼저 깊은 지붕의 경사와 그 아래로 드리워진 그늘을 기억한다. 한국의 초가와 닮은 듯하지만, 일본 초가집은 자연과 인간이 맺은 관계의 방식이 조금 다르다. 그 차이가 집의 표정에서 아주 조용하게, 그러나 또렷하게 드러난다.

일본의 전통 초가집은 '가야부키야(茅葺き屋)'라고 부른다. 지붕은 억새나 갈대를 두껍게 엮어 덮는데, 비에 약한 나무 벽체를 지키고 여름의 강한 열기를 밀어내기 위한 생존의 기술이었다. 일본 열도는 습기가 많고 장마가 길어, 지붕은 무엇보다 물을 흘리기 좋은 형태여야 했다. 그래서 일본 초가집의 지붕은 거의 산처럼 가파르게 솟아올라 있다. 비를 적게 맞기 위한 '경사'가 아니라, 다급하게 흐르는 빗물에 집을 내맡기기 위한 '절규'에 가깝다.

이 지붕의 두께는 단순한 미관이 아니다. 뇌우가 많고 공기가 습한 일본에서는 시간이 지날수록 새 지붕을 얹어야 했다. 그래서 지붕은 자주 손이 갔고, 마을 사람들은 한 집의 지붕을 교체할 때 모두 모여 인력으로 갈대를 들어 올렸다. 일본어로 지붕을 새로 잇는 것을 '야네부키(屋根葺き)'라고 하는데, 그 과정은 노동이자 축제, 그리고 공

동체의 확인 같은 행위였다. 초가집 지붕은 혼자 관리할 수 없는 구조였기에, 사람들은 서로의 지붕에서 땀을 섞으며 '함께 사는 것'의 의미를 배웠다.

일본 초가집 내부는 외부보다 훨씬 어둡다. 얇은 목재와 흙벽, 그리고 작은 창문이 만들어내는 어둠은 일본인의 전통적 미의식과도 연결된다. 일이 없을 때는 낮에도 등불을 켜야 했고, 적은 빛이 방 안에 스며드는 방식은 자연스럽게 고요함과 느림을 가져왔다. 햇빛이 방 안을 가득 채우는 한국식 한옥과 달리, 일본식 초가집은 빛을 선별적으로 끌어들이며 '그늘의 미학'을 집 안에 들였다. 다다미에 앉아 있으면 천장의 어둠이 한 번 더 깊어 보이고, 그것이 마치 시간을 늦추는 장치처럼 작용한다.

후키야마, 시라카와고, 고카야마 등의 산간 마을에는 지금도 초가집 군락이 남아 있다. 특히 시라카와고의 '갓쇼즈쿠리(合掌造り)'는 두 손을 모아 기도하는 모습처럼 보이는 가파른 지붕을 가졌는데, 눈이 깊게 내리는 지역 특유의 적응 방식이다. 한겨울의 눈이 수 미터씩 쌓이기 때문에 지붕은 넓고 높아야 하고, 실내는 더욱 따뜻해야 한다. 이런 집들은 자연을 정복하는 대신 자연과 합의하며 살아온 일본인들의 오래된 태도가 건축물로 응고된 결과다.

무엇보다 일본식 초가집이 지닌 정서는 '작은 것 위에 세운 삶'이었다. 외풍을 막기엔 약하고, 불을 잘못 피우면 집을 잃기 쉬웠고, 매년 손이 많이 갔다. 그러나 그런 불완전함 속에서 일본인들은 서로를 필요로 했고, 자연을 두려워하면서도 함께 견디는 기술을 익혔다. 초가집은 일본인의 마음 깊은 곳에 있는 신중함과 조용한 강인함을 집으로 만든 모습에 가깝다.

　오늘날 일본에서 초가집은 관광 명소가 되었지만, 그 집들엔 지금도 과거의 공기가 남아 있다. 천장 아래 엉겨 붙은 그을음, 바람이 스며드는 벽 틈, 밤이면 기어이 찾아오는 짙은 어둠. 그것들은 모두 한 시대의 생활감이자, 자연 속에 잠겨 살던 사람들의 감각이다. 일본식 초가집은 결국 단순한 전통가옥이 아니라, 일본인이 자신들의 세계를 어떻게 느끼고 받아들였는지 보여주는 하나의 오래된 문장이다. 그 문장은 지금도 그늘 아래 조용히 살아 있다.

10. 기억의 숲, 황거

　황거(皇居)는 지도의 한가운데에 찍힌 점이 아니라, 일본이라는 나라의 과거와 현재가 서로 겹쳐지는 거대한 침묵의 공간이다. 도쿄의 심장은 사실 빛나는 마천루가 아니라, 그 사이에 가만히 숨을 죽이고 있는 이 비어 있는 자리다. 일본인은 그 사실을 말로 설명하지 않지만, 황거를 바라볼 때 느끼는 감정의 결이 다르다. 어딘가 묵직하고, 어딘가 신성하고, 어딘가 아득하다. 마치 도시가 품고 있는 오래된 호흡을 한순간 들여다보는 느낌에 가깝다.

　황거는 메이지 시대 이후 천황의 거처가 되었지만, 그 상징적 깊이는 천 년이 넘는 일본 왕조의 시간을 품고 있다. 그래서 황거 주변을 걷다 보면, 현대의 도쿄보다 훨씬 오래된 시대가 발 아래 어렴하게 스쳐 지나간다. 돌담은 태풍과 지진을 견디며 축적된 시간의 주름 같고, 해자의 물결은 도시의 소음을 천천히 씻어내며 다른 속도의 삶을 흘려보낸다. 일본인에게 이 풍경은 단순한 경치가 아니라, '국가의 기억'이 물리적 형태로 남아 있는 장소다.

황거가 가진 가장 독특한 속성은 '보이지 않는 권위'다. 천황은 존재하지만 거의 모습을 드러내지 않고, 황거는 도시의 중심에 있으면서도 대부분의 사람들에게는 닿을 수 없는 공간이다. 일본인은 이 거리감을 불편하게 여기지 않는다. 오히려 자연스러운 질서로 받아들인다. 일본 사회에서 권위는 늘 조용하고 그림자처럼 작동해 왔고, 황거는 그 조용함을 극단적으로 형상화한 공간이다. 높은 담장과 넓은 해자는 단순한 방어 시설이 아니라, 권위를 시각적으로 표현하는 일종의 상징 장치다.

그러나 황거는 단지 권위만을 품은 공간이 아니다. 그 외곽은 도쿄 시민의 가장 편안한 산책길이고, 가장 인기 있는 조깅 코스이기도 하다. 아침 햇살이 해자 위에 번질 때, 도심 한복판임에도 묘하게 시골 같은 정적이 흐른다. 벚꽃철이면 나무는 어김없이 흐드러지고, 길가엔 도시인들의 일상이 섞여 흐른다. 황거는 일본의 '권위'와 '일상'이 충돌하지 않고 자연스럽게 이어지는 거의 유일한 공간이다. 그 둘이 긴장하거나 충돌하지 않는 모습 자체가 일본적이다.

황거 내부에는 시간이 멈춰 있는 듯하다. 건물들은 단정한 전통양식을 유지하고, 정원은 사람이 살지 않는 신전처럼 가다듬어져 있다. 일본의 조경은 자연을 있는 그대로 두기보다 인간의 손길로 정리하고 조율하는 방식을 선호하는데, 황거의 정원은 그 미학이 극점에 도달한 공간이다. 나무 한 그루, 돌 하나, 풀 뭉치 하나에도 '질서'가 배어 있다. 그리고 그 질서 속에는 일본인이 자연을 바라보는 시선, 그리고 전통을 다루는 방식이 고스란히 담겨 있다.

무엇보다 황거가 지닌 정서적 무게는 '국가의 시간'에서 나온다. 일본이 격동의 시대를 지나며 제국주의, 패전, 점령, 경제성장, 민주제 정착을 모두 통과하는 동안, 황거는 자리를 옮기지 않았다. 수많은 제도는 사라졌지만, 천황제와 황거라는 틀은 그대로 남았다. 그래서 일본인에게 황거는 변하지 않는 과거의 잔존물이 아니라, '역사와 함께 나이 들어온 존재'에 가깝다. 오래된 돌담 앞에 서면, 일본 사회가 겪어온 대전환들이 이 공간을 통과해 지금에 이르렀다는 사실이 자연스럽게 떠오른다.

도쿄는 빠르고, 날카롭고, 늘 새로운 것을 요구하는 도시다. 그 속에서 황거는 반대로 느리고, 둥글고, 오래된 것을 품고 있는 공간이다. 이 극단적인 대비가 황거를 더 특별하게 만든다. 일본인은 때때로 그 느림 속으로 걸어 들어가, 눈앞의 속도와 자기 내면의 리듬을 다시 맞추려 한다. 황거 앞의 고요는 단순한 정적이 아니라, 혼잡한 도시인의 삶을 잠시 재정렬하는 의식 같은 것이다.

그래서 일본인에게 황거는 왕조의 상징이면서, 마음 한켠을 정리해주는 '기억의 숲' 같은 존재다. 가까이 있지만 닿을 수 없고, 분명 존재하는데도 세밀하게 보이지 않는 공간. 일본인은 그 거리감 속에서 자신들의 역사적 정체성과 조용한 자부심, 그리고 어쩌면 설명하기 어려운 슬픔까지 함께 품는다.

11. 일본과 은행나무

일본과 은행나무를 함께 떠올리면, 묘하게도 한 나라의 성격과 한 나무의 기질이 겹쳐 보인다. 조용하고, 오래 버티고, 손이 많이 가는 듯하면서도 결국 사람 곁에 묵직하게 남는 존재들이다. 일본의 도시를 걸어보면, 은행나무는 단순한 가로수가 아니라 '풍경의 골격'을 이루는 살아 있는 구조물에 가깝다.

일본이 은행나무를 좋아하게 된 이유는 의외로 단순하다. 강하다. 끈질기다. 오래 산다. 그리고 전통과 근대를 잇는 상징처럼 느껴진다. 은행나무는 공해에 강하고, 병충해를 거의 받지 않고, 뿌리가 깊어 도시 환경에서도 버텨낸다. 도쿄처럼 인구가 밀집한 대도시에서 가을거리를 황금색으로 물들이는 주역도 결국 이 나무다. 환하게 빛나는 잎들은 잠시 일본의 질서 정연한 풍경을 한층 더 부드럽게 만든다.

하지만 은행나무가 단지 '예쁘다'고 사랑받는 건 아니다. 일본인들은 은행나무를 살아 있는 방파제처럼 여겼다. 대표적인 것이 신사(神社)의 경내에 서 있는 은행 거목이다. 어떤 신사로 가도 수백 년을 버텨온 은행나무가 늘 한 그루쯤은 있다. 태풍, 비바람, 화재, 전쟁… 온갖 변화를 겪으며도 그 자리에서 묵묵히 사람을 맞아온 존재다. 일본에서 은행나무는 '마을의 기억을 지켜주는 나무'이자 '신성함을 담는 그릇'에 가깝다.

메이지 시대 이후 도시화가 진행되면서 은행나무는 가로수로 본격적으로 채택되었다. 1923년 간토 대지진 이후 재건 과정에서 특히 도쿄 전역에 은행나무가 대거 심겼다. 이유는 명쾌하다. 화재와 충격에 강했고, 잘 타지 않았고, 도시에 질서 있는 풍경을 만들기 좋았다. 일본이 '근대적 도시 경관'을 디자인할 때 은행나무가 거의 기본값이었던 셈이다.

다만 이 나무는 일본에서도 꽤 논쟁거리였다. 가을이면 엄청난 양의 은행 열매가 떨어지고, 그 냄새는 일본 사람들에게도 쉽지 않다. 특유의 시큼하고 구린 향은 '가을의 고통'이라는 농담을 부를 정도다. 그래서 최근에는 수나무(열매가 없는 수컷)만 일부러 심기도 한다. 그러나 냄새가 난다고 해서 은행나무를 없애 버리자는 여론은 거의 없다. 전통과 풍경의 가치가 더 크다고 보기 때문이다.

재미있는 건, 일본인들이 은행나무를 다루는 방식에 '조심스러운 정서'가 배어 있다는 점이다. 길을 걸을 때 사람들이 일부러 은행 열매를 밟지 않으려고 발끝을 살짝 비틀며 걷는 모습은, 일본 특유의 섬세한 생활 감각을 잘 보여준다. 대도시의 차가운 거리에서도 이런 몸짓 하나가 풍경을 부드럽게 한다.

그리고 전쟁의 기억도 은행나무를 특별하게 만든다. 히로시마 원폭 이후 폐허 위에서 가장 먼저 다시 싹을 틔운 나무 중 하나가 은행나무였다. 그때부터 은행나무는 단순한 가로수가 아니라 생명의 상징, 회복의 표식이 되었다. 일본인들이 이 나무에 품는 정서에는 이런 역사적 울림도 함께 묻어 있다.

일본의 은행나무는 단순한 식물이 아니라 도시의 시간과 기억을 붙잡아두는 매개체에 가깝다. 가을 거리를 빛내는 금빛 잎, 신사 마당에서 세월을 품은 거목, 전쟁을 견디고 다시 돋아난 생명의 줄기까

지. 한 그루 은행나무를 통해 일본이라는 나라의 조용한 끈기와 묵묵
한 체질이 자연스레 읽힌다. 이런 풍경을 알고 나면 일본 거리를 걷
는 발걸음에도 작은 깊이가 실린다.

12. 바다는 길, 산은 장벽

일본을 지도로만 보면 바다에 둘러싸인 섬나라일 뿐이지만, 그 내
부를 들여다보면 '왜 일본은 육로보다 해로가 먼저 발달했는가'라는
질문이 자연스럽게 떠오른다. 일본의 교통, 물류, 문화의 뿌리를 따
라가면, 산길보다 바닷길이 발달한 이유가 지형, 기후, 생활 감각 속
에 깊이 박혀 있음을 알 수 있다.

일본 열도는 척 보면 길쭉한 리본 같다. 하지만 그 리본 안쪽에는
산맥이 등뼈처럼 이어져 있다. 일본 국토의 70퍼센트 이상이 산지
다. 산은 단순한 장애물이 아니라, 마치 벽처럼 각 지역을 방 안처럼
분리하는 역할을 했다. 지역과 지역을 잇는 길을 내기에는 급경사가
너무 많았고, 산사태, 폭우, 눈이 잦아 육로는 늘 위험했다. 길을 걷
는다는 건 자연과 싸움을 의미했다.

반대로 바다는 열려 있었다. 바닷길은 일본에서 가장 편하고 가장
안정적인 통로였다. 거센 파도로 위험한 날도 있었지만, 바다는 적어
도 길을 막지 않았다. 바닷길을 타면 삿포로에서 규슈까지 길게 이어
지는 해류 흐름이 자연스러운 '길'이 되었다. 일본인은 이 자연의 방
향을 읽는 데 매우 익숙했고, 그래서 일찍부터 해상 교통이 풍부하게

발달했다.

　일본 중세의 유명한 무사 가문들은 실제로 육로보다 해로를 장악하는 데 힘을 쏟았다. 규슈의 쇼니 씨나 무로마치 시대의 오치 씨 같은 가문이 바다를 기반으로 세력을 넓힌 것도 이 때문이다. 지역 경제권도 대부분 항만을 중심으로 생겼다. 바다는 단순한 길이 아니라 곧바로 먹거리, 무역, 전쟁의 무대였다.

　기후도 거들었다. 일본은 비와 눈이 유난히 많다. 장마철이면 산길은 진흙이 되고, 태풍 한 번이면 육로는 끊겼다. 하지만 큰 항만은 태풍 지나면 금세 정상으로 돌아왔다. 기후 조건상 '가장 신뢰할 만한 길'은 바다였다. 그래서 일본의 옛 지도에는 산길이 실핏줄처럼 그려져 있는 반면, 항로는 큰 곡선으로 당당히 그려져 있다.

　문화적 성향도 한몫한다. 일본인은 전통적으로 직선으로 길을 뚫기보다 자연의 형태를 따라가는 방식을 선호했다. 산을 억지로 깎아 길을 만드는 대신, 자연이 열어준 바닷길을 최대한 활용했다. 이는 '길을 만든다'가 아니라 '길을 발견한다'는 감각에 가깝다. 그래서 일본의 해로는 단순한 교통이 아니라 자연과 공존하는 기술이었다.

　경제 구조 역시 해로 중심으로 움직였다. 에도 시대의 '바카후(幕府) 경제'는 실은 해상 물류 경제였다. 오사카의 도지마 쌀 시장, 에도 서민들의 생활물자, 정련 철, 미역, 종이, 석탄, 심지어 사케까지 대부분 선박으로 이동했다. '기타마에부네(北前船)'라는 거대한 상선 네트워크는 일본해, 동중국해를 누비며 오늘날 물류의 조상처럼 움직였다. 산길로는 도저히 실어 나를 수 없는 대량 화물들이 바다에서 오갔다.

일본에서는 바다가 '길'이었고, 산이 '장벽'이었다. 산길이 발달할 수 있었던 시간은 기술이 발달한 20세기 이후의 일이다. 그전까지 일본인의 삶은 바다 위의 선, 항만 도시의 숨결, 해류의 리듬 위에 놓여 있었다. 지금 일본의 대도시, 요코하마, 고베, 오사카, 나가사키, 하카타가 모두 항만 도시라는 사실은 우연이 아니다.

제6부

옷·도구·기술

1. 기모노의 품격, 유카타의 여름

오늘날 일본에서 기모노와 유카타는 여전히 전통의 상징으로 남아 있다. 하지만 그 쓰임과 의미는 시대가 바뀌며 크게 달라졌다. 일상복의 자리에서 물러난 기모노는 이제 '의례의 옷'으로, 반면 유카타는 '여름의 풍경'으로 살아남았다. 두 옷은 같은 뿌리를 공유하면서도 전혀 다른 길을 걷고 있다.

기모노는 한때 일본인의 기본 복장이었다. 그러나 메이지유신 이후 서양식 복장이 일상을 장악하면서, 기모노는 점차 특별한 날에만 등장하는 의례복으로 변모했다. 지금 기모노를 입는 장면은 결혼식, 장례식, 성년식, 졸업식처럼 엄숙함과 품격이 필요한 순간에 한정된다. 특히 성년식에서 긴소매 기모노(ふりそで, 후리소데)를 입는 젊은 여성들의 모습은 여전히 일종의 통과의례처럼 자리 잡았다. 남성의 기모노는 더욱 희귀해졌고, 그마저도 다도·가부키·전통 예능처럼 상징적 의미가 뚜렷한 자리에서만 모습을 드러낸다. 기모노는 더 이상 '입는 옷'이 아니라 '전통을 체현하는 몸짓'으로 남아 있다.

반면 유카타는 지금도 활발하게 사용된다. 여름 축제와 불꽃놀이, 온천 마을의 밤거리를 수놓는 것은 언제나 가볍고 시원한 면 소재의 유카타다. 기모노보다 구조가 단순하고 부담이 적어, 남녀노소 누구나 손쉽게 입을 수 있다. 젊은 여성들은 한 벌쯤 가지고 있는 것이 자연스럽고, 여름이면 친구들과 유카타를 맞춰 입고 나들이를 즐긴다. 유카타는 전통복이라기보다, 계절의 향기와 함께 돌아오는 이벤트 의상, 일본 여름의 상징이다.

최근에는 기모노가 새로운 흐름 속에서 다시 조명되고 있다. 젊은 디자이너들은 패턴과 색을 현대적으로 재해석하고, 오비 대신 벨트를 매거나 스니커즈와 조합하는 등 자유로운 변주를 선보인다. 패션쇼와 대중문화 속에서도 이런 스타일이 등장하면서, 기모노는 '옛것의 부활'이 아니라 새로운 일본미의 실험장으로 소비되고 있다.

그럼에도 기모노가 일상 복장으로 돌아오지 못하는 이유는 입는 과정이 복잡하고 시간이 많이 들며, 가격이 비싸고 관리까지 까다롭기 때문이다. 이러한 현실적 장벽 때문에 기모노는 일본인들에게 '평소의 옷'이 아니라 '특별한 옷'으로 자리 잡았다. 그에 비해 유카타는 간편함과 저렴함 덕분에 전통의 온기를 잃지 않으면서도 현대 생활과 자연스럽게 타협했다.

기모노와 유카타의 차이는 일본인들이 전통과 생활 사이의 거리를 어떻게 설정해왔는지를 보여준다. 기모노는 과거의 품격을 담은 상징이며, 유카타는 일상의 계절을 밝히는 즐거움이다. 이 두 옷 사이의 간격에는, 서양화된 시대 속에서도 자신들의 미의식을 잃지 않으려는 일본의 오랜 긴장과 노력, 그리고 전통을 오늘의 감각으로 다시 살아내려는 조용한 의지가 고스란히 담겨 있다.

2. 기모노 오비;
허리를 묶는 미학, 마음을 조이는 끈

기모노의 오비(帶, おび)는 끈이라고 부르기엔 지나치게 품위 있고, 장식이라고 하기엔 너무 깊은 뜻을 품고 있다. 오비는 일본인의 몸과 마음, 질서와 미학이 하나의 선으로 묶여 있는 상징적 구조다. 기모노를 완성시키는 마지막 한 줄이자, 착용하는 사람의 정신까지 곧추세우는 힘을 지닌다.

무엇보다 오비는 기모노의 형태를 지탱하는 축이다. 기모노는 단추도 없고 지퍼도 없다. 옷자락은 겹쳐 걸치고 감싸는 방식이기 때문에, 오비가 없으면 흐르듯 풀려버린다. 그러나 오비가 한 번 허리를 지나 묶이면, 옷은 비로소 하나의 구조로 선다. 느슨한 옷이 아니라, 몸을 감싸며 단단히 바로 세운다. 일본인은 이 '묶임의 긴장'을 미로 삼았다. 오비는 몸을 죄면서도, 기모노 전체의 실루엣을 안정시키는 균형의 축이 된다.

심미적으로 오비는 기모노의 심장이다. 기모노가 여백과 절제를 바탕으로 하는 회화라면, 오비는 그 위를 가르는 선명한 한 획이다. 기모노의 색이 부드럽고 잔잔하다면, 오비는 대담하고 화려하다. 금실로 박아낸 문양, 짙고 깊은 색감, 두툼한 직조의 결, 이 모든 것이 한곳으로 모여 관객의 시선을 사로잡는다. 그 화려함은 과시가 아니라, 절제된 구성 속에서 드러나는 한 점의 강렬한 음표다. 일본 미학의 핵심인 '강조와 여백의 조화'가 오비에서 가장 아름답게 실현된다.

그러나 오비의 의미는 미를 넘어 사회적 신호로 확장된다. 어떤 오비를 매느냐는 단순한 취향이 아니라 '자신이 누구인지'에 대한 조용한 선언이다. 미혼 여성은 길고 화려한 오비를 매며, 그 매듭은 뒤에서 크게 펼쳐 '날개'처럼 보인다. 기혼 여성은 훨씬 단정하고 안정된 타이코 무스비(太鼓結び)를 사용한다. 이는 겉으로 드러내는 장식이 아니라, '이 사람은 가정을 이룬 여성'이라는 사회적 정보다. 남성의 오비는 폭이 좁고 단순하며, 장식보다 기능을 우선한다. 일본 사회가 미와 규범을 얼마나 정교하게 구분하는지를 보여주는 상징체계가 바로 오비다.

더 깊이 들어가면, 오비는 정신의 매듭이기도 하다. 일본어에서 '허리를 조인다(帯を締める)'는 표현은 마음을 단단히 먹는다는 뜻이다. 무사가 전투 전에 갑옷의 띠를 조이며 마음을 다잡았듯, 오비를 매는 행위는 일상의 작은 결의를 상징한다. 일상 속에서 몸을 단정히 하고 마음을 고요하게 세우는 의례 같은 순간이다.

이 모든 요소가 모여 오비는 단순한 장식물을 넘어선다. 그것은 몸에 두르는 미학이자, 마음을 조이는 의례이며, 사회적 정체성을 드러내는 기호다. 기모노는 오비를 통해 비로소 완성되고, 사람은 그 매듭을 통해 자신을 다시 한 번 가다듬는다.

오비는 옷의 중심이자, 인간의 중심을 상징한다. 한 줄의 끈 안에 담긴 질서와 미, 균형과 의식. 일본인에게 오비를 맨다는 것은 옷을 입는 데서 끝나지 않는다. 마음까지 곧게 묶고, 삶의 자세를 단정히 세우는 행위다.

3. 나막신 게다

일본의 나막신, 게다(下駄)는 단순한 신발이 아니다. 나무 위에 발을 얹고, 끈 하나로 몸을 지탱하는 이 소박한 구조 속에는 일본인의 생활 철학과 미학이 고요하게 응축되어 있다. 비 오는 거리, 여름 축제, 유카타 차림의 골목… 게다는 언제나 일본인의 일상 그림자처럼 그 곁을 지켰다.

게다의 기원은 헤이안 시대 이전으로 거슬러 올라간다. 비가 잦고 흙길이 곧잘 진흙으로 변하던 일본 땅에서, 발을 진흙과 습기로부터 보호하기 위해 나무판 아래 두 개의 '이빨(歯)'을 붙인 신발이 탄생했다. 처음엔 철저히 실용적인 도구였지만, 시간이 흐르며 신분·계절·의복에 따라 다양한 형태로 발전했고, 결국 하나의 문화적 상징으로 자리 잡았다.

에도 시대에 이르면 게다는 기모노와 함께 일상복의 일부로 정착한다. 남성용은 단단하고 굽이 두꺼우며, 여성용은 가늘고 높아 섬세한 곡선을 이루었다. 무엇보다 인상적인 것은 걸을 때 울리는 '딱딱'하는 목재의 리듬이었다. 저녁 무렵, 유카타 차림의 여성이 게다를 신고 골목을 걷는 소리는 여름의 공기를 흔들며 일본적 정서를 완성하는 하나의 음악이 되었다. 지금도 일본 사람들은 그 소리를 '여름 향수의 음색'으로 기억한다.

게다는 신발이기 이전에 몸과 땅을 잇는 매개였다. 발이 완전히 감싸지지 않기 때문에, 걸을 때마다 사람은 땅의 온도와 감촉을 느낀다. 자연을 지배하기보다 조심스럽게 함께 걷는 태도, 이것이 일본적 자연관의 핵심이다. 게다를 신으면 자연스레 허리가 퍼지고, 걸음걸이가 단정해진다. 몸의 균형을 잡는 데 도움이 되어, 한때 무용수나 게이샤들이 훈련용으로 애용하기도 했다.

재료 또한 일본의 세심함을 드러낸다. 게다의 몸체는 주로 히노키(檜, 편백)나 스기(杉, 삼나무)로 만들고, 끈인 하나오(鼻緒)는 천·가죽·비단 등 여러 소재로 꾸민다. 여름엔 바람이 잘 통하고, 겨울엔 습기를 막는 구조다. 요즘에는 밑창에 고무를 붙인 실용적인 '모던 게다'도 등장해 전통과 현대가 자연스럽게 이어지고 있다.

오늘날 게다는 일상의 신발에서 벗어나 전통문화의 상징이 되었다. 축제나 여름 유카타 차림, 신사 참배 때는 여전히 필수 요소처럼 등장하고, 관광지에서는 기념품으로도 인기가 높다. 하지만 그 속에는 여전히 옛 일본의 정서, 즉 절제, 단정함, 자연과의 조화가 그대로 살아 있다.

게다는 나무신이 아니라 '땅 위의 예의'다. 자연과 신체를 부드럽게 연결하며, 걸음마다 조용한 품격의 리듬을 새긴다. 시간의 흐름 속에서도 변치 않는 그 '딱딱'한 소리는, 일본인의 미의식이 가진 오래된 온도의 울림이다.

4. 일본 버선 타비(足袋 たび)와 쪽발이

일본의 버선, 타비를 처음 본 조선 사람들은 꽤나 충격을 받았을 것이다. 발가락이 둘로 갈라져 있으니 모양이 낯설다. 부드럽게 감싸는 우리의 버선과 달리, 타비는 엄지와 나머지 네 발가락이 딱 갈라져 있다.

그래서 조선 사람들 눈에는 그게 발이 아니라 발톱처럼 보였다. 흔히 말하던 '쪽발이'라는 말은 여기서 나온다. 발끝이 쫙 갈라져 보이니, 마치 돼지 발톱처럼 보였다는 그 교묘한 비유.

그런데 이 '돼지 발톱 모양'에는 나름의 이유가 깊이 들어 있다. 일본은 고대부터 짚신과 게타(げた)가 일상화된 나라였다. 둘 다 발가락 사이에 끈을 끼워 고정하는 구조다.

그러니 엄지 발가락을 따로 분리해둔 타비는 일종의 전용 양말이었다. 타비를 보면 기능이 곧 미학이 된 문화의 흔적이 있다. 비가 많은 나라에서 젖은 흙길, 젖은 목조 바닥을 걷기 위해선 끈으로 단단히 고정되는 신발 구조가 유리했다. 그 구조가 발가락까지 바꿔놓은 것이다.

반면 조선의 버선은 발가락을 감추고 하나의 곡선으로 정리하는 미감을 추구했다. 마루와 온돌 위에서 걸을 때 발끝이 가지런해야 했다. 발가락이 벌어지면 체면이 서지 않는다고 여겼다. 조선이 '발의 선'을 미적으로 본다면, 일본은 '발의 구조'를 실용적으로 본 셈이다.

그래서 조선 사람 눈에는 타비가 참 이상하게 보였다. 발가락이 두 갈래로 쫙 나뉘고 그 사이로 끈이 비죽 끼워져 있으니, 이걸 보고 '쪽발이'라 하지 않으면 도대체 무슨 말이 나오겠는가. 돼지 발톱을 연상한 건 결코 악의만은 아니었다. 그냥 그만큼 낯선 형태였던 것이다. 하지만 조금만 깊이 보면, 그 '발톱 같은 발모양'은 일본인의 생활과 기후와 공예가 깃든 결과다. 물 많은 나라에서, 나무 마루가 많은 집에서, 끈으로 고정하는 신발을 신던 사람들의 선택이 그 두 갈래를 만든 것이다.

돼지 발톱처럼 보이지만, 사실은 게타와 비의 나라가 만들어낸 작은 기술의 흔적이다. 조선의 버선과 일본의 타비는 서로 다른 문명이 바닥을 딛는 방식이 얼마나 다르게 펼쳐질 수 있는지를 보여주는 귀여운 비교였다.

5. 일본도(日本刀) 이야기

일본도의 이야기는 언제나 철보다 뜨겁고, 칼날보다 깊다. 그 한 자루에는 천 년 동안 이 땅을 살아온 인간들의 공포, 절제, 아름다움, 그리고 마음의 기예(技藝)가 응축되어 있다. 일본도를 논할 때 사람들은 종종 '무사 문화의 상징'이라 말하지만, 실제로는 그보다 훨씬 큰 세계다. 칼이라는 물질을 통해 인간의 정신을 조각해온, 길고도 집요한 시간의 예술이다.

일본도의 기원은 헤이안 시대 후반, 전투 방식이 변화한 때와 맞물린다. 말을 타고 달리며 적을 베어야 했던 시대, 직선의 검은 실전에서 너무도 쉽게 부러졌다. 일본 장인들은 이 문제를 '곡선'으로 해결

했다. 날이 완만하게 휘어진 곡도는 충격을 분산시키고, 베는 동안 자연스럽게 속도가 붙는다. 기능의 발견이 미학을 낳고, 미학은 다시 기능을 정교하게 만들었다. 일본 문화의 특징, 즉 실용에서 출발해 예술로 귀결되는 흐름이 여기에서 벌써 나타난다.

칼을 만드는 과정은 거의 종교적이다. 장인들은 불 앞에 서면 말수가 줄고, 망치 소리는 일종의 만트라처럼 들린다. 달군 쇠를 수십 번 접어 올리는 '단야(鍛冶)'의 기술은 금속을 정화하는 작업이자, 인간을 정화하는 시간에 가깝다. 겉은 단단하고 속은 부드러운 이중 구조의 철을 만들어내는 것은 단순한 기술이 아니다. 강함과 유연함, 즉 이 모순된 속성을 하나의 날에 담아내는 능력은 곧 인간의 이상적 상태를 은유한다. 일본도가 아름다울 수밖에 없는 이유가 바로 여기에 있다.

칼날에 새겨지는 물결무늬 하몬(刃文)은 장인의 호흡, 손의 떨림, 불의 온도, 냉각의 순간이 모두 쌓여 만들어진 것이다. 두 자루의 일본도에서 동일한 하몬은 존재하지 않는다. 하몬을 보는 것은 단순히 무늬를 보는 것이 아니라, 한 사람의 삶을 금속 위에서 읽어내는 행위에 가깝다. 진짜 칼일수록 아름답고, 아름다울수록 잔혹한 도구라는 사실, 이 역설도 일본도의 미학을 이루는 부분이다.

사무라이에게 칼은 몸의 연장이 아니라 마음의 중심이었다. '칼은 무사의 혼'이라는 말은 신화적 과장이 아니라, 그들의 실존을 설명하는 문장이었다. 칼을 찬다는 것은 언제든 죽음을 받아들일 준비가 되어 있다는 뜻이었고, 칼집을 여는 순간은 삶과 죽음 사이의 문을 여는 것과 같았다. 전장에서 칼은 결단의 도구였지만, 평화의 시대에는 자기 수양의 도구가 되었다. 검술은 적을 베기 위한 기술이 아니라, 흔들리는 마음을 가라앉히기 위한 수행이 되었다. 에도 시대 이후 등장한 '켄도(劍道)'는 바로 이 정신을 형식으로 남긴 것이다.

근대에 들어 일본도는 전투에서 물러나 문화의 중심으로 이동했다. 국가가 일본도를 금속 공예의 정수로 보호하기 시작했고, 일부 장인들은 국가무형문화재가 되었다. 전쟁이 사라져도 칼을 만드는 장인들은 옛 방식 그대로 탄광에서 철을 캐고, 흙을 바르고, 수십 번의 망치질을 거듭한다. 그들의 작업실에서는 여전히 천 년 전과 같은 불꽃이 피어나고, 일본도는 오늘에도 '살아 있는 전통'으로 남는다.

일본도는 인간의 마음을 벼리는 은유다. 뜨거운 불 속에서 철이 정화되듯, 인간도 고통과 혼란 속에서 정화된다. 일본도의 곡선에는 단순한 기능적 우아함이 아니라, 자연을 관찰하고 인간을 성찰한 세월이 깃들어 있다. 칼날 하나에 빛나는 은은한 윤광은, 무사가 아니라 장인과 시간 자체가 만든 것이다.

한 자루의 일본도는 죽음을 다루던 무기이지만, 동시에 인간이 어떻게 살아야 하는지에 대한 대답이기도 하다. 뜨거운 불, 단단한 철, 고요한 마음, 즉 이 세 가지가 만나 만들어내는 번뜩임. 그 고요한 빛이야말로 일본 문명의 심장에 남은 가장 오래된 이야기다.

6. 머리에 올린 영혼, 일본 장군 투구의 상징과 미학

일본 장군의 투구, 가부토(兜)는 단순한 전투 장비가 아니었다. 한 번 보면 잊히지 않는 그 기이하고 화려한 장식들은, 무사의 신분을 증명하는 문장이자 정신의 기둥이었다. 가부토는 '머리를 지키는 갑옷'이라기보다, '영혼을 드러내는 얼굴'에 가까웠다. 전장이 곧 죽음과 명예가 뒤엉키는 공간이었던 시대, 투구의 장식은 장군이 누구인지, 무엇을 믿는지, 어디까지 싸울 것인지를 말해주는 진짜 깃발이었다.

가부토의 핵심은 투구 앞면에 세우는 마에다테(前立)였다. 가문, 신앙, 기개, 야심을 하나의 상징으로 압축해 머리 위에 올리는 조형물이다. 형상은 크게 나뉜다. 초승달, 뿔, 태양, 용, 보살상, 도깨비 얼굴, 모두 상징의 언어다.

예컨대 다테 마사무네의 금빛 초승달은 일본 무장 중에서도 가장 유명하다. 오른쪽 눈을 잃고도 전국에 이름을 떨친 그는 '독안룡(独眼竜)'이라 불렸다. 그가 투구에 올린 거대한 초승달은 단순한 장식이 아니라, '어둠도 가르는 결단'이라는 자기 선언이었다. 전장에서 그 초승달은 번개처럼 반짝이며 적의 시야를 찔렀다. 심지어 아군조차 멀리서 그의 위치를 확인할 수 있었다. 장식은 전술이자 심리전이었다.

가토 기요마사의 투구는 야성과 공격성의 상징이었다. 호랑이 가죽과 뿔을 붙여 만든 그의 마에다테는 '맹수의 기운'을 불러오려는 주술적 장식이었다. 반면 우에스기 겐신은 불교적 신심을 깊이 믿었던 장군으로, 그의 투구엔 보살상이 얹혔다. 전장에 나아가면서도 마음은 수행자의 자세를 잃지 않겠다는 선언이었다.

이 밖에도 전장에 등장한 투구 장식은 기괴할 만큼 다양했다. 태양광을 형상화한 거대한 원형판, 도깨비의 일그러진 얼굴, 학의 날개, 벌거벗은 해골, 심지어는 나무처럼 가지가 뻗은 장식까지 존재했다. 그 과장과 파격은 허영이 아니라, 생존의 기술이었다. 전투는 '두려움과 두려움의 충돌'이다. 그 순간 장식은 상대의 마음을 흔들어 우위를 만드는 장치였다.

가부토의 구조 자체도 정교하다. 여러 장의 쇠판을 이어 붙인 반구형 구조와, 목을 감싸며 층층으로 늘어진 시코로(錣)는 충격과 화살을 막는 기능을 수행했다. 그러나 기능적 완성 위에 얹힌 장식이야말로 일본 무기 미학의 정점이었다. 전투의 장비에 예술적 형식을 부여한 것, 이것이 일본 무사의 정신세계를 상징한다.

에도 시대에, 전국시대가 끝난 뒤 실제 전쟁은 사라졌지만, 투구 장식의 전통은 문화석 상싱으로 남았다. 사무라이 행진, 지역 축제, 박물관 전시 속에 살아 있는 화려한 가부토들은, '전쟁 없는 시대의 기억'이자 일본이 형식미를 어떻게 존중해왔는지를 보여주는 유물이다.

일본 장군의 투구는 단순한 방어구가 아니다. 목숨을 걸고 전장에 서는 남자가 자신의 정신을 조각해 올린 작은 신전 같은 것이다. 가부토의 장식은 무사의 영혼을 바람과 햇빛 위에 꺼내놓은 조각된 의지였다. 그 화려함 속에 담긴 것은 허세가 아니라, 목숨을 걸고 살았던 시대의 절박한 아름다움이다.

7. 궁도, 몸의 명상

일본의 궁도(弓道, きゅうどう)는 단순한 활쏘기가 아니다. 그것은 화살 한 발로 마음을 겨누는 철학이자 예의의 예술이다. 일본에서 궁도는 무도의 한 갈래이지만, 실상은 싸움을 위한 기술이 아니라 마음을 다스리는 수행에 가깝다. 그 안에는 일본 문화의 핵심이라 할 수 있는 정적 긴장과 절제의 미학이 녹아 있다.

궁도의 역사는 일본 문명만큼 오래되었다. 고대에는 사냥과 전쟁의 수단이었으나, 총기가 등장하면서 활은 무기에서 '도(道)'로 바뀌었다. 무사가 싸움을 잃고 명예를 지키듯, 활도 전투의 도구에서 정신 수양의 도구로 변모했다. 이제 궁도는 상대를 쓰러뜨리는 기술이 아니라, 자기 마음을 겨누는 수행이다.

궁도장의 풍경은 마치 선원(禪院) 같다. 사수는 도복을 입고 정좌한 채 숨을 고른다. 손에는 비대칭형의 일본식 활, 유미(弓, ゆみ)가 들려 있다. 서양 활보다 훨씬 길고, 아래쪽이 짧은 이 활은 본래 말을 타고 쏘기 위해 만들어진 것이다. 하지만 오늘날 궁도에서 중요한 것은 무기의 구조가 아니라 쏘는 과정의 완결성이다.

궁도의 기본은 '팔절(八節, はっせつ)'이라 불리는 여덟 단계다. 활을 들고, 화살을 걸고, 시위를 당기고, 발시(發矢, はっしゃ)하는 일련의 동작들이다. 각 단계는 느리지만 치밀하며, 사수의 호흡과 마음이 완벽히 일치해야 한다. 화살은 과녁을 향하지만, 진정한 표적은 사수의 내면이다. 궁도에서 과녁은 단지 거울처럼, 쏘는 이의 마음을 반사할 뿐이다.

궁도의 핵심은 화살이 날아가는 찰나가 아니라, 그 이후의 순간이다. 화살을 놓은 뒤 사수는 여전히 자세를 유지하며, 흔들리는 공기 속에서 자신을 바라본다. 이 여운의 시간을 잔심(殘心, ざんしん)이라 부른다. 잔심이란 화살이 떠난 후에도 남아 있는 집중의 상태, 즉 '끝난 뒤에도 끝내지 않는 마음'이다.

궁도에서는 명중이 목적이 아니다. 일본의 궁도 격언은 이렇게 말한다. '활은 마음을 쏘는 것이다. 마음이 바르면 화살은 자연히 바른다.' 명중은 결과일 뿐, 과정의 순도가 더 중요하다. 화살이 빗나갔다면, 그것은 손이 아닌 마음이 어긋난 것으로 여긴다.

오늘날 일본의 학교나 대학에는 궁도부가 많다. 젊은 학생들은 새벽과 저녁마다 궁도장에서 조용히 활을 들고 선다. 활을 쏘기 전의 긴 정적, 화살이 날아가는 순간의 울림, 그리고 그 뒤의 고요함이 이어진다. 이 모든 장면은 일본식 예절, 집중, 절제, 그리고 내면의 평화를 상징한다.

궁도는 쏘기 위한 기술이 아니라, 멈추기 위한 철학이다. 화살은 밖으로 향하지만, 궁도의 진짜 목표는 안쪽에 있다. 활시위를 당기는 손끝에는 마음이 있고, 화살이 날아간 자리에는 침묵이 남는다. 일본의 궁도는 움직임 속의 고요, 폭발 속의 절제라는 역설 속에서 완성되는, 몸으로 하는 명상이다.

8. 분재; 우주를 담는 기술

일본의 분재 이야기는 작은 나무 한 그루에 깃든 '세계 축소판'에 가깝다. 그 작고 얇은 줄기 하나에 사계절이 살고, 시간들이 느리게 영글어 간다. 일본인들이 분재를 단순한 취미가 아니라 거의 하나의 '철학적 행위'로 대하는 이유도 그 때문이다.

분재는 본래 중국의 '반재(盆栽)'에서 유래했지만, 일본에 들어오면서 완전히 다른 감수성을 품게 되었다. 중국의 반재가 기교와 장식성을 중시했다면, 일본의 분재는 절제·여백·시간이라는 미학을 중심으로 발전했다. 작은 화분 하나 속에서 '자연의 질서'를 축소해 옮기는 행위, 즉 작은 공간에 담긴 거대한 자연이라는 일본적 철학이 분재에 고스란히 배어 있다.

일본의 분재는 나무를 키운다기보다 '조율'한다는 표현이 더 가깝다. 자연의 힘이 7이라면, 인간의 손길은 3 정도만 얹는 식이다. 억지로 구부리면 나무가 상하고, 방치하면 형태가 흐트러진다. 그래서 분재인은 매일 아침 작은 전지를 들고 나무 앞에서 잠시 멈춰 선다. 가지 하나를 자를지 말지 몇 분씩 고민하는 모습은 마치 수도승이 명상하는 장면에 가깝다.

일본 사회의 정서도 분재에 스며 있다. 일본은 '와비사비(侘寂)'라는 미감을 중시한다. 불완전하고, 덧없고, 사라지는 것을 아름다워하는 감성이다. 분재는 바로 그 미감을 형태로 드러낸다. 인간의 손이 분명히 닿았는데도 자연스러워 보이고, 작지만 큰 자연을 비유하고, 완성된 듯 보이지만 언제든 바뀔 수 있는 여지를 남긴다.

분재는 속도가 느린 예술이다. 보통 하나의 작품이 완성되기까지 10년, 20년은 기본이다. 어떤 분재는 200년을 넘게 이어져 내려온다. 인간이 죽고 세대가 바뀌어도 분재는 계속 살아간다. 그래서 일본의 분재계에는 '우리는 나무의 임시 관리자일 뿐'이라는 말이 있다. 분재는 '소유'가 아니라 '계승'이라는 점에서 일본적 시간관과 맞닿는다.

마지막으로 분재는 '미세한 관찰'의 문화이기도 하다. 일본 건축, 다도, 칼 세공, 목공, 정원 등에서 보이는 탁월한 디테일의 감각이 그대로 이어진다. 분재인은 작은 잎의 기울기와 뿌리의 노출 정도, 언덕처럼 보이게 흙을 모아놓는 높낮이까지 신경 쓴다. 이 세세한 관찰이 하나의 자연을 축소해내는 힘이 된다.

일본의 분재는 '작은 세계에 우주를 담는 기술'이며, 동시에 '인간이 자연과 협력하는 방식'에 대한 사색이다. 이 조그마한 나무 한 그루에서 일본인들의 미감, 태도, 시간관, 그리고 자연에 대한 겸허함이 함께 자란다.

9. 일본의 악기 회사들

일본의 악기 회사들은 조용히, 그러나 세계 음악계를 든든하게 떠받치는 거목들이다. 화려한 광고보다 정밀함, 내구성, 음색의 신뢰로 이름을 쌓았고, 그 덕에 '전 세계 음악인이 쓰는 장비의 절반은 일본 것'이라는 말이 과장이 아닐 정도다. 일본의 세계적 악기 업체들은 산업기술과 장인정신이 음악이라는 감각 세계에서 어떻게 꽃을 피우는지 보여주는 좋은 사례다.

야마하는 말 그대로 '악기의 제국'이다. 피아노 한 대를 만들기 위해 필요한 목재, 건조, 연마, 현장력, 조율 기술을 모두 보유한 회사가 세계적으로 몇 되지 않는데, 야마하는 그 정점에 서 있다. 입문자용 키보드부터 콘서트 그랜드 피아노까지 스펙트럼이 넓고, 무엇보다 '어느 나라에서나 같은 품질'이라는 신뢰가 절대적이다. 목관악기, 금관악기, 타악기 심지어 오디오 장비까지, 음악에 닿는 모든 영역을 일관되게 관리하는 몇 안 되는 기업이다.

가와이는 좀 더 '나무의 숨결'을 중시하는 회사다. 피아노 제작에서 목재의 성질을 극도로 존중하는 철학을 가진 덕분에, 자연스러운 울림과 따뜻한 소리로 애호가들이 많다. 일본 장인들이 목을 쭉 빼고 고른 목재가 피아노 한 대 안에서 천천히 울림을 길러내는 과정 자체가 이미 음악적이다. 야마하의 정교함과 달리, 가와이는 '감성적 정확함'에 가깝다.

롤랜드는 일본이 만든 전자악기의 혁명이다. 808과 909 드럼머신, Juno · Jupiter 신시사이저 같은 장비들은 팝, 록, 힙합, EDM의 음향을 송두리째 바꿔놓았다. 세상의 수많은 뮤지션들이 '일본 전자악기'의 음색을 표준처럼 사용한다. 이 소리는 이제 어느 특정 나라의 소리가 아니라, 세계 음악의 기본 문법이 되었다.

가려진 장인들을 보면 이야기가 또 재미있어진다. Pearl(펄)은 드러머들 사이에서 거의 절대자처럼 취급된다. 견고한 쉘, 균형 잡힌 울림, 무대에서도 흔들리지 않는 하드웨어 덕분에 세계 투어에 나서는 프로들이 가장 먼저 찾는다. Tama(타마)는 메탈·록 드러머들이 예외 없이 선호하는 브랜드다. 스틱 한 번 내리칠 때의 반응을 예측할 수 있다는 것은 무대에서 생명줄이나 마찬가지인데, 타마는 그 예측 가능성을 극한까지 끌어올렸다.

Ibanez(이바네즈)는 기타 세계의 혁신을 가져왔다. 빠른 연주를 위한 얇고 매끈한 넥, 공격적인 픽업, 다채로운 색감. 스티브 바이, 존 페트루치, 폴 길버트 같은 기타 고수들이 일본 브랜드를 고집하는 이유가 있다. 고도의 기계 가공 능력과 섬세한 수작업이 만났을 때 기타는 단지 악기에서 '몸의 연장'이 된다.

숨어 있는 회사들도 빼놓을 수 없다. Yamaha와 함께 관악기 세계를 이끄는 Miyazawa(미야자와), Muramatsu(무라마츠) 플루트는 플루트 애호가들에게는 성지 같은 브랜드다. 한 줄기 금속을 어떻게 깎고 비틀어 숨결을 투명하게 통과시키는가, 그 비밀을 풀어내는 장인들은 세계 어디에서도 쉽게 찾기 어렵다.

일본 악기 브랜드들은 소리 하나에 기술, 장인정신, 성격까지 녹여낸다. 일본의 '정확함'은 기계적 단단함을 만들고, '세심함'은 음악적 감각을 길러준다. 이 둘이 만나면 음악은 단지 취미가 아니라, 기술과 감성의 균형을 보여주는 하나의 문화가 된다. 조용한 나라에서 나온 악기들이 세계를 울리는 이유는 말 없는 정교함이 소리에서는 누구보다 크고 선명하게 드러나기 때문이다.

10. 에도 시대 취인소(取引所);
상인들이 만든 '시장 경제'의 첫 실험실

에도 시대 후반, 일본의 상업 도시는 이미 활기로 가득했다. 오사카, 에도(도쿄), 교토에는 각종 생필품을 사고파는 조합과 시장이 촘촘히 자리 잡고 있었다. 이 가운데 특히 오사카의 도지마(堂島) 쌀 시장은 일본 경제의 심장처럼 기능했다. 당시 쌀은 단순한 식재료가 아니라 봉급, 세금, 빚을 계산하는 기준 화폐였다. 쌀값의 변동은 곧 사회 전체의 경제 사정을 흔드는 일이었다.

도지마 시장에서는 실제로 있는 쌀을 사고파는 것뿐 아니라, '나중에 받을 쌀을 지금 미리 거래'하는 형태의 계약이 활발했다. 이것이 훗날 전 세계 금융사가 연구하는 선물거래(Futures) 제도의 초기 형태다. 이 시점에서 이미 일본 상인들은 물리적 실물보다 정보와 신뢰를 기반으로 움직이는 거래 방식을 만들어내고 있었다.

이 당시 상인들이 매매 행위를 부르던 말이 바로 취인(取引, とりひき)이다. 뜻 그대로 '서로 주고받는 일'이라는 의미다. 거래가 늘어나고 참여자가 많아지자 자연스럽게 사람이 모이고, 정보가 흐르고, 계약이 이루어지는 장소가 생겼다. 이 공간이 바로 '취인소'의 원형이다. 중요한 점은 초기 취인소가 법적 규정이나 국가 인가 아래 생긴 것이 아니라, 상인들이 스스로 구축한 자율 시장이었다는 사실이다.

초기의 취인소에서는 거래를 기록하는 장부가 산더미처럼 쌓였고, 가격을 매일 정리하는 역할을 맡은 중개인이 등장했다. 이들은 오늘날의 브로커 역할을 하며 시장 정보를 정리해 상인들에게 전달했다.

점차 취인소는 단순한 매매 장소에서 벗어나, 가격을 형성하고 신뢰를 보증하는 기관으로 성격이 발전했다.

에도 말기로 가면 취인소의 힘은 상상 이상으로 커진다. 도지마 쌀값이 하루에 얼마만큼 오르고 내리는지가 농민 경제, 사무라이의 급료, 지역 상권 자금 흐름까지 좌우했다. 에도 막부가 쌀값 안정에 신경을 곤두세웠던 이유도 여기에 있다. 한 도시의 시장에서 정한 가격이 전국 경제의 지표가 된 것이다. 이때부터 일본 사회에는 자연스럽게 '시장 가격'이라는 개념이 자리 잡는다.

메이지 유신 이후, 일본은 서양식 자본주의를 수용하며 시장 구조를 재편하기 시작한다. 기존의 상인 자율조직이었던 취인소는 국가가 관리하는 근대식 거래소로 변모한다. 1878년 '취인소 조례'가 제정되며, 도쿄와 오사카 등지에서 공식적인 공인 거래소가 문을 열었다. 이 단계에서 일본은 쌀·동전뿐 아니라 주식과 채권, 산업화 시대의 새로운 금융상품을 본격적으로 다루는 국가적 시장 체계를 구축한다.

에도 시대 취인소는 상인들의 필요에서 자연발생한 자율 시장 → 지역 경제의 핵심 인프라 → 국가 관리의 근대적 거래소로 이어지는 흐름 속에 존재했다. 지금 우리가 보는 주식시장, 선물거래, 브로커 시스템도 처음에는 종이 장부와 상인들의 손짓으로 이루어진 작은 장터에서 출발했다는 사실은, 일본 경제사의 숨어 있는 흥미로운 장면이다. 시장 경제의 복잡한 구조도 결국 인간의 필요와 습관이 모여 만든다는 점을, 취인소의 역사가 보여주고 있다.

제7부

사람 · 관계 · 사회

1. 경계선 위의 이웃들

일본 사회에서 중국 이민자들의 위상은 단순히 '많다'거나 '성공했다'는 말로 설명하기 어렵다. 이들의 존재는 긴 역사를 갖고 있으며, 경제적·문화적·사회적 측면이 서로 다르게 움직여 왔다. 먼저 중국계는 일본에서 가장 오래된 외국인 공동체 가운데 하나다. 가마쿠라 시대와 에도 시대에 이미 항구 도시를 중심으로 정착한 중국 상인들이 존재했고, 메이지 시기에는 요코하마와 고베의 차이나타운이 확고한 기반을 갖추었다. 이러한 역사적 흐름 덕분에 중국계는 일본 일상 속에서 오래 자리 잡아 온 '익숙한 외국인'으로 인식되는 면이 있다.

반면 현대 일본에서 중국계 이민자들의 사회적 통합은 생각보다 더디게 이루어진다. 경제적으로는 유학생, 연구자, IT 인력, 자영업자 등 다양한 분야에서 눈에 띄는 활약을 보여 왔고, 특히 1990년대 이후 일본 대학과 기업에서 중국계 인재의 비중은 꾸준히 증가해 왔다. 그러나 일본 사회는 기본적으로 외국인이 생활·문화 양식까지 일본화되기를 기대하는 경향이 강하다. 중국 이민자들은 대체로 자기 공동체를 유지하는 성향이 강한 편이라, 일본인들이 원하는 방식의 '동화'가 쉽게 이루어지지 않는다. 이 때문에 경제적 기여도와 별개로 사회적 거리감이 남아 있는 것이 현실이다.

중국 이민자를 바라보는 일본 사회의 시선은 양극성을 띤다. 능력 있고 성실한 유학생, 기술력이 뛰어난 연구자, 활발한 사업가로 긍정적 평가를 받는 동시에, 관광객 증가나 중·일 갈등, 언론 보도 방식 등으로 인해 부정적 이미지를 얻는 경우도 많다. 특히 일본 언론은 중국 관련 범죄나 사건을 비중 있게 다루는 경향이 있어 실제보다 과장된 인상을 형성하기도 한다. 그럼에도 젊은 세대에서는 인식 변화가 뚜렷하다. 학교와 직장에서 중국인 친구나 동료를 자연스럽게 접하는 경우가 많아져, 중국계에 대한 거리감은 확실히 줄어드는 추세다.

일본 내 중국 이민자의 위상은 세 가지 성격을 동시에 갖고 있다. 역사적 전통을 지닌 오래된 커뮤니티이면서, 일본 경제에 활발히 기여하는 인력 집단이며, 동시에 사회적으로 완전히 통합되지 않은 소수자 집단이라는 점이다. 일본과 중국의 관계가 복잡한 만큼, 중국계 이민자는 일본 사회에서 '가깝지만 여전히 다른 존재'라는 이중적인 위치를 점하고 있다고 보는 것이 보다 정확할 것이다.

2. 짊어지고 다니는 칼

오오타치(大太刀, おおだち)는 말 그대로 '큰 일본 칼'이다. 보통 사무라이가 허리에 차던 대표적인 '전장용 긴 칼'인 타치(太刀, たち)의 칼날 길이가 70센티미터 안팎이라면, 오오타치는 90센티미터에서 150센티미터, 심지어 2미터에 가까운 칼날을 가진 경우도 있다. 실물 중엔 사람 키만한 것도 있다. 한눈에 봐도 칼이라기보다 괴물 같은 무기다.

이 거대한 칼이 왜 필요한가? 전국시대의 전장은 우리가 흔히 떠올리는 우아한 검술 대결과 달랐다. 전투의 중심은 창과 활, 그리고 두껍고 무거운 갑옷을 입은 보병의 밀집전이었다. 이런 전장에서 보통 칼로는 갑옷을 깊게 베기 어려웠다. 그래서 일부 무장은 아예 갑옷째로 쪼개버리려는 목적으로 거대한 칼을 만들었다. 오오타치는 이렇게 등장한 '갑옷 파쇄용 칼'이었다.

문제는 크기였다. 오오타치는 너무 크고 무거워서 오래 휘두르기 어렵고, 움직임도 둔해졌다. 한 번 크게 휘두르면 강력했지만, 그 뒤엔 기운이 빠졌다. 그래서 실제 전투에서 지속적으로 사용하기에는 비효율적이었다. 보병전에서도, 기병전에서도 기동성이 떨어지는 무기였다. 실전에서 널리 쓰이지 못한 이유가 여기에 있다.

그런데도 이 엄청난 칼이 계속 만들어진 까닭은 따로 있다. 바로 위력과 무력의 상징이었다. 어떤 무장은 '나는 이런 괴물 칼을 들 힘이 있는 장수다'라는 과시를 위해 일부러 오오타치를 멨다. 전국시대와 에도 시대에는 1.8~2미터에 달하는 오오타치를 제작해 신사나 사찰에 봉납하는 일이 빈번했다. 이건 실전 무기가 아니라 자기 힘을 증명하는 '선언문'에 가까웠다.

메이지 유신 이후 사무라이 계급이 사라지자 오오타치는 실전 무기로서 역할을 거의 잃었다. 하지만 그 장대한 크기와 위압감 덕분에, 오오타치는 일본인의 상징적 상상력 속에서 오히려 더 강한 존재가 되었다. 오늘날 만화나 게임에서 괴력 캐릭터가 휘두르는 '말도 안 되는 거대검'의 원형이 바로 오오타치다. 일본도 특유의 정교한 균형미와는 다르게, 오오타치는 힘이 곧 미학이라는 세계관을 보여준다.

3. 학교가 아니라 회사가 사람을 만드는 나라

일본 사회를 들여다보면, 대학 간판의 영향력이 분명히 존재하는데도 이상하게도 사람들의 성공과 평판을 결정짓는 진짜 힘은 다른 곳에서 나온다. 일본에서는 대학 서열보다 기업 서열이 더 강하게 작동한다. 이 점을 이해하면 일본의 취업 문화, 조직 문화, 그리고 인간관계가 전혀 다른 모습으로 보인다.

일본에서 도쿄대는 상징적인 위치다. 일본 사회가 국가 엘리트의 통로처럼 여겨온 역사적 무게가 있다. 그런데 이 상징성은 사회생활의 초입에서만 힘을 발휘한다. 취업 이후에는 그 무게가 급격히 줄어든다. 도쿄대를 나와도 중소기업이나 지방 회사에 들어가면 그 순간 사회적 위치가 아래로 정해지고, 지방 국립대 출신이더라도 도요타 본사나 미쓰비시 상사, 히타치나 JR 같은 대기업 본사에 들어가면 사회적 평판이 단숨에 바뀐다. 일본에서는 대학보다 기업이 사람의 사회적 체급을 다시 설정하는 힘을 갖고 있는 셈이다.

이 현상은 일본 기업의 독특한 채용과 교육 방식에서 나온다. 일본 기업은 보통 신입을 한꺼번에 뽑은 뒤, 대학에서 무엇을 배웠는지 크게 따지지 않는다. 일괄 채용과 집단 연수라는 방식 때문에 전공과 상관없이 같은 교육을 받으며 다시 '회사 사람'으로 재탄생한다. 전공보다 회사 내부 문화와 관습을 얼마나 빨리 익히느냐가 중요해지면서, 대학 서열은 자연스럽게 뒷자리로 밀린다. 일본 기업은 자신들에게 맞게 사람을 다시 가공하는 문화를 갖고 있기 때문에, 대학 간판보다 회사라는 조직이 사람의 정체성을 규정하는 방향으로 발전해 왔다.

이 때문에 일본에서 사회적 대화의 핵심은 대학보다 회사다. 누군가를 처음 만날 때 '어느 대학을 나왔나'보다 '어느 회사에 다니나'가 훨씬 더 중요한 정보다. 일본 사람들도 대학보다 기업이 가진 브랜드 파워를 더 신뢰한다. 미쓰비시 본사와 미쓰비시 계열사 사이에도 서열이 존재하고, JR 그룹 내부에도 본사와 지방 지사 사이에 뚜렷한 격이 있다. 기업 간 서열이 대학 서열 위에 겹겹이 올라앉아 일본 사회 전체의 계층 구조를 형성한다.

이 구조에서 중요한 사실이 하나 드러난다. 일본 사회에서 대학은 출발점의 차이를 만드는 장치일 뿐, 최종적인 위치를 결정하는 장치는 아니다. 도쿄대 출신도 회사 안에서는 다른 사람들과 똑같은 연공서열 체계 속에서 움직여야 하고, 중견대 출신도 근속과 성실함으로 충분히 높은 자리까지 올라갈 수 있다. 일본은 입사 직후보다 입사 후 몇 년, 몇십 년이 사람의 사회적 가치를 다시 결정하는 사회다. 젊은 시절의 시험보다 직장 내 평판과 근속이 더 큰 힘을 가지는 셈이다.

이 때문에 일본의 학벌 문제는 한국처럼 사회 전체를 뒤흔드는 거대한 병리로 발전하지 않는다. 재수·삼수 문화도 특정 지역과 특정 계층에 집중된 '국지적 과열'에 가깝다. 일본 사회 전체가 학벌의 폭압 아래 놓여 있는 구조가 아니기 때문에, 도쿄대 진학 경쟁이 사회적 공포나 계층 압박으로 확대되지 않는다. 일본을 지배하는 최상위 구조는 학벌이 아니라 기업이다.

이 구조를 이해하면 일본의 평생고용, 집단 조화 문화, 회사 중심적 생활 방식이 왜 그렇게 오래 유지되고 있는지 자연스럽게 이어진다. 일본은 대학보다 회사가 사람을 만드는 사회이고, 이 특성 때문에 일본의 학벌은 분명 존재하면서도 사람을 몰아붙이는 절대적 권력이 되지 못한다.

4. 고양이를 사랑하는 사람들

일본 사람들이 고양이를 유난히 사랑하는 이유를 한 마디로 요약하면, 일본 문화가 '가까운 생명과 조용한 감정'을 귀하게 여기는 데서 온다고 보면 된다. 화려한 개보다 방 한켠의 기척과 침묵을 채우는 고양이에게 마음이 가는 구조다. 이 감정은 현대의 유행이 아니라, 일본이라는 사회가 오랫동안 길러온 정서의 한 끄트머리다.

옛 일본을 떠올리면 논밭과 초가집, 좁은 골목, 우물, 그리고 헛간에 드나드는 고양이가 등장한다. 농촌의 고양이는 단순한 반려동물이 아니라 생활의 동반자였다. 쥐를 잡아 쌀을 지켜주는 존재였고, 인간의 생활에 깊이 끼어들지도, 불필요하게 교감하려 들지도 않았다. '함께 살되 서로 간섭하지 않는 관계', 이건 일본 사람들이 오랫동안 이상적으로 여겨 온 인간관계의 형태와 묘하게 겹친다. 사람 사이에서도 적당한 거리를 두고 조용히 공존하는 방식이 선호됐으니, 고양이는 그 감각을 체현한 동물이었다.

여기에 일본의 종교적 세계관도 한 몫을 했다. 일본 불교와 신도에서는 동물을 신령과 가까운 존재로 본다. 그중에서도 고양이는 경계적이며 신비로운 존재였다. 검은 고양이는 불길함의 상징이 아니라 행운의 전조가 되었고, 마네키네코는 손을 흔들어 복을 부르는 존재로 자리 잡았다. 서양에서 똑같은 검은 고양이가 '마녀의 사역마'로 공포의 대상이 되었던 것과 달리, 일본에서는 길상(吉祥)의 상징이 된 것이다. 문화가 동물의 운명을 바꾸는 순간이다.

그리고 일본의 집 구조는 고양이에게 더없이 잘 맞았다. 좁은 주거 공간, 얇은 벽, 이웃과 소리가 스며드는 생활. 이런 환경에서는 활달하고 외향적인 개보다, 조용하고 독립적인 고양이가 일상에 더 적합했다. 개를 기르면 이웃에게 폐를 끼칠 수 있다는 걱정이 생기지만, 고양이는 소리도 작고 생활 반경도 좁다. 사회가 곧 취향을 규정한 셈이다.

현대에 와서는 인터넷이 이 감정을 가속했다. 일본의 '카와이 문화', 즉 세밀한 감정, 작은 움직임, 미세한 표정에 의미를 부여하는

문화가 SNS에서 고양이와 만났을 때 반응은 폭발적이었다. 창문 앞에 앉아 비를 바라보는 고양이, 후타츠구치(ふたつぐち, 두 개의 입처럼 보이는 표정) 같은 우스운 얼굴, 방구석에서 꾸벅꾸벅 졸다 쓰러지는 모습 같은 사소한 장면들이 일본인의 감성과 완벽하게 겹친다. 말이 없는데도 위로를 주고, 손이 닿지 않아도 마음이 닿는다. 이런 관계가 일본식 정서와 어울리지 않을 리 없다.

또 하나 주목할 점은 일본 사회의 고독 구조다. 혼자 사는 인구가 늘고, 인간관계가 점점 더 얇아지는 시대에 고양이는 혼자의 시간을 무겁게 만들지 않는다. 말을 걸라고 재촉하지도 않고, 외출할 때 투정을 부리지도 않는다. 그저 같은 공간을 공유하고, 조용히 숨 쉬며, 존재감만으로 사람을 안정시키는 동물이다. 이런 '적당한 거리의 동행'이야말로 일본 문화가 가장 사랑하는 관계의 형태다.

네코 사랑은 단순한 애완 취향이 아니라, 고독을 존중하고 침묵을 감정으로 삼는 일본 문화의 정동(情動)이다. 고양이는 일본인이 오래전부터 길들여온 '관계의 미학'을 그대로 옮겨놓은 생명체다. 그래서 일본의 고양이는 단순히 귀엽기만 한 존재가 아니라, 삶의 리듬과 감정의 방식, 사회의 관계철학을 비추는 거울이다.

그리고 문득 이런 생각도 든다. 만약 개를 사랑하는 문화가 강해지면, 그 사회의 관계 방식도 바뀔까? 동물 취향은 결코 사소한 문제가 아니다. 사회가 어떤 동물에게 끌리는가, 그건 결국 인간이 인간을 대하는 방식의 축소판이다. 일본의 고양이는 그런 의미에서 하나의 시대정신이다. 고요가 가치였던 시대의 잔향이자, 침묵과 조화를 사랑하는 문화의 살아 있는 상징이다.

5. 남자의 몸, 여자의 형식, 일본 여장문화의 미학과 역사

일본의 '여장남자(女裝男子)' 문화는 표면적으로는 단순한 변장처럼 보이지만, 그 바탕에는 미와 젠더, 연극적 전통이 중첩된 깊은 역사가 있다. 일본에서 여장은 성적 일탈이 아니라, 오랫동안 하나의 예술적 기법이자 미의 실험이었다. 그 뿌리를 따라가면 에도 시대의 가부키(歌舞伎)까지 닿는다.

가부키는 처음에는 거리의 여성들이 추던 춤에서 시작되었다. 그러나 1629년, 도쿠가와 막부가 풍기 문란을 이유로 여배우를 금지하면서 모든 여성 역할을 남성 배우가 대신 수행하게 되었다. 이렇게 탄생한 존재가 바로 '온나가타(女形)'다. 온나가타는 단순히 여자 옷을 입는 배우가 아니었다. 손가락의 각도, 고개 숙임의 속도, 숨 고르는 법까지 모두 연구해 '여성의 정서와 몸짓'을 극도로 정제한 예술가였다. 그들은 현실의 여성과 다른, 이상화된 여성성을 창조했으며, 일본 미학 속에서 '남성이 구현한 여성성'이라는 고유한 아름다움이 자리 잡도록 했다.

메이지 시대에 서양식 연극이 유입되면서 배우의 성비는 점차 정상화되었지만, 여장을 한 남성 배우는 한동안 여전히 무대의 중심에 있었다. 반대로 1914년 창립된 다카라즈카(宝塚歌劇団)는 모든 배역을 여성만이 맡았다. 이 무대에서는 '남성을 연기하는 여성'이 핵심이었다. 일본의 무대예술은 이렇게 남성이 여성을, 여성이 남성을 연기하는 구조를 자연스럽게 받아들이며, 성별을 고정된 생물학적 사실이 아니라 하나의 역할·형식·연출로 바라보는 문화적 시선을 길러왔다.

20세기 후반에 들어 여장 문화는 다시 새로운 감성을 얻는다. 1990년대, '비주얼계 밴드(ヴィジュアル系)'가 등장하면서 남성들이 화려한 메이크업, 중성적 복장, 레이스와 장식을 무대 위에서 적극적으로 활용하기 시작했다. 이 흐름은 성정체성의 문제가 아니었다. 미의 확장, 정체성의 실험, 감정의 미세한 표현이었다. 그들은 남성성과 여성성의 경계를 흐리며, 일본적 미의 감각을 현대적으로 재해석했다.

일상에서도 여장남자는 점점 하나의 취향이자 정체성의 형태로 자리 잡았다. 도쿄 신주쿠 니초메(二丁目)에는 여장을 즐기는 남성들이 자연스럽게 모이는 카페와 바가 많고, SNS에는 스스로를 '오토코노코(男の娘)'라 부르며 청초한 이미지로 활동하는 남성들이 대중적인 인기를 얻는다. '男の娘'는 '남자아이(男の子)'를 귀엽게 비틀어 만든 말로, 성별은 남자지만 '여성적 아름다움'을 미학적으로 추구한다는 의미를 띤다. 이 단어 자체가 일본적 '젠더 유희'의 한 형태다.

이 문화는 일본 사회의 감정 구조와도 긴밀히 연결된다. 일본은 겉으로는 규율·조화·질서를 중시하지만, 그 속에는 억눌린 욕망과 표현의 갈증이 흐른다. 여장은 그 욕망이 가장 부드럽고 예술적인 방식으로 분출되는 통로다. 금기를 과격하게 깨뜨리기보다는 조용히 비틀고, 사회의 경계를 살짝 어긋나게 하며, 그 틈새에서 새로운 아름다움을 만든다. 일본적 미의식은 언제나 '덜 말하고, 더 연기하며, 은근하게 전복하는 방식'으로 작동했고, 여장남자 문화도 그 연장선에 있다.

결국 일본의 여장남자는 '여성을 흉내내는 남자'가 아니다. 그들은 미의 형식을 통과해 인간의 가능성을 실험하는 존재다. 성별을 재현하고, 넘나들며, 때로는 전복하는 방식으로 새로운 '아름다움'을 탐구한다. 그래서 이 문화는 성적 지향이나 정체성의 문제보다, 훨씬 넓은 지평, 즉 연기와 미학, 그리고 존재의 경계에 대한 철학적 탐구를 품고 있다.

일본적 여장문화의 세계는 이렇게 말한다. 성별은 닫힌 문이 아니라, 연기하고 탐색하고 아름답게 흔들 수 있는 하나의 형식이라고. 그리고 그 형식을 다루는 손끝에서, 인간의 가장 깊은 자유가 비로소 드러난다고.

6. 노포, 오래 버틴 가게가 아니다

일본의 노포(老舗, しにせ)를 떠올리면 오래된 목재 간판, 세월이 스며든, 입구에 걸린 천가리개 노렌(のれん), 그리고 묵묵히 제자리를 지켜온 사람이 자연스럽게 함께 떠오른다. 이 가게들은 단순히 '오래 버틴 가게'가 아니다. 시간과 신용, 기술과 정신을 한몸에 품은 작은 생명체다. 일본에 노포가 유독 많은 이유는 바로 이 나라가 시간을 대하는 태도, 그리고 전통을 다루는 방식에서 비롯된다.

에도 시대, 일본의 도시 문화가 꽃피던 시절부터 이야기는 시작된다. 상업이 발달하고, 시장경제가 자리를 잡으면서 상인들은 지역마다 특색 있는 상품을 만들어내기 시작했다. 교토의 화과자, 오사카의 조미료, 에도의 차와 칼, 이 모든 것들은 단순한 상품이 아니라 '자기 이름을 걸고 만든 물건'이었다. 그래서 상인은 돈보다 '신용'을 중요하게 여겼고, 한 번의 거래보다 '백 년의 신뢰'를 더 중시했다. 신용을 잃으면 가게의 노렌을 내리는 것이 불문율이었고, 그 노렌을 지키는 일 자체가 상인의 삶이었다.

이 가게들은 '기업'이라기보다 '집(家, 이에)'이었다. 가문이 가게를 계승하고, 주인은 자신의 이름보다 가게의 이름을 먼저 생각했다. 일본의 노포가 지금까지 이어질 수 있었던 것은 이 전통적 사고방식 덕분이다. 이름은 바뀌지 않되, 경영 방식과 상품은 시대에 맞춰 조금씩 조정된다. 이것이 일본 노포의 중요한 비밀이다. 변하지만 변하지 않는다. 혁신하되 본질을 깨뜨리지 않는다. 시간 속에서 '축적'이란 단어를 가장 잘 이해한 방식이었다.

여기에 일본 특유의 성인 입양 문화가 결정적인 역할을 한다. 피가 이어지지 않아도, 가게의 철학을 이해하고 정신을 이어갈 사람이면 누구든 후계자로 받아들인다. 무코요시(婿養子), 즉 사위를 가문에 편입시키는 제도가 대표적이다. 이 제도 덕분에 유능한 인물이 외부에서 유입되었고, 기술과 전통은 단절 없이 이어졌다. 가문 중심의 승계에서 흔히 벌어지는 '능력의 공백'이 일본 노포에는 비교적 적었다.

노포의 생존은 소비자 문화와 지역 공동체의 힘으로도 지탱되었다. 일본 소비자는 오래된 가게에 신뢰를 보낸다. 새롭고 빠른 것보다 '시간을 견딘 것'에 더 큰 가치를 부여한다. 지역 주민들은 어릴 적부터 다니던 단골 가게를 계속 찾으며, 그 가게를 하나의 공동체 구성원처럼 여긴다. 가게는 물건을 파는 장소이기 전에 '동네의 기억'을 보관하는 작은 창고다.

그러나 일본의 노포가 모두 옛 모습만 고집하는 것은 아니다. 교토의 차 가게 '츠지리'가 말차를 아이스크림으로 재해석했듯, 도쿄의 300년 된 제과점이 현대적 포장 디자인을 도입했듯, 일본의 노포는 변화를 두려워하지 않는다. 다만 변화하되 본질을 잃지 않으려 한다. 전통은 '멈춰 있는 것'이 아니라, 조용히 움직이면서도 뼈대는 남기는 생명체처럼 다뤄져 왔다.

일본에 노포가 많은 이유는 시간의 쓰임새가 다르기 때문이다. 일본인은 시간을 소비하지 않고 쌓아 올린다. 기술을 쌓고, 신용을 쌓고, 이름을 쌓고, 관계를 쌓는다. 그 쌓인 시간이 한 가게의 몸이 되는 순간, 그 가게는 단순한 점포가 아니라 '전통의 형체'가 된다. 일본의 거리 곳곳에 있는 노포들은 바로 그런 시간의 기념비다. 세월이 켜켜이 쌓여도 지붕은 그대로 남아 있는 풍경, 그 조용한 지속의 미학이 일본을 지탱해온 힘이다.

7. 성인 입양; 관계의 지속

일본의 성인 입양(養子縁組, ようしえんぐみ)은 가족 제도라기보다, 사회가 관계를 관리하는 방식이다. 입양이라고 하면 대개 어린아이를 떠올리지만, 일본에서는 오히려 성인, 특히 성인 남성이 입양의 주류를 이룬다. 이 현상은 일본 사회가 혈연보다 가문, 이름, 신용을

우선하는 독특한 문화적 구조를 보여준다. 일본에서 입양은 감정의 문제가 아니라, 시간을 이어붙이는 기술이다.

에도 시대 상인 사회에서 이미 성인 입양은 널리 퍼져 있었다. 상점이나 공방을 운영하던 가문이 후계자를 잃거나 아들이 가업을 이을 능력이 없으면, 외부에서 유능한 사람을 데려와 양자로 삼았다. 입양된 사람은 피 한 방울 섞이지 않아도 가문의 이름을 잇고, 사업을 승계했다. 당시 일본에서는 '핏줄은 하나의 요소일 뿐, 가문은 지속되어야 한다'는 인식이 강했다. 따라서 입양은 정서적 선택이 아니라 책임과 의무의 계약이었다. 이름을 잇는다는 것은 곧 가문의 신뢰를 이어받는 것이었다.

메이지 시대에 서양식 법제가 도입된 후에도 성인 입양은 사라지지 않았다. 오히려 더욱 제도화되었다. 입양 절차는 결혼에 가까울 정도로 엄격하며, 입양 후에는 성(姓)과 호적이 모두 입양가로 이동한다. 이로써 후계자 문제를 해결하고, 전통 기술과 가족기업의 명맥을 이어갈 수 있었다. 이때 가장 흔한 형태가 바로 무코요시(婿養子), 즉 사위 입양이다. 딸밖에 없는 집안에서 능력 있는 사위를 들여오면서 동시에 양자로 삼은 뒤, 집안의 이름을 그에게 맡긴다. 그는 '사위'가 아니라, 법적으로 그 집의 '아들'이 된다.

이 제도는 일본 경제의 근간을 떠받쳤다. 미쓰이, 스미토모, 도요타, 기린 등 일본을 대표하는 가문들 가운데 상당수가 성인 입양을 통해 후계자를 마련했다. 혈연이 아니라 능력과 신뢰를 기준으로 후계자를 선택할 수 있었기 때문에, 가족기업의 생명력은 길어졌다. 일본식 성인 입양은 '핏줄의 장벽을 넘는 경영 승계법', 그리고 '관계에 기반한 사회적 지속성의 기술'이었다.

오늘날에도 일본 전체 입양의 약 98퍼센트는 성인 입양이다. 이는 OECD 국가 중 가장 높은 비율이다. 저출산과 고령화로 가족구조가 흔들리는 가운데 성인 입양은 가문, 기업, 공방의 명맥을 잇는 실질적 대안으로 기능한다. 기술을 전승할 제자가 필요할 때도, 집안을 잇고 공동체의 신뢰를 유지할 후계자가 필요할 때도, 입양은 그 공백을 조용히 메운다.

일본의 성인 입양은 혈연과 법적 가족을 넘어, 사회적 신뢰를 다음 세대로 이식하는 장치다. 서양이 개인의 자유를, 한국이 혈통의 순수성을 중시했다면, 일본은 그 사이에서 지속 가능한 관계의 방법을 만들어냈다. 한 사람을 들여 한 이름을 잇고, 그 이름으로 시간을 이어가는 방식, 즉 그것이 일본이 선택한 가장 실용적이고도 조용한 가족의 형태다.

8. 장례식 이야기

일본의 장례식은 화려함이나 웅장함과는 거리가 멀다. 그것은 삶의 마지막을 정갈하게 마무리하는 하나의 의식이며, 남은 자들이 다시 일상으로 돌아가기 위한 조용한 정화의 과정이다. 일본에서 죽음은 부정적인 것이면서도 동시에 필연적인 자연의 일부로 여겨진다. 따라서 장례식은 슬픔의 발산이 아니라, 고요한 수용의 형태로 진행된다.

사람이 세상을 떠나면 가족은 먼저 시신을 깨끗이 닦고, 하얀 천으로 감싼다. 이를 '유카이(湯灌)'라고 하는데, 이는 단순한 씻김이 아니라 새로운 세계로 떠나기 전 영혼을 정화하는 행위로 여겨진다. 얼굴에는 얇은 화장을 하고, 입에는 하얀 쌀 한 톨을 물려 편히 떠나길 기원한다. 방 안의 거울은 모두 덮어 죽음의 기운이 비치지 않게 하고, 집 안은 고요한 침묵으로 가득 찬다. 신토에서는 죽음을 '부정(不浄)'한 것으로 여기기 때문에, 이 정화 의식은 죽음을 인간의 질서 속으로 다시 끌어들이는 과정이기도 하다.

이후 가족과 친지가 모여 고인을 위한 밤샘 의식을 치른다. 이를 '오츠야(お通夜)'라고 하며, 고인의 영정 앞에 향을 피우고 조용히 밤을 지낸다. 이 시간은 슬픔을 나누는 자리이자, 남은 이들이 죽음을 현실로 받아들이는 심리적 준비의 시간이다. 다음날에는 '소우시키(葬式)'라 불리는 본식이 열린다. 승려가 독경을 하며 고인의 공덕을 기리고, 참석자들은 차례로 향을 올린다. 장례식장은 검은 옷을 입은 사람들로 가득 차고, 모든 움직임은 절제되어 있다. 일본의 장례식에서 감정은 드러내는 것이 아니라 가라앉히는 것이다. 눈물조차 조용히 떨어져야 예의가 된다.

장례가 끝나면 운구 행렬이 시작되고, 시신은 대부분 화장(火葬)된다. 일본은 세계에서도 드물게 화장률이 거의 100퍼센트에 가까운 나라다. 불교의 윤회사상과 신토의 정화 개념이 결합되어, 불로써 부정을 없애고 영혼을 새로운 세계로 보내는 의미를 갖는다. 화장이 끝나면 가족들이 긴 젓가락을 사용해 뼈를 단지에 옮긴다. 두 사람이 함께 한 뼈를 들어 올리는 이 장면은 일본 장례의 상징적 순간이며,

생과 사의 마지막 접점을 보여준다. 이 장면에서 비롯되어 일본에서는 식사 중 젓가락으로 음식을 주고받는 것을 금기시하게 되었다.

조문객들은 흰 봉투에 부의금을 담아 가져오는데, 이를 '고덴(香典)'이라 한다. 부의금의 액수는 관계의 깊이에 따라 달라지며, 장례가 끝난 뒤에는 유가족이 '고덴가에시(香典返し)'라 불리는 답례품을 돌린다. 모든 것이 균형과 보은의 질서 속에 이루어진다. 장례 후 가족은 일정 기간 동안 매일 향을 피우며 고인을 기리고, 49일째 되는 날 특별한 불교 의식을 치른다. 이때 고인은 윤회의 길을 건너 새로운 세계로 들어간다고 믿는다.

일본의 집에는 거의 예외 없이 불단(仏壇)이 있다. 그 안에는 조상의 위패와 사진이 모셔져 있고, 가족은 매일 향과 차, 밥을 올리며 기도한다. 여름이 되면 '오본(お盆)'이라 불리는 조상맞이 행사가 열린다. 이 시기에는 조상의 영혼이 집으로 돌아온다고 믿어, 사람들이 등을 밝히고 강가에 불빛을 띄워 다시 보내준다. 죽음은 단절이 아니라 귀환이며, 슬픔은 사라짐이 아니라 이어짐으로 변한다.

일본의 장례식은 그래서 비극이 아니다. 그것은 질서와 절제 속에서 죽음을 수용하는 철학적 행위다. 흰 국화, 검은 복장, 은은한 향내, 낮은 목소리와 절제된 몸짓, 이 모든 요소가 하나의 미학적 조화를 이룬다. 일본인은 죽음을 삶의 반대편이 아니라, 삶의 연속선상에서 이해한다. 장례식은 남은 자들이 죽음을 배우는 자리이며, 동시에 다시 살아가기 위한 예비 의식이다. 조용한 슬픔 속에서도 흐트러짐이 없고, 절제된 눈물 속에서도 따뜻함이 있다. 그곳에는 일본 문화의 핵심이라 할 정화, 절제, 조화의 정신이 고요히 흐른다.

9. 일본의 가족, 얇지만 질긴 끈

일본의 부모와 자식 관계를 들여다보면, 겉은 고요한 호수 같지만 속은 복잡하게 흐르는 지류가 촘촘히 얽혀 있다. 유교 질서를 공유한 동아시아권의 하나로 보이지만, 막상 안으로 들어가면 한국의 정(情) 중심 가족과는 결이 꽤 다르다. 일본의 가족은 가까이 있으면서도 일정한 거리를 유지하는, 마치 다다미 위의 그림자처럼 희미하고 조심스러운 관계가 오래 이어져 왔다.

에도 시대 이후 일본은 '이에(家)'라 불리는 가족 단위가 사회적 최소 조직이었다. 그러나 이 '집'은 피붙이보다 '지속'을 중시하는 특이한 형태였다. 혈연이 아니라 가업이 중심이니 아들이 없어도 성인 남자를 입양해 가문을 잇는 풍경이 흔했고, 부모와 자식 관계조차 개인적 친밀함보다 역할과 질서를 우선했다. 부모는 정을 과히게 드러내지 않는 것이 미덕이었고, 자식은 감정을 삼키며 조용한 효를 실천하는 것이 당연했다. 말보다 침묵이 더 많은 가족 풍경이었다.

전후 시대에 들어서면서 이 구조가 느슨해졌지만, 부모와 자식의 감정 표현은 여전히 절제된 방식으로 남아 있다. 한국처럼 '밥 먹었냐'라는 일상적 간섭이 깊은 애정의 표현으로 기능하는 사회와 달리, 일본 부모들은 자식을 한 사람의 작은 독립체로 대하면서도 과한 개입을 삼가는 경향이 강하다. 필요하면 도와주지만, 그 밖은 알아서 살아야 한다는 묵시적 규범이 작동한다. 정이 없어서가 아니라, '상대의 영역을 침범하지 않는 것'이 곧 예의라는 문화적 감각 때문이다.

그래서 일본의 부모와 자식 사이는 물리적 거리가 멀어지는 순간, 감정적 거리도 함께 벌어진다. 성인 자녀가 부모 집을 떠나 사는 것이 당연하고, 주말마다 모이지 않아도 섭섭해하지 않는다. 부모는 자식이 남긴 빈 방을 미술 재료 창고로 바꾸거나, 낡은 다다미를 뜯어 새로운 취미방을 꾸민다. 한국 정서에서 보면 조금 무심해 보일 수 있지만, 일본인에게는 서로의 독립성을 인정하는 자연스러운 흐름이다.

그러나 이 거리는 차갑지 않다. 위급한 순간이면 가족 전체가 놀라울 정도로 단단하게 뭉친다. 대지진이나 사고, 병환처럼 삶의 균열이 드러나는 순간, 부모와 자식은 말보다 행위로 깊은 정을 드러낸다. 평소엔 '각자의 삶', 위기 때는 '하나의 가족'이라는 독특한 리듬이 있는 셈이다.

현대 일본 사회는 이 전통적 거리두기 위에 새로운 문제도 겹친다. 장기 불황, 청년 고용 불안, 만혼·비혼 증가가 맞물리면서 '패러사이트 싱글'이란 말도 생겼다. 성인이 되어도 부모 집에 남아 사는 자녀들을 가리키는 말인데, 사회 구조적 문제의 결과다. 반대로 고령화가 심해지면서 부모는 자식에게 기대지 못하고 스스로를 돌봐야 한다는 압박도 커진다. 감정적 거리는 유지하되 물리적 부담은 늘어나는 이상한 딜레마다.

그러나 일본 가족의 가장 흥미로운 점은 과잉 친밀도, 과잉 간섭도, 과잉 감정도 없이도 충분히 따뜻한 관계를 이어갈 수 있다는 점이다. 서로의 삶을 존중한다는 감각이 중심을 잡고 있어서다. 한국의 가족이 끈끈한 정(情)으로 묶인 공동체라면, 일본 가족은 얇지만 질

긴 종이끈처럼 조용히 이어진다. 이 차이는 역사에서 오고, 생활 습
관에서 드러나며, 도시 풍경 속에서도 흐릿하게 남아 있다.

10. 두 겹의 감정, 노인들

일본의 노인 생활은 오후의 햇빛처럼 한가롭고 따뜻해 보이지만,
그 뒤로는 긴 세월이 만든 생활 방식과 사회 구조가 촘촘히 겹쳐 있
다. 일본의 노인은 '자식에게 폐 끼치지 않기'라는 오랜 정서를 품고
살아간다. 한국처럼 '부모와 자식이 함께 늙어가는 가족주의'보다,
일본은 훨씬 일찍부터 노인이 스스로의 노후를 설계하는 사회가 되
었다.

거리 속 노인들의 풍경부터 보자. 일본의 대중교통이나 거리에는
혼자서 천천히 걸어 다니는 노인들이 유난히 많다. 도시의 작은 슈퍼
에서 천천히 장을 보고, 벤치에 앉아 조용히 목을 축이고, 근처 목욕
탕을 들러 몸을 데우곤 한다. 누가 특별히 챙겨주지 않아도 일상을
스스로 관리하는 데 익숙하다. 젊은 시절부터 일상 자체가 자기 규율
중심이었기 때문이다. 시간표를 정확히 지키고, 혼자서도 생활을 유
지하는 습관이 고령의 삶으로 자연스럽게 이어진다.

일본 노인들의 집 안을 들여다보면 정리정돈이 생활의 일부가 된
모습이 나타난다. 필요 없는 물건은 미리미리 비우고, 남의 손을 덜
타도록 설계한다. '죽을 때 짐을 남기지 않는다'는 단카쓰(斷捨離, 비우
기 철학) 정신이 여기서 나온다. 남은 생을 가볍게 만들고, 떠난 뒤 자

식에게 부담을 넘기지 않겠다는 일종의 철학이다. 한국식 '자식을 위한 남김'과는 정반대의 방향인 셈이다.

그러나 이 고요한 자립 속에는 외로움이라는 단단한 그림자도 함께 있다. 고령자 중 혼자 사는 비율은 세계 최고 수준이고, '고독사(孤独死)'라는 단어가 일본 사회의 일상이 되었다. 누구 하나 부르짖지 않은 채, 조용히 삶을 마감하는 경우가 많아 사회적 충격을 줄여야 한다는 논의가 이어진다. 불효 때문이 아니라, 가족 간 거리를 예의로 여겨온 문화적 배경 때문이다. 자식도 부모의 삶에 깊이 개입하려 하지 않고, 부모 또한 자식의 삶을 방해하지 않으려 한다.

도시는 노인을 배려해 조용히 변형되고 있다. 횡단보도 신호는 더 길어지고, 기차역 계단엔 손잡이가 새로 달리고, 동네 목욕탕은 경사가 낮은 입구를 만든다. 노인 전용 커뮤니티 센터에서는 아침부터 라디오 체조(ラジオ体操)를 따라 하고, 오카리나 수업이나 하이쿠 교실에서 시간을 보낸다. 이 작은 일상 활동이 노인 삶의 중심을 지탱하는 사회적 접착제 역할을 한다. 일본은 노인을 '케어 대상'으로만 보지 않고, 사회 구성원의 하나로 남겨두려 노력해왔다.

경제적 측면을 보면 일본 고령층은 놀랍게도 세계에서 가장 많은 금융 자산을 소유한 세대로 꼽힌다. 평생 절약하며 모은 저축, 회사의 종신고용이 낳은 연금 구조, 고도성장기 축적 자본이 이들의 노후를 조금은 안정시키고 있다. 그래서 젊은 세대보다 저녁 술자리를 더 자주 나가는 노인도 많고, 평일 낮에 여행하는 은퇴자 무리가 흔하다. 일본 관광지의 절반은 평일엔 거의 '은발 관광단' 풍경이다.

그럼에도 문제가 사라진 것은 아니다. 간병 문제는 일본 사회의 가장 큰 고민이다. 치매 노인이 폭증하고, 요양 시설은 포화 상태다. 가족이 직접 돌보기 어려운 구조지만, 제도만으로는 모두를 담아낼 수 없다. 그래서 일본은 여러 지방에서 '치매 환자가 자유롭게 돌아다녀도 안전한 마을'을 실험하기도 한다. 주민 전체가 치매 환자의 이름과 얼굴을 알고, 길을 잃으면 함께 돌려보내는 공동체 모델이다.

일본의 노인 생활은 스스로를 지키려는 자립의 문화와, 그 자립이 낳는 고독의 틈새를 메우려는 사회적 노력 사이에서 흔들린다. 오래 산 만큼 생각도 깊다. '자식에게 기대지 않기'라는 일본식 미덕은 아름답기도 하지만, 그만큼 외로운 무게도 있다. 그 두 겹의 감정이 섞여 만들어낸 풍경이 오늘의 일본 노인 사회다.

11. 오타쿠, 고립을 창조로 바꾸는 힘

일본의 오타쿠(オタク, おたく) 문화는 단순한 취향 집단이 아니라, 현대 일본의 사회적 정서를 비추는 거울이다. 만화·애니·게임이라는 겉모습 아래에는 일본 근대가 만들어낸 고립감, 기술 중심의 감수성, 그리고 인간관계에 대한 새로운 해석이 자리해 있다. 오타쿠라는 말 자체도 원래는 정중한 2인칭 표현 'お宅(おたく, 오타쿠)'에서 시작되었다. 1980년대 애니 팬들이 서로를 지나치게 공손하게 부르던 방식이 그대로 하나의 정체성 명칭이 된 것이다. 하지만 1989년 미야자키 츠토무 사건 이후 언론은 오타쿠를 '비사회적 괴짜'로 묘사했고, 그 시점을 기점으로 오타쿠들은 오히려 자신들의 문화를 자각하

며 새로운 문화 집단으로 자리를 잡기 시작했다.

1990년대 이후 오타쿠 문화는 소비자 중심에서 창작자 중심으로 변화했다. 코믹마켓 같은 팬 행사에서는 수십만 명이 모여 스스로 만든 만화와 굿즈를 교환한다. 기존 작품을 패러디하고 재창작하는 동인지 문화는 일본 애니·게임 산업이 세계적 수준으로 성장하는 데 중요한 기반이 되었다. 오타쿠는 단순히 애니메이션을 소비하는 존재가 아니라, 자신이 사랑하는 세계를 직접 만들어 가는 창조자로 변모했다.

오타쿠 문화의 핵심에는 '몰입'이 있다. 겉으로는 조화롭고 평온해 보이지만 실제로는 강한 사회적 압력과 관계 피로가 존재하는 일본 사회에서, 많은 사람들은 감정의 탈출구를 가상세계에서 찾았다. 캐릭터와의 일방향적 관계는 현실의 관계보다 더 안정적이고, 자신의 감정을 투사하기에도 부담이 없다. 이 과정에서 오타쿠는 픽션과 현실 사이의 경계에 자신만의 감정을 안전하게 두는 방식을 개발해 왔다.

흥미로운 점은 오타쿠의 몰입 방식이 단순한 도피가 아니라 정밀함과 완벽을 추구하는 방향으로 나아간다는 것이다. 피규어의 각도, 캐릭터 색감의 정확도, 대사의 억양 하나까지 집착하는 모습은 일본식 장인정신의 연장선에 있다. 현실의 복잡한 질서가 답답할수록 오타쿠들은 자신만의 방, 자신만의 세계 속에 더욱 정교한 질서를 구축한다. 오타쿠의 방은 일종의 '개인 우주'이며, 그곳에서 그들은 세계를 설계하는 창조자다.

21세기 들어 오타쿠 문화는 사회적인 외곽에서 일본 문화의 중심으로 이동했다. '쿨 재팬(Cool Japan)' 정책 아래 애니, 게임, 아이돌 문화는 일본의 대표적인 수출 산업으로 성장했고, 오타쿠의 감수성은 '특이한 취미'가 아니라 국가적 문화 브랜드의 핵심 요소가 되었다. 도쿄돔을 채우는 애니 콘서트, 전 세계로 확산된 코스프레 문화, 해외에서 일본 콘텐츠를 소비하는 수많은 팬들까지 오타쿠 문화는 더 이상 소수의 취향이 아니다.

하지만 그 화려한 문화의 뒷면에는 여전히 고독이 흐른다. 오타쿠는 사람과 직접 관계를 맺기보다, 사람과 이미지, 사람과 픽션 사이에서 감정을 주고받는다. 이는 인간관계의 새로운 진화일 수도 있고, 감정의 탈인간화일 수도 있다. 일본의 오타쿠 문화는 이 양극의 경계 위에서 흔들리며, 그만큼 복잡한 현대성을 드러낸다.

오타쿠 문화는 일본의 근대적 모순을 창조로 승화시키는 방식이다. 외로움을 상상력으로 바꾸고, 고립을 예술로 밀어 올리며, 현실의 억압을 가상의 세계에서 새로운 질서로 재구성하는 힘. 오타쿠는 난순한 취미인이 아니라, 현대 일본이 스스로를 재해석하고 스스로를 구원하는 방식의 한 중심에 서 있다.

12. 일본인이 마음 아파하는 것은?

일본인이 가장 깊이 슬퍼하는 정서를 순위로 펼쳐보면, 그들의 마음이 무엇에 상처받고 무엇에 오래 머무는지가 한층 더 뚜렷하게 보인다. 일본인의 슬픔은 드라마틱하게 터지는 비극이 아니라, 조용히 스며드는 상실에서 태어난다. 그래서 슬픔의 결도 섬세하고, 이유도 의외로 인간적이다.

1순위는 가족과의 관계가 말없이 멀어지는 순간이다. 일본인은 사랑과 감정을 겉으로 드러내는 데 익숙하지 않지만, 그렇다고 가족을 가볍게 여기는 건 전혀 아니다. 오히려 말없이 함께 지내는 시간 속에서 깊은 정을 쌓는다. 그래서 어느 순간 부모와 자식 사이가 이유도 없이 멀어지고, 서로 중요했던 말을 끝내 하지 못하고, 마음속에서만 '좀 더 얘기할 걸…' 하고 후회하게 되는 일이 일본인에게는 가장 큰 슬픔이다. 직접적인 다툼보다 서서히 멀어지는 거리가 더 아프다. 일본인의 삶에서는 '소리 없는 균열'이 가장 무거운 비극이다.

2순위는 마지막 인사를 하지 못한 채 헤어지는 일이다. 일본 사회는 관계의 끝맺음을 매우 중시한다. 병상에서 마지막으로 손을 잡지 못한 것, 마지막 말을 듣지 못한 것, 장례식 전에 얼굴을 보지 못한 것, 이런 일이 일본인에게는 깊은 죄책감과 슬픔을 남긴다. 그들은 마지막 인사를 하나의 의례이자, 인간 관계가 완성되는 마지막 문장처럼 생각한다. 그래서 그 순간을 놓치면, 그 공백이 몇 십 년 동안 마음속에 남아 있는 경우도 많다.

3순위는 약속을 지키지 못한 상황이다. 일본에서 약속은 단순한 일정이 아니라 '나'라는 사람의 신뢰를 구성하는 핵심이다. 작은 약속 하나를 어긴 것조차 오래 미안해하고, 상대가 괜찮다고 해도 본인은 괜찮지 않다. 일본인은 실패한 상황보다 약속을 어긴 자신을 더 슬프게 느낀다. 자신의 품격에 금이 갔다고 여기는 것이다. 자기 자신을 향한 실망이 슬픔으로 변하는 문화적 구조가 있다.

4순위는 누군가에게 폐를 끼쳤다고 느끼는 순간이다. 일본인의 인간관계는 '가깝지만 부드럽게 떨어져 있는 거리감'을 이상적인 것으로 여긴다. 이 거리감을 망가뜨리는 가장 큰 사건이 바로 '민폐를 끼쳤다'는 감각이다. 병이 나서 팀에 부담을 줬다든지, 실수로 남에게 일을 떠넘겼다든지, 대화를 하다 상대를 불편하게 만든 것 같은 느낌이 들면 일본인은 크게 마음 아파한다. 갈등보다 '내가 누군가에게 문제를 준 것 같은 느낌'이 훨씬 더 깊게 상처를 남긴다.

5순위는 오랫동안 보아온 장소나 풍경이 사라지는 순간이다. 일본인은 공간과 계절, 습관처럼 반복된 장면에 감정을 이입하는 능력이 뛰어나다. 단골 식당이 문을 닫고, 매일 보던 벚나무가 베이고, 골목의 오래된 상점이 사라지고, 늘 앉아 있던 역의 벤치가 바뀌면 일본인은 뜻밖의 큰 상실감을 느낀다. 이것은 일본적 감수성의 핵심인 모노노 이와레(物の哀れ), 즉 사라지는 깃들의 아름다움과 슬픔과 정확히 맞닿아 있다. 일본인은 풍경이 바뀔 때 '과거의 시간이 사라지는 느낌'을 동시에 경험한다.

일본인의 슬픔은 폭발하기보다는 고요하게 쌓인다. 크고 거친 사건에서 오는 슬픔이 아니라, 소리 없이 금이 가고, 조용히 멀어지고, 문득 사라지는 것에서 생긴다. 못다 한 말, 닿지 못한 마지막 손길, 지켜지지 못한 작은 약속, 그리고 길 위의 작은 풍경 하나가 사라지는 장면. 일본인은 바로 이런 순간에 마음 가장 깊은 곳에서 조용히 무너진다.

13. 한국인과 결혼하는 일본 젊은이들의 혼네

한국인과 결혼을 고민하는 일본 젊은이들의 속마음, 즉 혼네(本音)는 언제나 두 겹의 마음이 겹쳐진다. 겉으로는 '좋아서', '사랑하니까'라는 간단한 말로 보이지만, 그 밑에서는 훨씬 더 복합적인 감정이 조용히 진동한다. 한국인의 직선적이고 뜨거운 감정 방식에 매료되면서도, 그 뜨거움 속에서 자신이 사라지지는 않을까 하는 두려움이 함께 자란다. 이중적 감정이 얇은 층처럼 겹쳐 있는 것이 일본 젊은이들의 혼네다.

일본 젊은이들은 한국인 파트너에게서 먼저 '감정의 명료함'을 발견한다. 한국인은 사랑이면 사랑, 불만이면 불만을 숨기지 않고 단번에 말한다. 마음을 돌려 말하지 않고, 갈등을 회피하지 않으며, 기쁨과 서운함을 온전히 드러낸다. 일본 사회의 간접적인 표현, 조심스러운 감정 조율에 익숙한 젊은 세대에게 이 솔직함은 깊은 해방감으로 다가온다. '이 사람은 나를 헷갈리게 하지 않는다.' '감정을 숨기지 않아 답답하지 않다.' 이 확실한 감정의 방향성은 결혼을 긍정적으로 상상하게 만드는 중요한 혼네다.

하지만 그와 동시에 일본 젊은이들의 혼네 깊은 곳에서는 다른 목소리가 또렷하게 들린다. 한국인의 감정 리듬은 강하고 빠르다. 연애도 결혼도 속도가 붙으면 깊숙이 파고들고, 감정의 기복도 한층 큰 편이다. 일본 젊은이들은 이런 감정의 밀도를 사랑하면서도 조용히 걱정한다. '내가 이 온도를 받아낼 수 있을까?', '상대는 분명한데, 나의 모호함이 실망이 되지 않을까?' 일본식 감정은 모호함과 여백이 자연스러운 반면, 한국식 사랑은 해석의 여지를 거의 남기지 않는다. 이 차이가 일본 젊은이들에게는 설렘이자 동시에 압력이다.

한국의 가족 문화는 혼네를 더욱 복잡하게 만든다. 일본의 가족은 정서적 거리가 일정하게 유지되고, 결혼 생활에서도 부모는 한 발 뒤에서 조용히 지켜보는 편이다. 반면 한국에서는 가족의 온도와 참여 폭이 훨씬 넓고 깊다. 명절, 결혼식, 친척과의 교류, 부모와의 상시적 연락 등 한국식 가족관계는 일본 젊은이에게 큰 문화적 차이로 다가온다. 그들은 속으로 이렇게 묻는다. '이 따뜻함은 매력적이지만, 내가 이 속도와 깊이를 평생 견딜 수 있을까?' 그러면서도 동시에 '이런 따뜻함 속에서라면 외롭지 않을 수도 있겠다'는 기대를 숨기지 않는다. 부담과 위로가 한곳에서 동시에 피어오른다.

한국인과 결혼하면 자신의 정체성과 일상 리듬이 변할 것이라는 예감도 혼네를 흔든다. 일본식 삶은 차분하고, 규칙적이고, 개인의 공간이 넓다. 하지만 한국식 결혼은 일상의 온도가 조금 더 강하고 살아 있으며, 서로의 삶을 더 깊고 빠르게 엮는다. 일본 젊은이들은 변화가 두렵지만, 그 변화가 자신의 세계를 넓히고 성장시키는 계기가 될 수도 있다는 희망도 갖는다. '지금보다 좀 더 활기찬 삶을 살 수 있을지도 몰라.' 변화에 대한 두려움과 기대가 섞인 이 미묘한 감정 역시 혼네의 중요한 일부다.

그리고 무엇보다 일본 젊은이들의 결혼 결심을 결정짓는 가장 깊은 혼네는 '신뢰'다. 한국인의 직선적 사랑은 상대를 불안하게 하지 않는다. 말로 감정을 표현하고, 행동으로 책임을 보여주며, 관계의 문제를 해결하려는 의지가 분명하다. 갈등을 회피하지 않고, 감정의 흐름을 솔직하게 공유하는 이 방식은 일본 젊은이에게 큰 안정감을 선물한다. '이 사람은 나를 놓치지 않을 것이다.' '이 관계는 말없이 무너지는 일이 없겠다.' 이 확신은 조용하지만 강한 결혼의 동력이 된다.

그래서 한국인과 결혼을 선택하는 일본 젊은이들의 혼네는 단순하지 않다. 뜨거움에 대한 동경과, 그 뜨거움 속에서 자신이 희미해질까 하는 두려움. 낯선 문화의 부담과, 그 낯섦 속에서 피어나는 성장의 희망. 변화를 두려워하면서도 그 변화가 가져올 따뜻함을 기대하는 마음. 그리고 마지막으로 '그래도 이 사람이라면'이라는 작은 확신. 이 모든 감정이 얇은 겹으로 포개져 일본 젊은이들은 한국과의 결혼을 선택한다. 그 선택은 뜨거운 감정과 조용한 성향이 서로의 호흡을 맞추어가는 긴 여정이며, 바로 그 여정이 두 사람을 더 단단하게 묶어 준다.

14. 불의 기억

일본에서 방화범 처벌은 단순히 엄격한 수준이 아니다. 법 조문 자체가 방화를 살인과 같은 급의 중범죄로 분류한다. 사람이 거주하거나 이용하는 주택 · 건물 · 열차 등에 불을 지르면 사형 또는 무기징역까지 가능하고, 인명피해가 없어도 중형이 내려지는 사례가 흔하다. 주택이 아닌 빈 창고나 무인 건물에 불을 질러도 출발점이 '2년 이상 유기징역'이다. 일본 형법은 '불은 한 번 번지면 인간이 통제할 수 없는 위험'이라는 인식을 전제로 만들어져 있다. 불이라는 존재 자체가 이미 범죄의 확대로 이어질 가능성을 내포한다고 보는 것이다.

이 엄격함의 뿌리는 일본 도시가 목조 건축의 역사 위에 서 있다는 점에 있다. 에도 시대 대화재는 도시 전체를 순식간에 삼켜버리는 거대한 재해였고, 사람들은 불을 단순한 자연현상이 아니라 도시를 집어삼키는 괴물로 인식했다. 이런 집단적 기억은 지금도 일본 사회 깊숙이 남아 있다. 지역 소방단의 전통, 정기적인 방재훈련, 불조심 문화는 과거의 상흔이 생활 감각이 된 풍경이다. 그래서 일본에서 불장난은 '장난'이 아니라 공동체 전체를 위험에 빠뜨리는 재앙의 발화점으로 간주된다.

일본 경찰청 자료를 보면 방화는 상습·재범 비율이 높은 범죄로 분류된다. 이 때문에 체포 후에는 심리 평가와 재범 방지 프로그램까지 이어지는 경우가 많다. '사람이 죽지 않았으니 가벼운 범죄' 같은 논리는 일본의 수사기관과 법원에서 통할 여지가 없다. 불은 사람이 아닌 도시 전체를 향해 던지는 위협이기 때문이다.

사회적 시선 또한 엄격하다. 조용한 주택가에서 새벽에 타는 냄새만 돌아도 주민들이 바로 신고하는 풍경은 낯설지 않다. 일본은 공동체 전체가 '화재 민감성'을 공유하는 사회다. 반대로 방화범이 검거되면 언론 보도는 매우 빠르게 이루어지고, 범인은 단순한 범죄자가 아니라 공동체의 안전망을 흔든 사람으로 여겨진다.

일본의 방화 처벌 체계는 법의 차가운 문자만으로 설명되지 않는다. 그 아래에는 도시를 집어삼키던 불의 기억, 목조건축의 시대를 관통한 공포, 그리고 공동체를 지키려는 사회적 합의가 자리한다. 법이 강한 것은 엄벌주의의 산물이 아니라, 세대를 넘어 이어져 온 상처의 반응이다. 과거의 불길은 이미 꺼졌지만, 그 연기는 지금도 일본 사회의 법과 감각을 부드럽게라도 계속 흔들고 있다.

제8부

기억 · 역사 · 근대

1. 삐딱하게 놓인 소품; 차이나타운

　일본의 차이나타운은 단순한 '중국 음식 거리'가 아니라, 일본 사회의 틈새에 자리 잡은 작은 세계들이다. 일본이라는 촘촘한 질서 안에서 약간의 이국적 혼란을 허용하는 공간이라고 해야 할까. 도시 전체가 정교하게 조율된 무대라면, 차이나타운은 그 무대 위에서 살짝 삐딱하게 놓인 소품 같은 존재다. 일본은 이 작은 틈을 통해 세계를 들여오고, 동시에 세계를 자신에게 맞추어 가공해 왔다. 그런 의미에서 요코하마, 고베, 나가사키의 세 거리는 비슷해 보이지만 태어난 사연과 지닌 분위기가 전혀 다르다.

　요코하마 차이나타운은 가장 화려하고, 가장 '연출된' 느낌을 준다. 개항 직후 중국 상인들이 정착하며 만들어낸 거리로, 일본이 서양에 문을 열던 순간에 중국도 함께 들어온 셈이다. 지금도 붉은 등, 황금 간판, 용 장식들이 뒤섞여 '여기가 정말 일본인가?' 싶은 괴상한 장면을 만든다. 이 화려함은 단순한 장식이 아니라, 일본식 질서의 표면에 과감하게 덧칠된 색이다. 일본의 절제된 거리 미학과 요코하마 차이나타운의 과잉 장식은 서로 충돌하면서도 묘하게 균형을 이룬다.

고베 난킨마치(南京町)는 분위기가 다르다. 항구 노동자와 무역업자들이 만든 생활권이라 화려하기보다는 진한 생활 냄새가 난다. 규모는 작지만 음식의 질이 좋고, 관광지라기보다 오래된 시장 골목에 더 가깝다. 고베는 원래부터 국제 도시였는데, 그 중심에 중국적 혼잡성이 콕 박혀 있다는 대비가 도시의 정체성을 더 풍부하게 만든다. 반듯하지 않지만 깊이가 있는 곳이다.

나가사키 신치(新地) 차이나타운은 일본에서 가장 오랜 역사를 지닌 중국 거리다. 명청 상인들이 에도 시대부터 번(藩)에 등록해 활동하던 공간으로, 단순한 이국적 거리라기보다 '일본 내부의 중국'이라는 표현이 더 정확하다. 나가사키는 일본에서 가장 일찍 세계와 접촉한 항구였고, 동서 문화가 겹겹이 섞여 들어온 도시다. 이 오래된 혼종성이 그대로 신치 차이나타운에 농축되어 있다. 천천히 걸어보면 일본도 중국도 아닌 묘한 시간이 느껴진다.

세 곳 모두 일본 사회의 규칙성과 절제된 감각 속에서 약간의 색채 과다, 소음, 향신료를 허락하는 안전지대 역할을 한다. 일본은 세계를 받아들이는 데 언제나 느리고 조심스럽지만, 받아들이기만 하면 정교하게 자기 방식으로 다듬는다. 일본 속 차이나타운은 그 다듬어진 이국성의 표본이다. 외부에서 온 색을 그대로 두지 않고, 마치 장인을 거친 공예품처럼 세심하게 '일본 속에 맞는 외국'으로 재가공된 공간이다.

자세히 들여다보면, 이 세 개의 작은 중국은 일본이 세계와 관계를 맺는 고유한 방식을 가장 선명하게 보여주는 공간들이기도 하다. 질서를 중시하는 나라가 그 틈 사이에 얼마나 정교하게 혼란을 배치하는지, 그 미묘한 감각이 이 거리들에 고스란히 배어 있다.

2. 만화라는 일본어

일본인이 유독 만화를 좋아한다고 할 때 흔히 '문화적 취향 차이' 정도로 설명하고 넘어가지만, 그런 말은 너무 얄팍하다. 일본에서 만화는 책의 한 장르가 아니라 사회의 감정 구조, 교육 방식, 도시 풍경, 심지어 전후의 상처까지 품은 거대한 생활 언어다. 그림이 아니라 삶을 번역하는 방식이다.

첫 번째 이유는 일본 사회가 가진 '직선으로 말하기의 어려움'이다. 말의 여백과 암시를 중시하는 문화에서는 직설과 노골적 감정 표출이 불편하게 여겨진다. 그래서 우회로가 필요했다. 만화는 가벼운 그림과 장난스러운 형식을 빌려 목소리 내기 어려운 문제를 흘리듯 다루는 창구가 되었다. 전후 일본의 죄책감과 패전감, 정체성의 혼란도 만화 속에선 울음과 웃음으로 풀렸다. 직설을 꺼리는 문화는 자연스레 상징과 은유, 서사가 번성할 환경을 만들었다.

두 번째는 상상력과 장인정신의 결합이다. 일본 문화 전반에는 '작은 세계를 깊게 파는' 성향이 있다. 종이접기에서 다도, 칼 세공, 장난감 로봇까지, 즉 작은 디테일을 집요하게 다듬는 태도가 몸에 배어 있다. 이 DNA가 만화에도 그대로 스며들었다. 기발함과 섬세함이 대립하지 않고 조화를 이루며, 우주 전쟁 같은 거대한 이야기조차 머리카락 한 가닥까지 세밀하게 그려낸다. 그렇게 만들어진 세계는 단순한 도피처가 아니라 '정교하게 완성된 대안 현실'이 된다.

세 번째는 일본의 교육과 출판 생태계다. 아주 오래전부터 만화는 교육과 생활 속으로 자연스럽게 들어왔다. 아이는 도라에몽으로 글자를 배우고, 역사 만화로 사료의 흐름을 익힌다. 서점 한 켠이 아니라 도시 전체가 만화 잡지와 프랜차이즈 문화로 움직인다. 만화는 오락물이기 전에 '정보 매체'였고, 성장 과정 속에서 익힌 읽기 방식이 성인이 되어서도 자연스럽게 이어진다. 그림과 이야기가 삶의 문법이었기 때문이다.

네 번째는 도시 구조가 만든 외로움이다. 도쿄의 지하철, 긴 통근 시간, 좁은 주거 공간, 조용한 이웃, 단단하게 닫힌 인간관계. 이런 환경에서 책은 쉼이고, 만화는 가장 빠르고도 풍부한 정서 충전 장치가 된다. 주간 만화 잡지와 장편 애니 시리즈는 현대적 고독을 견디는 리듬이 되었고, 혼자 사는 사람들이 만화 속에서 관계의 경험을 이어갔다. 외로운 도시일수록 서사가 필요해진다.

다섯 번째는 패전 이후의 문화적 자존감 복원이다. 전쟁으로 무너진 국가 서사 대신 '소년의 모험'과 '소녀의 성장'이 일본의 새로운 이야기 뼈대로 자리 잡았다. 군국주의의 언어가 사라진 자리에, 우정·여행·재도전 같은 개인의 서사가 들어왔다. '우리는 다시 시작할 수 있다'는 메시지가 로봇, 닌자, 고양이, 야구 소년의 몸을 빌려 달리고 날아다녔다.

이렇게 보면 일본의 만화 사랑은 단순한 취향이 아니라 역사·사회·정서·도시·기술이 만든 필연에 가깝다. 한국이 K-드라마와 K-

팝으로 감정의 무대를 만들었다면, 일본은 만화와 애니로 내면의 우주를 빚었다. 한쪽은 리듬과 드라마로 현실을 재구성했고, 다른 한쪽은 상상력과 디테일로 현실의 그림자를 길게 빛 쪽으로 끌어올렸다.

그리고 조금 웃기지만, 이런 점도 있다. 일본인에게 만화는 '소설·철학서·일기·예능 프로그램'을 한데 섞은 멀티툴 같은 매체다. 무엇이든 만화로 하면 덜 부담스럽고, 더 솔직해졌다. 사람들은 만화 속에서 울고, 웃고, 도망치고, 고민하고, 다시 힘을 추스른 뒤 현실로 걸어나온다.

종이에 그린 그림이 아니라, 삶이 자기 언어를 찾기 위해 선택한 하나의 형식인 셈이다.

3. 뜨거운 물에 조용한 시간을 담그며

일본의 온천 문화는 뜨거운 물의 이야기가 아니다. 뜨거운 시간을 잠시 빌려오는 이야기다. 몸을 담그는 순간 세상과 조금 멀어지고, 하루가 쫓아오던 속도가 느긋하게 풀린다. 외국인의 눈에는 '고작 욕조에 들어간 건데 왜 이렇게 진지하지?' 싶지만, 일본인에게 온천은 전통·풍경·예절·감정이 켜켜이 쌓인 작은 우주다. 물이 아니라 정서의 깊이가 사람을 잡아당긴다.

일본은 원래 물을 중시하는 문화가 강하다. 불교 승려들은 수도 전에 몸을 씻으며 마음을 고르고, 신사에서는 입구에서 손과 입을 정화하며 신과의 접촉을 준비한다. 정화는 신앙이자 생활 습관이었다.

여기에 화산지대의 온천이 만나면서, 욕탕은 단순한 목욕을 넘어서 마음을 씻는 공간으로 변모했다. 그래서 일본 사람들이 온천에서 '피로가 풀렸다'보다 '속이 맑아졌다'고 말하곤 한다. 뜨거운 물에 몸을 담근 것이 아니라, 자신 안의 먼지가 가라앉은 느낌에 가까운 표현이다.

온천에서 중요한 것은 뜨거움이 아니라 조용함이다. 물결이 벽에 닿는 소리, 증기가 흘러가는 숨결, 바위 위의 이끼가 풍기는 습한 향. 말없이 있어도 어색하지 않고, 오히려 말이 적을수록 자연의 소리가 더 선명해진다. 일본의 인간관계가 종종 '말 없는 동행'으로 표현되듯, 온천은 그 정서를 닮았다. 서두르는 순간 무너지고, 조용히 머무는 순간 깊어진다.

예절은 단순한 규칙이 아니라 미학이다. 먼저 몸을 씻고, 물을 튀기지 않고, 조용히 머물며, 수건은 욕탕에 넣지 않는다. 이는 '다른 사람의 휴식을 방해하지 않는다'는 집단적 약속이다. 온천에서는 모두가 잠시 왕이 된다. 옷을 벗으면 직함도 벗고, 사회적 역할도 사라진다. 사장도 신입도, 그 순간에는 뜨거운 물 속에서 똑같은 익명의 인간이다. 이런 평등감이 일본식 공동체의 독특한 형태를 만든다.

온천 마을의 풍경도 깊은 역할을 한다. 기와 지붕 아래 유카타 차림으로 걷고, 골목의 등롱이 흔들리는 가운데 '노천탕'에서 산을 바라본다. 겨울이면 눈발이 천천히 내려 물 위에서 녹고, 여름에는 풀벌레 소리가 증기 사이를 스친다. 사계절이 온천에 스며드는 순간, 자연과 인간이 잠시 같은 온도를 가진다. 현대의 속도와 효율에서 멀어질수록 이런 장면들은 더 귀하고 선명하게 다가온다.

물론 온천 문화가 가진 그림자도 있다. 예절에 대한 압박, 공동체의 폐쇄성, 쇠퇴해가는 지방 온천 마을, 외국인 관광객과의 문화 충돌 같은 문제들. 그럼에도 일본인들은 온천에서 자신을 다시 조립한다. 하루 동안 뒤엉킨 마음을 물 속에 풀어두고, 차분해진 얼굴로 세상으로 돌아간다. 물은 뜨겁지만 마음은 오히려 식는 곳. 소란과 긴장 대신 조용한 리듬을 되찾는 장소다.

일본 온천의 본질은 이렇게 요약된다. '몸이 잠기는 것이 아니라, 시간과 소란이 잠긴다.' 뜨거운 물 속에서 잠시 인간은 세계와 화해한다. 다시 걸어갈 힘을 얻는다. 빠름과 소음이 지배하는 시대일수록, 사람은 이렇게 조용한 물 속을 더욱 찾게 될 것이다.

4. 눈발 속의 수행승들; 원숭이 겨울 온천욕

원숭이의 겨울 온천욕은 단순히 귀여운 장면이 아니다. 자연 생태와 일본인의 '관찰하는 문화'가 맞물려 만든 작은 전설 같은 풍경이다. 전 세계 관광객이 찾아와 사진을 남기고 가지만, 이 장면이 탄생하기까지의 과정에는 의외로 깊은 문화사적 의미가 숨어 있다.

나가노 현 지고쿠다니(地獄谷)는 겨울이 길고 눈이 깊다. 사람도 버티기 힘든 혹한 속에서 일본원숭이, 즉 니혼자루(日本猿)들은 몸을 데울 방법을 찾다가 결국 인간의 온천을 '슬쩍' 사용하기 시작했다. 처음엔 마을 사람들에게 황낭한 구경거리였지만, 일본은 오래전부터 자연과 인간이 가까이 있어도 충돌을 최소화하려는 문화적 태도를 지닌 나라다. 원숭이를 내쫓는 대신, 아예 원숭이 전용 온천을 따로 마련해 주었다. 인간과 원숭이가 서로의 생활권을 크게 침범하지 않도록 부드럽게 경계를 나눈 셈이다. 이렇게 해서 오늘의 '스노우 몽키 온천' 풍경이 탄생했다.

더 흥미로운 지점은, 이 온천욕이 단순한 도피 행위가 아니라 '학습된 문화 행동'이라는 사실이다. 한 무리가 온천의 따뜻함을 깨닫고 이용하기 시작하면, 다음 세대의 원숭이들이 그 모습을 관찰하고 자연스럽게 따라 한다. 이를 생물학에서는 '사회적 학습(social learning)'이라 부른다. 원숭이들은 특정 장소를 안전하고 편안한 공간으로 기억하고, 그 습관을 새끼들에게 전수한다. 어느 순간부터 온천은 원숭이들의 겨울 문화가 된다. 인간의 온천 문화를 자연스럽게 받아들여 자기 방식으로 변주한 셈이다.

이 풍경은 일본 사회가 자연을 대하는 태도의 축소판처럼 보인다. 일본의 온천 문화는 원래 '자연과 몸을 함께 데우는 의식'에 가깝다. 자연의 기온과 리듬을 세심하게 관찰하며 몸을 맡기는 방식이다. 원숭이 온천 역시 이 틀 안으로 자연스럽게 흘러들었다. 관광지가 된 지금도 '사람은 저쪽, 원숭이는 이쪽'으로 온천이 분리되어 서로의 리듬을 방해하지 않도록 구성되어 있다. 가까이 있으면서 섞이지 않고, 서로 다른 존재의 거리를 존중하는 일본식 생태관이 고요하게 스며 있다.

눈발이 흩날리는 가운데 뜨거운 물 속에서 눈을 감고 가만히 앉아 있는 원숭이들의 모습은 때때로 인간보다 더 인간처럼 보인다. 마치 자연이 만든 사원에서 수행하는 수도자 같다. 해학적이면서도 묘하게 감성적인 장면이며, 일본 겨울 풍경의 독특한 품격을 더한다.

작은 온천 하나에 생태학, 문화사, 인간과 자연의 거리감이라는 여러 층의 이야기가 겹쳐 있다. 원숭이 온천욕의 풍경은 자연과 인간이 충돌이 아니라 '타협'을 만들어낼 때, 세상이 얼마나 부드럽고 아름답게 변모할 수 있는지 보여주는 조용한 사례다.

5. 혼욕이라는 오래된 평등

일본의 혼욕(混浴, こんよく)은 외부인의 시선에선 다소 낯설고 이색적이지만, 그 뿌리를 따라가면 일본인의 위생관념, 신체관, 자연관 그리고 공동체 의식이 자연스럽게 얽혀 있는 문화적 풍경이 된다. 혼욕은 단순히 '남녀가 함께 목욕한다'는 풍속의 기록이 아니라, 일본인이 신체를 어떻게 바라보고, 자연과 어떤 방식으로 어울려 살아왔는지 드러내는 오래된 생활 철학이다.

고대 일본에서 목욕은 종교적 정화에서 출발했다. 불교가 들어오기 전부터 일본인에게 물은 더러움을 씻는 신성한 존재였다. 온천은 땅과 하늘의 기운이 만나는 특별한 장소로 여겨졌고, 물속에 함께 몸을 담그는 것은 부끄러움이 아니라 자연과 조화를 이루는 행위였다. 남녀가 따로 구분되어야 한다는 감각은 애초에 존재하지 않았다.

중세에 들어 마을과 사찰에는 '유야(湯屋)'라 불리는 공동 목욕 공간이 만들어졌다. 수행자들이 몸을 씻는 공간이었지만, 동시에 마을 사람들이 함께 이용하는 공공탕이기도 했다. 그 안에서 남녀가 한 공간을 공유하는 일은 전혀 특별하지 않았다. 중요한 것은 누가 옆에 있는가가 아니라, 물을 통해 몸과 마음을 맑히는 일이었다.

에도 시대에 이르면 혼욕은 일본인의 일상 풍경이 된다. 도시 곳곳에 공중목욕탕이 늘어나고, 남녀노소가 섞여 목욕하는 모습은 자연스러운 생활의 일부였다. 당시 일본 사회에서 나체는 전적으로 일상에 속한 몸이었다. 몸을 가리는 도덕적 잣대보다 청결과 정결의 가치를 우선했다. 목욕은 체면이나 체통이 아니라 위생과 편안함의 영역이었다.

그러나 메이지유신 이후 서구 문물이 유입되면서 상황은 달라졌다. 서양인 여행객들은 일본의 혼욕 문화를 보고 '야만적'이라고 비난했고, 서구의 규범을 '문명'으로 삼은 정부는 혼욕을 점차 금지하거나 제한했다. 남녀를 분리한 목욕탕이 제도화되며 혼욕은 일본의 주변부로 밀려났디.

그럼에도 혼욕은 완전히 사라지지 않았다. 깊은 산 속, 오래된 온천지, 전통 료칸의 노천탕에서 혼욕의 자취는 지금도 살아 있다. 부부나 연인이 함께 즐길 수 있도록 설계된 가족탕은 옛 혼욕 문화를 현대적으로 재해석한 형태다. 지방 온천마을에서는 '혼욕 가능'이라는 문구가 오히려 오래된 정취와 전통을 상징하는 간판처럼 남아 있다.

흥미로운 것은 일본인들이 혼욕을 결코 음란한 풍속으로 여기지 않는다는 점이다. 목욕탕 안에서는 옷도, 신분도, 사회적 장식도 사라지고 그저 한 사람의 인간만 남는다. 혼욕은 몸을 드러내는 행위가 아니라, 서로에 대한 경계를 조용히 낮추는 방식이었다. 부끄러움보다 자연스러움이 앞서고, 욕망보다 평등이 강조되는 공간이었다.

오늘날 혼욕은 점점 드문 풍경이 되었지만, 일본인들에게 그것은 퇴폐나 구시대가 아니라 사라져가는 문화유산이다. 자연과 인간이 함께 숨 쉬던 시절의 흔적이자, 공동체가 서로의 몸을 두려워하지 않던 시대의 기억이다.

혼욕 문화는 남녀가 한탕에 들어갔다는 단순한 풍속이 아니라 인간과 자연, 개인과 공동체의 경계를 느슨하게 만들던 일본적 조화의 방식이었다. 부끄러움보다 평등, 금기보다 공존을 택했던 생활 철학. 그 고요한 감각이 바로 일본 혼욕의 본질이다.

6. 발효 된장 미소의 균형

일본의 미소(みそ, 味噌)는 한국의 된장과 비슷해 보이지만, 그 속에는 전혀 다른 맛의 세계관이 숨어 있다. 둘 다 콩을 발효시켜 만든 장류지만, 한국의 된장은 시간과 숙성의 미학, 일본의 미소는 감칠맛과 균형의 기술을 보여준다. 같은 재료에서 출발했지만, 다른 문화가 만들어낸 두 갈래의 발효 철학이다.

한국의 된장은 메주에서 생명이 시작된다. 콩을 삶아 찧어 메주를 띄우면, 그 안에는 곰팡이 · 효모 · 세균이 뒤섞인 복합적인 미생물 생태계가 자연스럽게 생성된다. 자연 발효가 만든 이 장은 시간이 길수록 깊어지고, 짠맛과 구수함이 무게를 더한다. 된장은 항아리 속을 천천히 지나가는 긴 계절의 맛이다. 농경사회에서 장독대는 생존의 보루였고, 절약과 인내의 상징이었으며, 집안의 도덕적 중심이었다.

반면 일본의 미소는 자연에 맡기기보다 인간이 적극적으로 개입한 발효다. 콩·쌀(혹은 보리)·소금에 고지(麴, 누룩)를 더해 만든다. 이 고지는 아스페르길루스 오리제라는 곰팡이를 인위적으로 배양한 것으로, 단맛과 감칠맛을 이끌어내는 핵심이다. 미소의 세계는 발효가 아니라 '배양'에서 시작된다고 할 수 있다. 자연의 변수를 통제하고, 맛을 섬세하게 설계하는 발효의 공예다.

맛의 스펙트럼도 다채롭다. 교토의 시로미소(白味噌)는 발효 기간이 짧고 색이 밝으며 단맛이 강하다. 나고야의 아카미소(赤味噌)는 오래 숙성해 색이 짙고 맛이 깊다. 현대 일본 가정에서는 두 맛을 섞은 아와세미소(合わせ味噌)가 가장 널리 쓰인다.

한국의 된장이 한 항아리 안에서 천천히 '깊어진 맛'을 추구한다면, 일본의 미소는 여러 맛을 섞고 조율해 만들어지는 '균형의 맛'을 추구한다. 하나는 농후한 농도, 다른 하나는 미세한 조화다.

이 차이는 조리 방식의 차이를 넘어 문화적 세계관의 차이에서 비롯한다. 한국의 된장은 긴 겨울을 버티는 저장식이었고, 집안의 노동과 인내가 녹아 있는 '시간의 장'이었다. 반면 일본의 미소는 감각과 섬세함의 출발점이었고, 매 끼니의 맛을 정돈하는 기본 조율자였다. 일본에서는 '하루는 미소시루로 시작한다'는 말이 있을 정도로, 미소는 일상 속 리듬을 만드는 중심이었다.

오늘날 미소는 전통 장류를 넘어 세계적 조미료로 변모했다. 미소 버터 파스타, 미소라멘, 미소 글레이즈 스테이크, 심지어 미소 아이스크림까지 감칠맛의 언어는 국경을 넘고 있다. 미소는 발효의 오랜 전통이 세련된 미학으로 진화한 예라 할 수 있다.

된장과 미소는 같은 콩에서 시작되었지만, 서로 다른 세계를 맛으로 빚어냈다. 된장은 시간이 만든 철학, 미소는 균형이 빚은 기술이다. 장이라는 한 그릇 안에 담긴 이 차이는 두 문화가 맛을 통해 세상을 이해하는 방식의 서로 다른 깊이를 보여준다.

7. 일본 결혼식에 흐르는 신도의 숨결

일본의 결혼식은 사랑의 선언이기 전에, 사회와 신 앞에서 관계의 질서를 확인하는 의례다. 오늘날 호텔 웨딩과 하얀 드레스가 흔해졌지만, 그 속에서 여전히 신도(神道)의 정서가 조용히 숨 쉬고 있다. 일본의 결혼식은 겉으로는 현대적이지만, 내면은 깊은 전통의 논리를 품고 있는 독특한 문화적 공간이다.

전통적 결혼식의 중심에는 '신전 결혼식(神前結婚式)'이 있다. 이 형식은 메이지 시대에 공식화되었고, 신(神) 앞에서 두 사람이 한 몸이 된다는 선언으로 구성된다. 결혼은 개인의 사랑을 넘어서 가문과 신 앞에서 이루어지는 신성한 연합, 다시 말해 '세상의 질서에 부부라는 단위를 맞춰 넣는 의례'로 이해되었다.

신전식에서 신부가 입는 흰색의 시로무쿠(白無垢)는 과거의 모든 색을 지우겠다는 선언이다. 흰색은 태초의 공백이다. 신부는 그 공백으로 돌아가 새로운 가문의 색으로 다시 채워지기를 바란다. 머리에 두르는 츠노카쿠시(角隱し)는 이름 그대로 '뿔을 가린다'는 뜻이다. 결혼 후 부부관계를 해칠 수 있는 질투나 분노를 감추겠다는 상징이며,

일본적 미덕의 핵심인 '화(和)'를 시각적으로 표현한 장치다.

예식에서 가장 중요한 순간은 '산산쿠도(三三九度)'라 불리는 술잔 의식이다. 세 개의 잔에 세 번씩 술을 나누어 마시는 이 의례는 인간·신·두 가문의 화합을 의미하며, 숫자 3×3의 완전함을 통해 두 사람의 결합이 신성한 영역에 들어섰음을 선언한다. 이 장면은 일본의 결혼식이 단순한 기념 행사가 아니라, 신 앞에서 새 가문이 탄생하는 종교적 순간임을 잘 보여준다.

전후 시대 이후 일본은 서구식 웨딩에 열광했다. 흰 드레스, 파이프오르간, '성스러운 분위기'를 빌린 교회식 결혼식이 폭발적으로 늘어난 것이다. 흥미로운 점은 이런 결혼식에 참여하는 이들이 실제로 기독교 신앙을 가진 경우는 거의 없다는 사실이다. 그것은 종교라기보다 풍경으로서의 성스러움을 소비하는 문화 현상이다. 일본 특유의 아름다운 형식에 대한 감각이 반영된 변화다.

결혼식 이후 이어지는 히로엔(披露宴)은 사회적 질서의 공간이다. 상사, 동료, 친척이 순서대로 축사를 하고, 건배를 하고, 관계의 맥락을 재확인한다. 축의금 봉투인 고슈기부쿠로(ご祝儀袋)는 매듭의 모양과 끈의 색깔까지 의미가 결정되어 있어, 이 작은 봉투 하나에도 사회적 질서가 촘촘히 스며 있다. 매듭을 잘못 고르면 불길한 뜻이 되어버리는 만큼 예의는 아주 정확하게 지켜야 한다.

오늘날 일본의 결혼식은 그 형태가 크게 변했지만, 그 본질은 여전히 변하지 않았다. 감정보다 형식, 사랑보다 관계, 개인보다 질서가 우선되는 방식. 일본인의 세계에서는 결혼이 단순히 두 사람의 사랑을 축하하는 날이 아니다. 그것은 사회적 구조 속에서 새로운 자리를 얻는 순간이며, 신 앞에서 조용히 '질서의 문'을 통과하는 의례다. 일본의 결혼식은 그래서 화려한 잔치라기보다, 조용하고 정돈된 세계관의 선언처럼 느껴진다.

8. 일본 겨울의 두 축, 코타츠와 나베

코타츠(こたつ, 炬燵)는 일본 겨울의 상징과도 같은 존재다. 난방기구라고 부르기엔 그 안에 담긴 생활 철학이 깊다. 작은 테이블 아래 전기 히터가 달리고, 그 위에 두툼한 이불이 덮여 있다. 가족은 그 이불 속으로 다리를 넣고, 온기와 이야기를 함께 나눈다. 눈이 내리는 저녁, 텔레비전 소리가 은은하게 흐르고, 코타츠 위에 놓인 귤 향이 방 안을 채우는 풍경, 이것이 일본 겨울의 정서다.

코타츠의 뿌리는 무로마치 시대의 이로리(囲炉裏)였다. 집 안의 바닥에 판 화로 주변에 사람들이 모여 앉아 밥을 먹고 차를 마시던 그 풍경은, 일본 가정의 중심이 '불'이었다는 사실을 보여준다. 이 이로리 위에 나무틀과 천을 덮어 보온 효과를 높인 것이 코타츠의 시작이었다. 전기가 보급된 뒤 불 대신 히터가 들어갔고, 20세기 중반 현재의 형태가 완성된다.

코타츠의 본질은 방 전체를 데우기보다 사람을 데우는 방식에 있다. 일본 전통 가옥은 단열이 약해 실내 난방이 효율적이지 않았기에, 사람 주변의 작은 공간을 따뜻하게 만드는 문화가 발달했다. 그래서 코타츠는 집 안의 작은 태양이 되었다. 난방비를 아끼는 실용성은 덤이었다. 더 중요한 것은 가족이 자연스럽게 모여드는 힘이었다. 코타츠 아래에서 발이 닿으면 말이 많아지고, 세대가 달라도 따뜻함 만큼은 함께 나눌 수 있었다. 그래서 일본에는 '코타츠를 치우면 가족이 멀어진다'는 농담 같은 진담이 있다. 혼자 사는 젊은이도 작은 방에 코타츠를 들인다. 전기요보다 따뜻하고, 마음의 온기를 지켜주는 존재이기 때문이다.

코타츠라는 작은 공간에는 일본 미학의 중요한 감각도 숨어 있다. 크지 않고, 화려하지 않고, 조용하되 깊은 온기를 품은 형태, 즉 와비사비(侘寂)의 감각과 연결된다. 눈 내리는 정원을 바라보며 코타츠 속에서 까먹는 귤 한 알, 뜨거운 차 한 잔, 방의 적막이 만들어내는 평온. 이 정서는 일본이 오래 지켜온 소박한 행복의 형태다.

이러한 겨울의 중심에 놓이는 또 하나의 상징이 있다. 바로 일본의 전골요리, 나베(鍋) 문화다. 나베는 단순한 끓이는 음식이 아니라, 일본인의 공동체 감각이 고스란히 담긴 생활 철학이다. 냄비 하나를 중심에 두고 여러 사람이 둘러앉아 먹는 구조는 '함께 따뜻함을 나누는 방식'이라는 일본 사회의 기본 정서를 상징한다.

나베의 기원은 헤이안 시대 귀족들이 궁중에서 임시 화로를 놓고 고기와 생선을 끓여 먹던 데서 출발했고, 사찰 요리와 결합하며 채식 중심의 전골문화가 생겼다. 에도 시대에 들어 나베는 도시 서민들의 음식으로 본격 정착된다. 값이 싸고, 여러 사람이 함께 먹을 수 있는 구조였기 때문이다. 거리 곳곳에 모여든 스키야키(すき焼き)와 요세나베(寄せ鍋) 가게들은 단순한 식당이 아니라 서민들의 공동체 공간이었다.

에도 후기, 일본은 '불과 냄비'를 생명력의 상징으로 바라봤다. 불은 자연의 기운이고, 냄비는 그 기운을 담는 그릇이었다. 가족이 한자리에 모여 나베를 끓이는 행위는 일상 속의 작은 제사의식이었다. 이는 자연과 인간의 조화를 중시하는 신토적 감각과도 깊이 닿아 있다. 손에 스며드는 따뜻함이 곧 한 가족의 질서와 사랑을 상징했던 것이다.

근대 이후 일본의 나베는 지역과 계절에 따라 풍성하게 분화된다. 홋카이도의 이시카리나베, 규슈의 모츠나베, 아키타의 기리탄포나베, 이 모든 전골은 그 지역의 기후와 재료, 그리고 오랜 생활의 기억을 담고 있다. 나베는 단순한 지역 요리가 아니라 그 지역 사람들이 겨울을 버티는 방식, 서로를 데우는 방식이 그대로 담긴 생활의 역사서다.

겨울이 오면 일본인은 자연스럽게 나베를 찾는다. 불 위에서 국물이 끓고, 김이 오르고, 냄비 위로 모여드는 얼굴들과 목소리. 추위는 사람을 흩어놓지만, 나베는 다시 모이게 한다. 코타츠가 집안의 태양이라면, 나베는 식탁 위의 불씨다. 둘은 서로 다른 방식으로 겨울을 견디지만, 결국 같은 메시지를 전한다. '따뜻함은 공간이 아니라 관계에서 온다.'

코타츠와 나베는 일본식 겨울의 두 축이다. 하나는 몸을 데우고, 하나는 마음을 모은다. 조용한 방 안에서 이불 속 온기를 나누거나, 김 오르는 냄비 주변에 둘러앉아 웃음을 나누는 순간, 일본인은 그 속에서 겨울을 견디는 힘을 얻는다. 차갑고 긴 겨울이어도, 이 두 가지가 있으면 인간의 온기는 결코 사라지지 않는다.

9. 여름 밤을 흔드는 몸짓,
아와오도리 400년의 흥과 해방

아와오도리(阿波踊り, あわおどり)는 일본 도쿠시마(德島)의 여름을 뒤흔드는 거대한 파도다. 매년 8월 오본(お盆)에 맞춰 펼쳐지는 이 춤 축제는 일본 전역에서 100만 명 넘는 사람들이 몰려드는, 일본 최대 규모의 민속 춤판이다. 이름 그대로 '아와 지방의 춤'이지만, 단순한 지방 축제를 넘어 400년 넘게 이어진 집단적 열정과 해방의 장면을 품고 있다.

기원은 16세기 후반으로 거슬러 올라간다. 도쿠시마번의 영주 하치스카 이에마사가 새 성의 축성을 기념하며 백성들에게 술과 춤을 허락했다는 이야기가 가장 널리 전해진다. 그날 밤 사람들은 술에 취해 리듬도 규칙도 없이 흥에 겨워 춤을 췄고, 그 즉흥성이 훗날 하나의 춤 양식으로 정착되었다. 그래서 아와오도리에는 처음부터 '틀 안의 춤'보다 '삶의 해학과 무질서의 자유'가 먼저 자리 잡는다.

춤의 구조는 남녀가 대비를 이루며 펼쳐진다. 남자들은 허리를 낮추고 크게 흔들며 거친 에너지를 드러내고, 여성 무용수들은 나막신을 신고 아슬아슬하게 중심을 잡으며 우아하고 날카로운 선을 그린다. 팀 단위의 '렌(連)'이 음악과 함께 행진하면, 거리는 곧 움직이는 무대가 된다. 샤미센(三味線)과 북(太鼓), 피리(笛), 종(鉦)이 만들어내는 '하야시(囃子)'는 단순한 반주가 아니라 춤꾼들의 호흡을 끌어올리는 박동이다. 음악이 고조되면 외침이 터진다. '야톳사, 야톳사(やっとさー、やっとやっと)!' 이 힘찬 구호(掛け声)는 관객의 발끝까지 들썩

이게 한다.

아와오도리의 핵심은 질서와 혼란의 공존이다. 행렬은 정해진 진로를 따라 흐르지만, 춤사위는 모두 제각각이다. 한 사람 한 사람의 손짓, 발놀림, 호흡은 다르지만 멀리서 보면 거대한 파도처럼 하나로 움직인다. 일본 사회가 지닌 집단성의 균형 속에서 개인적 표현이 살아나는 순간이다. 일본의 '화(和)', 즉 조화의 미학이 춤으로 구현되는 장면이기도 하다.

도쿠시마 시내는 축제 기간 동안 완전히 다른 세계가 된다. 밤이 내리면 등불이 흔들리고, 길마다 춤의 흐름이 이어진다. 구경꾼들은 인파에 섞여 흥겨운 리듬에 취하고, 아이들은 즉석에서 춤을 따라 한다. 특히 유명한 문구 하나가 축제의 정신을 완성한다.

'춤추는 바보, 보는 바보, 모두 바보라면 함께 춤추자.'

이 말은 아와오도리가 왜 4세기 동안 끊기지 않고 이어져 왔는지를 정확히 설명한다. 삶은 계산보다 몸의 리듬에 가깝고, 때로는 바보가 되어야 비로소 자유를 얻는다는 메시지다.

아와오도리는 결국 '마츠리(祭り)의 본질'을 그대로 품고 있는 축제다. 일상의 규율과 침묵에서 벗어나, 익명의 군중 속에서 웃고 흔들고 소리 지르며 사람은 잠깐 다른 존재로 변한다. 춤추는 이와 바라보는 이의 경계가 사라지는 순간, 그곳은 일상이 아닌 또 하나의 세계가 된다. 규칙보다 생기, 질서보다 해방이 우선하는 시간.

그래서 아와오도리는 단순한 여름 행사라기보다, 인간이 잠시 자기 자신에게 돌아가는 의식에 가깝다. 400년의 시간 속에서도 변함없이 살아남은 이유는 바로 그 자유와 공동체적 열정이 일본인의 삶과 맞닿아 있기 때문이다.

10. 빠찡코, 근대의 질감

빠찡코(パチンコ)는 일본의 거리에서 흔히 볼 수 있는 오락기다. 그러나 조금만 귀를 기울이면, 그 기계음 뒤에 일본 근대가 흘린 땀과 욕망, 도시의 외로움이 묵묵히 쌓여 있음을 느끼게 된다. 빠찡코는 단순한 게임이 아니라, 일본이라는 사회가 성장과 좌절을 반복하던 시절의 그림자를 품은 거대한 문화적 장치다.

빠찡코의 시작은 의외로 소박했다. 1920년대 오사카의 어린이 장난감 '코린토 게임'이 그 원형이었다. 쇠구슬을 튕겨 핀 사이를 통과시키는 단순한 구조였지만, 어른들이 이 장난감에 몰두하기 시작하면서 오락적 요소가 도박적 긴장을 띠기 시작했다. 1930년대에는 본격적인 '빠찡코점(パチンコ屋)'이 등장했고, 일본의 상점가 곳곳이 쇠구슬 튕기는 소리로 가득 차기 시작했다.

전쟁이 시작되며 빠찡코는 한때 사라졌지만, 패전 직후 다시 부활했다. 이 시기의 빠찡코는 단순한 게임이 아니었다. 폐허 위에서 사람들이 가장 먼저 찾은 것은 종종 '희망의 환상'이었다. 식량도 일자리도 부족한 시절, 빠찡코 앞에 앉은 사람들은 작은 구슬 하나에 하루의 운명을 걸었다. 구슬이 튀어 오르는 소리에는 패전국 일본의 무력감, 그리고 다시 일어서겠다는 의지가 동시에 실려 있었다.

1950~60년대 고도 경제 성장기, 빠찡코는 도시의 일상 풍경이 되

었다. 공장에서 막 퇴근한 노동자, 회사를 마친 샐러리맨이 집에 가기 전 들르는 곳이 바로 빠찡코점이었다. 네온사인 아래에서 쏟아져 나오는 기계음, 담배 냄새, 회색 조명. 그 속에서 사람들은 자신의 피로와 분노, 억눌린 감정을 조용히 소모했다. 빠찡코는 일본적 의미에서 '기계의 품 안에서 이루어지는 감정의 정화'였다. 기계가 인간을 위로하고, 기계가 인간의 공허를 해소하던 풍경이다.

빠찡코가 흥미로운 이유는, 법적으로는 '도박'이 아니라는 점이다. 일본은 도박을 금지하지만, 빠찡코는 '오락'으로 분류된다. 그 이면에는 일본 특유의 회색 합법주의인 '삼점식(三店方式)' 구조가 있다. 빠찡코점은 구슬을 상품권으로 바꾸고, 바로 옆의 '교환소'가 그 상품권을 다시 현금으로 바꿔주는 방식이다. 법은 지키되, 실질은 도박. 규제와 욕망 사이에 일본 사회가 만들어낸 절묘한 타협이다.

1990년대, 빠찡코 산업은 정점에 올랐다. 전국에 1만 개가 넘는 점포, 연 매출 30조 엔 이상으로 당시 자동차 산업을 능가하는 규모였다. 그야말로 일본 소비 사회의 핵심 산업이었다. 그러나 2000년대 이후 인터넷 게임과 규제 강화로 점차 하락세에 접어들었고, 지금은 과거의 거대한 위세가 희미해지고 있다. 그럼에도 지방 도시로 가보면 역 앞마다 아직도 빠찡코점이 있고, 문을 열면 여전히 금속음과 담배 냄새, 그리고 기계 불빛에 익숙해진 사람들의 표정이 풍경의 일부로 남아 있다.

빠찡코는 일본의 '조용한 중독 구조'를 드러내는 사회학적 장면이기도 하다. 규율을 중시하는 사회에서, 사람들은 감정을 밖으로 표출하는 대신 조심스럽고 합법적인 일탈을 찾는다. 빠찡코는 폭력이나 범죄로 이어지지 않는 '안전한 탈출구'였다. 기계 앞에서는 누구도 말 걸지 않고, 누구도 판단하지 않는다. 그 익명성 속에서 사람들은 하루를 지우고, 다음날을 견딜 힘을 모았다. 그래서 어떤 의미에서 빠찡코점은 세속적 수행의 장소였다. 구슬이 떨어지는 소리는 마치 염주 구슬이 굴러가는 소리처럼 반복적이고 최면적이었다.

빠찡코 역사의 안쪽에는 재일조선인 사회의 서사가 깊게 배어 있다. 전후 혼란기, 차별이 심해 다른 산업에 진출하기 어려웠던 재일 1세대들은 빠찡코 산업에 뛰어들었고, 실제로 일본 빠찡코 산업의 상당 부분은 재일 한국인 기업가들이 만들어낸 것이다. 일본 사회의 중산층 오락이자 도시 문화의 상징이 된 빠찡코의 토대가 식민지 출신 이민자들의 손에서 구축되었다는 사실은, 일본 근대의 복잡한 이면을 상징적으로 보여준다.

오늘날 빠찡코는 조용히 쇠퇴하고 있지만, 여전히 일본 사회이 깊은 곳을 비추는 거울이다. 번쩍이는 네온과 무표정한 얼굴들, 기계음 속의 고독, 규율과 일탈이 공존하는 공간. 빠찡코는 단순한 게임이 아니었다. 그것은 일본인이 산업화의 굴레 속에서 기계와 마음을 교환하며 살아온 한 시대의 기록, 그리고 세계 곳곳의 도시들이 잃어버린 '근대의 질감'을 마지막으로 간직한 기계다.

빠찡코가 사라져도, 그 소리는 일본의 도시를 한동안 떠돌 것이다. 그 금속적인 리듬 속에 담긴 것은 기계적 소음이 아니라, 근대라는 이름의 거대한 꿈과 그 꿈이 남긴 음영이다.

11. 일본의 쓰나미와 기억의 이야기

일본의 쓰나미 대책은 세계에서 가장 정교한 방재 체계로 알려져 있다. 그러나 그 기반을 자세히 들여다보면, 그것은 기술의 승리라기보다 오래된 상처 위에 쌓인 기억과 습관이다. 일본 열도는 네 개의 지각판이 맞물린 환태평양 조산대 위에 놓여 있으며, 땅의 진동과 바다의 분노가 이 나라의 일상이었다. 바다는 풍요를 주었지만, 언제든 모든 것을 앗아갈 수 있는 존재였다. 일본인들은 그 공포를 부정하지 않고, 차분하게 받아들이는 방식으로 살아왔다.

2011년 3월 11일, 동일본 대지진은 일본인의 사고방식을 근본적으로 뒤흔든 사건이었다. 수십 년 동안 일본은 높은 방조제와 콘크리트 벽을 세워 자연을 막아보려 했다. 그러나 쓰나미는 그 벽들을 가볍게 넘었다. 마을이 사라지고, 사람의 이름이 없어지고, 남은 것은 거대한 침묵뿐이었다. 그날 이후 일본은 방벽의 높이를 고민하는 대신, 사람을 어떻게 움직일 것인가를 먼저 생각하게 되었다. '막는다'에서 '살려낸다'로, 해안 정책의 무게중심이 옮겨 간 것이다.

지금의 해안선은 단일 벽이 아니다. 방파제와 숲, 경사로와 제방, 피난도로와 고지대가 여러 겹으로 이어진다. 쓰나미의 힘을 한 번에 받지 않고, 여러 층에서 나누어 흘려보내는 방식이다. 마치 거대한 상처를 여러 겹의 붕대로 덮듯, 일본은 바닷가에 '다층 방재'라는 섬세한 패턴을 깔아놓았다.

해저에는 수백 개의 지진계와 수압계가 깔려 있고, 그 데이터는 해저 케이블을 통해 실시간으로 본부로 전달된다. 지진이 일어나는 순간, 일본기상청은 몇 분 안에 진앙과 규모, 해저 변동을 분석해 즉시 경보를 낸다. 방송은 일제히 멈추고, 익숙하면서도 차갑게 울리는 경고음, '츠나미! 고엔리쿠데스!' 이 공기를 베어낸다. 최근에는 'S-net'과 'DONET' 같은 해저 감시 시스템이 확충되며 태평양 전 연안을 거의 실시간으로 바라볼 수 있게 되었다. 쓰나미는 보이지 않는 적이지만, 일본은 그 적의 움직임을 한순간이라도 더 빨리 감지하려 한다.

그러나 일본 방재의 핵심은 기술이 아니라 사람이다. 해안 마을 곳곳에는 파란 화살표가 바다를 등지고 산쪽을 가리킨다. 학교 옥상, 체육관, 산책로 끝의 언덕, 작은 초소 등 어디든 빨리 올라갈 수 있는 곳이면 '피난지점' 표지판이 붙어 있다. 일본은 지진이 나면 3분 안에 피난을 시작해야 한다는 원칙을 세웠다. 그 3분이 수천 명의 생명을 가른다는 사실을 너무 많이 경험해왔기 때문이다.

여기서 일본 방재 문화의 상징 같은 말이 등장한다. '쓰나미 텐덴코(津波てんでんこ).' 해석하면 '쓰나미가 오면 각자 도망쳐라.' 이 말은 이기심이 아니라, 사랑하는 사람을 기다리다 함께 희생되는 일을 막기 위한 비극의 지혜다. 가마이시의 작은 학교 아이들이 이 원칙을 지키며 가장 먼저 달렸고, 그래서 대부분 살아남았다. 서로를 포기한 것이 아니라, 서로를 살리기 위해 먼저 뛰었던 것이다. 일본의 방재는 이런 '슬픈 지혜'를 기반으로 한다.

최근 일본의 방재는 인공지능, 위성, 드론 기술로 확장되고 있다. 위성 영상은 쓰나미의 이동 속도를 실시간 예측하고, 구조 드론이 폐허 위를 날며 사람의 온기를 찾는다. 일본이 추구하는 목표는 이제

'이기는 방재'가 아니라 '견디는 방재', 즉 회복력이다. 무너져도 다시 일어서고, 잃어도 다음 세대를 지키는 것. 그 길을 일본은 느리지만 꾸준히 걷고 있다.

하지만 기술보다 중요한 것은 기억이다. 쓰나미가 지나간 자리에 남는 것은 폐허만이 아니다. '여기에 집이 있었다', '여기서 우리가 웃었다'라는 말. 그것들이 일본의 해안선에 작은 비석처럼 남아 있다. 일본인들은 잊지 않는다. 잊지 않기 위해 표지판을 세우고, 매년 훈련을 하고, 아이들에게 이야기를 들려준다. 두려움이야말로 미래를 지키는 힘이 된다고 믿는 것이다.

일본의 쓰나미 대책은 자연과 싸운 기술의 기록이라기보다, 상처를 기억하고 삶을 이어온 사람들의 이야기다. 바다는 이길 수 없지만, 살아남는 법은 배울 수 있다는 믿음. 일본은 그 믿음을 따라 바닷가에 조용히, 그러나 단단하게 인간의 길을 만들어왔다.

12. 에푸론 이야기

일본 주부의 앞치마(エプロン, 에푸론)는 단순한 주방용품이 아니라, 한 시대의 생활감정과 윤리의 상징이었다. 일본에서 앞치마는 '집 안의 제복(制服)'으로 불릴 만큼 가정과 여성의 역할을 상징하는 물건이었다. 그것은 '일한다'는 실용의 의미보다 '정돈된 마음으로 가정을 돌본다'는 생활의 예절이다.

에도 시대의 여성들은 가사노동이나 상점일을 할 때 '마에카케(前

掛け)'라는 허리 앞치마를 맸다. 천은 질기고 단단했으며, 주머니에는 늘 바늘이나 수첩, 열쇠가 들어 있었다. 농부의 아내도, 상인의 딸도, 다도(茶道)를 배우는 여성도 모두 자기 역할에 맞는 앞치마를 가지고 있었다. 앞치마는 신분과 직업의 경계를 넘나드는 노동과 정결의 상징이었다.

메이지 이후 서양식 앞치마가 들어오면서 모양은 변했지만, 의미는 오히려 강화됐다. 하얀 앞치마는 깨끗한 가정, 단정한 아내의 표식이 되었고, '앞치마 차림의 주부'는 일본의 이상적 여성상으로 자리 잡았다. 전후(戰後) 고도성장기의 드라마나 광고에서는 언제나 앞치마를 두른 어머니가 등장했다. 그녀는 가족의 중심이자, 질서의 수호자였다. 남편이 회사에서 전쟁을 치르고 있을 때, 그녀는 부엌과 거실에서 작은 왕국을 지키는 사령관이었다.

그러나 이 앞치마에는 단순한 모성의 따뜻함만 있는 것은 아니다. 그 속엔 일본 사회가 여성에게 요구한 '희생과 자기절제의 미학'이 숨어 있다. 주부는 자신의 개성을 감추고, 가족의 일상에 헌신하는 존재로 이상화되었다. 앞치마는 일종의 무명(無名)의 갑옷이었다. 그것을 두르는 순간, 한 여성은 '나'가 아니라 '가정'이 되었다.

오늘날 일본의 젊은 세대는 앞치마를 더 이상 구속의 상징으로 보지 않는다. 생활용품이자 패션으로 소비되고, 예쁜 무늬나 브랜드 앞치마가 인테리어의 일부가 되기도 한다. 하지만 여전히 많은 일본 가정에서, 어머니는 저녁 준비를 하며 앞치마 끈을 매는 그 짧은 순간에 마음을 고쳐 묶는다. 그것은 몸가짐의 예절이자, 하루의 리듬을 정돈하는 의식이다.

일본 주부의 앞치마는 단순한 천 조각이 아니다. 그것은 가정을 하나의 작은 우주로 여기며, 그 질서를 스스로 책임지는 여성들의 생활의 철학을 품고 있다. 음식 냄새가 배어 있고, 세탁으로 낡아 해진 앞치마는 세월을 견딘 한 인간의 품격이자, 일본 가정문화가 지켜온 조용한 아름다움의 흔적이다.

13. 야스쿠니, 근대의 집단기억

야스쿠니 신사는 일본 근대사의 빛과 그림자를 동시에 품은 장소다. 도쿄 치요다구의 조용한 숲속에 자리한 이 신사는, 1869년 메이지 천황의 칙령으로 세워졌다. 원래 이름은 '도쿄 쇼콘샤(東京招魂社)'로, 막부 타도를 위해 싸우다 죽은 자들의 혼을 위로하기 위해 만들어진 신토 제단이었다.

1879년에 '야스쿠니(靖國)'라는 이름이 붙었는데, 뜻은 '나라를 평안하게 한다'는 의미다. 이 단어 자체가 이미 정치적이었다. 나라를 위해 싸운 자의 영혼이 곧 평화의 기초라는 신념이 깔려 있었다.

야스쿠니 신사의 본질은 단순한 위령이 아니라, '국가를 위해 죽은 자의 신성화'에 있다. 이곳에는 메이지유신 이후 일본이 벌인 모든 전쟁, 세이난전쟁, 일청전쟁, 일러전쟁, 만주사변, 태평양전쟁에서 전사한 약 246만 명의 혼이 합사되어 있다. 이들은 모두 '고국을 위해 목숨을 바친 영령(英靈)'으로 추앙된다.

이 합사는 1978년 비밀리에 이루어졌다. 그로 인해 야스쿠니 신사는 단순한 종교시설이 아니라, 일본의 전쟁 기억과 책임 의식이 교차하는 정치적 상징이 되었다. 전범이 신성한 존재로 함께 기려진다는 사실은, 일본의 침략전쟁을 '성전(聖戰)'으로 미화할 위험을 내포한다. 그래서 일본 총리나 정치인이 이곳을 참배할 때마다 주변국들은 이를 과거사 왜곡의 징후로 받아들인다.

그러나 일본 내부에서도 야스쿠니를 바라보는 시선은 복잡하다. 많은 일본인은 이곳을 전범 찬양의 장소로 보지 않는다. 그들에게 야스쿠니는 전쟁에서 가족을 잃은 사람들의 애도의 장소이자, 국가의 근대화를 위해 희생된 조상들의 넋을 기리는 사당이다.

전쟁의 가해와 피해가 한 공간에 겹쳐 있는 셈이다. 일본인들의 마음속에서 야스쿠니는 죄책감과 감사, 슬픔과 자부심이 얽혀 있는 모순의 성소다.

야스쿠니의 공간적 연출두 이 상징성을 강화한다. 붉은 도리이(鳥居)를 지나면 거대한 신전이 서 있고, 그 중심에는 제단과 더불어 '유슈칸(遊就館)'이라 불리는 전쟁박물관이 자리한다. 유슈칸은 일본의 전쟁사를 '자위의 역사'로 설명하며, 일본군의 희생을 영웅적 시선으로 다룬다. 이 박물관은 '야스쿠니의 해석'을 시각화한 공간으로, 역사인식 논쟁의 핵심이 되었다.

하지만 야스쿠니의 깊은 층에는 여전히 인간적인 진심이 있다. 이름 모를 병사, 전장에서 사라진 청년들, 전쟁으로 남겨진 유가족의 눈물, 그들의 슬픔은 신사 건립의 출발점이었다. 문제는 그 애도의 정서가 언제부터인가 '국가적 명예'로 포장되어, 개인의 죽음이 집단의 신화로 승격된 것이다. 이 지점에서 야스쿠니는 단순한 신사가 아니라, 일본 근대의 집단기억의 전당이자 기억의 갈등 장소가 되었다.
　야스쿠니 신사는 '평화'를 위해 세워졌지만, 그 평화의 의미를 두
고 오늘날까지 일본과 이웃 나라 사이에서 긴장이 이어지고 있다.
신토의 세계에서 '신'은 인간을 넘어선 존재이지만, 야스쿠니의 신들
은 인간의 역사 속에서 여전히 논쟁 중이다. 이곳은 일본이 과거를
어떻게 기억하고, 어떻게 책임질 것인가를 묻는, 역사적 양심의 거
울이다.

14. 아날로그, 일본이 지키려는 것

　일본이 여전히 아날로그를 고집하는 이유는 단순한 기술적 뒤처짐
이 아니라 문명적 선택의 문제다. 일본은 세계 최고의 기술력을 가진
나라 중 하나이지만, 동시에 그 기술을 '모두 디지털로 바꾸지 않겠
다'는 독특한 철학을 유지한다. 공공기관의 팩스 사용, 도장 문화, 종
이 서류, 현금 결제, 이 모든 것은 외부에서 보면 비효율의 상징이지
만, 일본인에게는 신뢰의 방식이자 인간관계의 온도다.
　그 중심에는 '완벽함보다 확실함'을 중시하는 사회심리가 있다. 일
본은 시스템의 정밀함을 무엇보다 신뢰한다. 디지털은 빠르지만 눈
에 보이지 않는다. 데이터는 복제될 수 있고, 사라질 수도 있다. 반면
종이는 손으로 만질 수 있고, 도장은 눈앞에서 찍힌다. 눈으로 보고,
손으로 느끼고, 상대와 함께 확인하는 과정이 곧 '안심'이다. 일본에
서 기술은 편리함보다 신뢰를 보조해야 하는 도구다.

또한 일본의 행정 시스템은 '책임의 명시'를 중시한다. 도장 하나에는 '내가 이 일에 책임을 진다'는 의미가 담긴다. 전자서명이든 QR코드든, 그런 상징적 행위는 결여되어 있다. 일본인은 시스템이 아닌 인간의 행위를 통해 관계를 확인하려 한다. 그래서 팩스는 여전히 살아 있다. 이메일보다 느리지만, 서류를 직접 넣고 전송음을 듣는 그 과정 자체가 '책임의 전가'를 방지하는 문화적 장치다.

일본이 디지털화를 늦추는 또 다른 이유는 '질서와 습관의 속도' 때문이다. 일본 사회는 혁신보다 정밀한 유지와 반복을 선호한다. 한 번 정착한 시스템은 완벽히 작동하기 전까지 바꾸지 않는다. '작동하는 시스템은 건드리지 않는다'는 철칙이 행정과 기업 모두에 깊게 박혀 있다. 새로운 기술을 도입하기보다, 기존 방식을 끝까지 정련시키는 쪽을 택한다. 그래서 일본의 기차는 여전히 사람이 시간표를 눈으로 확인하고, 도심의 택시는 아날로그 미터기를 사용하며, 공공기관은 종이 문서를 손으로 정리한다. 느리지만 확실한 질서가 그들의 안정감을 지탱한다.

이 고집은 또한 일본의 미학과도 연결된다. 일본의 미는 '손맛'의 문화에서 나온다. 손으로 만드는 것, 손으로 확인하는 것, 손으로 넘기는 것에 가치를 둔다. 디지털은 효율적이지만, 손의 온기를 지운다. 일본인은 그 온기 속에서 인간다움을 느낀다. 가게 주인이 계산기를 두드리고, 봉투에 현금을 담아 건네는 행위에는 시간과 정성이 흐른다. 그것은 단순한 거래가 아니라 예절의 한 형태다.

흥미롭게도, 일본의 첨단 기술 산업조차 아날로그 감각을 버리지 않는다. 로봇이나 전자기기 설계에서도 '사용자의 손 감촉'을 고려하고, 전자제품의 버튼 소리 하나에도 감정적 반응을 연구한다. 기술과 인간 사이의 '감각적 거리'를 유지하려는 노력이다. 일본의 기술은 차갑지 않다. 언제나 촉감과 리듬, 그리고 정숙함을 남긴다.

일본이 아날로그를 고집하는 이유는 '느림의 미학'과 '신뢰의 윤리' 때문이다. 디지털은 속도를 주지만, 일본은 정밀함과 확실함을 택한다. 효율보다 관계, 편리보다 책임, 속도보다 안정. 일본의 사회는 여전히 손으로 확인하고, 눈으로 신뢰하며, 천천히 움직이는 방식으로 세상을 유지한다.

그래서 일본의 아날로그는 낡은 것이 아니라 완성된 형태다. 그것은 기술의 대안이 아니라 인간성의 방어선이다. 일본은 그 느림 속에서 질서와 품위를 지키며, 세계가 잊은 '확실함의 아름다움'을 오늘도 고집스럽게 이어가고 있다.

15. 상징의 나라

일본의 깃발 문화는 단순한 장식이 아니라 일본 사회가 상징을 다루는 방식을 잘 드러내는 작은 창이다. 깃발은 일본인의 감성, 공동체의 질서, 전통의 잔향이 한데 얽혀 있는 흥미로운 문화적 장치다.

일본의 깃발 문화는 중세 무사들의 표식에서 기원한다. 전국시대 전장을 떠올리면, 무사의 등 뒤에서 나부끼는 작은 깃발 '사시모노(指物)'가 대표적이다. 이 깃발은 전투 속에서 '나는 누구의 사람인가'를 즉각 알려주는 신분표였다. 일본은 일찍부터 문자를 깃발에 적극적으로 사용했는데, 이는 유럽 기사들이 문장(紋章)을 중심으로 상징을 만들던 것과 대비된다. 일본 깃발은 초기부터 문양과 글씨가 자연스럽게 결합된 독특한 양식을 발전시켰다.

일상 공간에서 깃발의 존재감이 가장 선명한 곳은 신사다. 신사 입구의 토리이 주변에는 흰색과 붉은색의 깃발이 바람을 타며 서 있다. 이 깃발은 '여기서부터는 속세가 아니다'라는 분위기를 만드는 장치다. 일본의 마쓰리(축제)에서는 길가마다 세로형 깃발 '노보리(幟)'가 줄지어 서는데, 이는 공동체가 한 방향으로 마음을 모으는 시각적 구조물이었다. 제의(祭儀)는 항상 리듬과 흐름을 필요로 했고, 깃발은 그 흐름의 시각적 중심이었다.

전후 일본에서는 히노마루(日の丸, 일본 국기)를 둘러싼 감정이 양가적으로 분열되었다. 전통적 상징이면서 동시에 제국주의의 잔재였기 때문이다. 학교에서 국기 게양을 강제로 할 것인지 여부는 지금도 논쟁을 낳는다. 그러나 역설적으로 일본인들은 일상에서는 깃발을 매우 자연스럽게 사용한다. 상점의 세일을 알리는 작은 삼각기, 여름 축제의 노보리, 스포츠 경기 응원 깃발 등 일상 공간 곳곳에 깃발이 스며 있다. 국가 상징으로는 민감하지만 생활 상징으로는 누구보다 친숙한 독특한 이중성이 형성되어 있다.

깃발 문화에는 일본인의 심리가 절묘하게 담겨 있다. 일본인은 영역을 시각적으로 명확하게 구획 짓는 경향을 보인다. 깃발은 공간을 선명히 표시하며 질서감을 만든다. 동시에 깃발의 색과 패턴은 공동체의 조화를 강조한다. 지나친 과장보다는 일정한 리듬과 패턴 속에서 조화로운 균형을 추구한다. 축제 때 깃발을 흔드는 행위도 기세를 세우면서도 감정은 절제하는 일본 특유의 분위기를 잘 보여준다.

깃발을 통해 본 일본은 상징을 섬세하게 다루는 사회다. 전쟁터의 사시모노는 충성과 신분 질서를, 신사의 노보리는 제의적 공동체의 흐름을, 현대 거리의 깃발은 규율과 생활 미학을 보여준다. 작은 천 조각 몇 개만 봐도 일본이 왜 '상징의 나라'라 불리는지 자연스럽게 이해된다.

16. 앗, 잉어다

일본 도심의 하천을 지나가다 보면, 물빛이 그리 맑지 않아도 어김 없이 잉어가 유유히 떠다니는 풍경을 만난다. 다른 나라의 도시 하천 에서는 보기 어려운 장면인데, 일본에서는 거의 '국민 풍경'에 가깝 다. 이 잉어들은 단순히 물고기가 아니라, 일본 도시 생활의 오래된 습관과 자연관을 담은 상징처럼 자리 잡았다.

일본 도심 하천에 잉어가 많은 건 먼저 도시 하천의 관리 방식과 관계가 있다. 일본은 하천을 완전히 콘크리트로 직선화해 흐름을 안 정시키면서, 동시에 '도심 생태'를 죽이지 않겠다는 기묘한 균형을 선택했다. 물길은 인위적이지만 수질은 일정 수준을 유지하며, 흐르 는 속도도 잉어가 사는 데 적당할 만큼 느리다. 이 느린 흐름의 도시 하천은 잉어에게 거의 맞춤형 공간이 되었다.

또 하나의 이유는 사람과 잉어의 오랜 공생 관계다. 일본인들은 오래전부터 하천에 잉어를 풀어 키우는 관습을 가지고 있었다. 신사 주변이나 다리 근처에 잉어 먹이를 팔거나, 할머니가 남은 빵조각을 물가에 던지는 풍경은 도쿄나 오사카 같은 대도시에서도 쉽게 볼 수 있다. 사람은 잉어에게 먹이를 주고, 잉어는 도시의 지루한 풍경을 생명력으로 채운다.

잉어의 성질 자체도 한몫한다. 잉어는 더러움에 강하고, 온도 변화에도 강하다. 도시 하천처럼 계절별로 수온이 널뛰기하는 환경에서도 잘 버틴다. 게다가 수명이 길고 몸집까지 크다 보니, 하천에 잉어가 한번 자리 잡으면 그곳은 금방 '잉어 지대'가 된다. 수십 마리가 떼를 지어 다니면, 그 흐릿한 갈색 물도 이상하게 살아 있는 느낌이 난다.

일본 문화에서 잉어는 단순한 물고기가 아니다. 잉어는 인내, 힘, 끈질김의 상징이다. 흐름을 거슬러 올라가는 잉어의 성질은 전통적으로 '출세의 상징'으로 여겨졌다. 그래서 어린이날에도 고이노보리(鯉のぼり)라는 잉어 모양 깃발을 단다. 도시 하천에서 잉어가 떼로 다니는 풍경은 이렇게 일본 사람들에게 문화적 친근감을 준다. '여기 잉어가 있으니, 이 동네도 괜찮네'라는 말이 나오는 이유다.

도시 미관에서도 잉어는 소소한 역할을 한다. 일본 도심의 하천은 대부분 콘크리트 구조물이라, 적막하면 그저 회색 도시의 연장에 지나지 않는다. 그런데 잉어가 몇 마리만 지나가도, 그 물길은 갑자기 '살아 있는 공간'으로 변한다. 잉어의 붉은 비늘이 물결의 회색을 깨뜨리면서 도시의 딱딱함을 부드럽게 흔든다. 일본 사람들은 이 생명감의 작은 흔들림을 꽤 소중하게 여긴다.

일본 도심 하천의 잉어는 오래된 자연도 아니고, 완전히 인공물도 아니다. 인간이 관리한 하천에서 인간이 다시 살게 만든 생명이다. 이 조용한 공생은 일본식 자연관을 그대로 보여준다. 완전한 자연을 흉내내지 않고, 가능한 범위에서 '살아 있는 균형'을 만들어내는 방식. 그래서 일본의 도시 물길은 비록 회색이지만, 그 위를 지나가는 잉어는 늘 아름다운 기척을 남긴다.

17. 일본의 성벽 이야기

일본 성(城)의 성벽을 가까이 들여다보면, 돌과 돌 사이의 틈새와 선이 유난히 정돈되어 있다. 성벽 전체가 하나의 거대한 기하학처럼 보일 정도다. 일본 성벽의 아름다움은 바로 이 틈과 선에서 나온다. 그 안에는 군사기술, 자연관, 조형미가 얽혀 있다.

먼저 일본 성벽의 틈새는 의도적으로 만든 것이다. 돌과 돌 사이에 미세한 간격을 두면, 성벽이 지진 충격을 흡수한다. 일본은 지진의 나라였기 때문에, 성벽이 단단하게만 쌓여 있으면 오히려 한 번에 무너졌다. 그래서 장인들은 돌을 정교하게 다듬되, '딱 맞지 않게' 쌓았다. 그 틈 사이로 충격이 퍼지고, 돌들이 서로 미세하게 움직이며 전체를 지탱했다. 이 작은 틈은 일본 성의 생존 기술이었다.

틀어 올리는 방식에서도 일본 성벽은 독특하다. '노보리이시(登り石)'라 부르는 비스듬히 치켜올라가는 쐐기형 선을 따라 성벽이 위로 갈수록 안쪽으로 기울어져 있다. 멀리서 보면 직선처럼 보이지만, 가까이 가면 미묘하게 휘어 있다. 이것을 '오기부나기(反り)'라 한다. 이

곡선은 공격자의 사다리가 걸리기 어렵게 만들고, 동시에 벽 자체가 아래로부터의 충격을 부드럽게 분산시키는 역할을 했다. 전쟁과 자연재해를 동시에 고려한 선이다.

또한 일본 성벽은 대개 '야구라(櫓)'와 '해자(水堀)'의 선'을 전제로 설계되어 있다. 성벽의 선은 적을 유도하는 길이기도 했고, 화살·조총 사거리와도 직결되었다. 어느 각도에서 어디까지 보이는지, 어떤 높이에서 어떤 곡선이 사각지대를 없애는지, 이 모든 계산이 선 속에 숨어 있었다. 일본 성의 선은 결코 단순한 미학이 아니라, 기능과 아름다움이 겹쳐진 구조였다.

일본 성벽에서 발견되는 또 하나의 특징은 돌 표면의 '가벼운 거칠기'다. 돌을 지나치게 매끈하게 깎지 않고, 살짝 자연의 감촉을 남긴 채 맞물리게 한다. 이렇게 하면 돌과 돌이 물고 무는 힘이 더 강해지는 동시에, 빛이 닿을 때 생기는 그림자가 더 깊어진다. 정오에는 밝은 선, 해질 무렵엔 잿빛 선. 하루의 시간과 계절이 성벽 위에 얇은 선으로 그려진다. 일본 장인들은 이 섬세한 질감을 의도해 남겼다고 전해진다.

틈은 비어 있는 것이 아니라, 비어 있음으로 성벽을 지탱하는 힘이 된다. 선은 직선 같지만, 미세한 곡률이 숨어 있어 부드럽게 위로 올라간다. 일본 성벽의 미학은 바로 이 두 요소의 조합이다. 단단함과 유연함, 직선과 곡선, 자연과 인공이 서로 기대고 있다.

그래서 일본 성벽을 바라보면 묘한 감정이 든다. 전쟁을 위한 건축물인데 어딘지 부드럽고, 거대한 구조물인데 잔잔한 선이 흐른다. 틈과 선이 만들어내는 이 분위기는 일본의 미학 전반과 닮아 있다. 견고함 속에 여백을 남기고, 강함 속에 부드러움을 숨기는 방식. 성벽은 이미 그 시대의 무기가 아니지만, 그 틈과 선은 여전히 고요하게 일본의 기질을 보여준다.

18. 일본인의 키 이야기

일본 사람들의 키 이야기를 할 때 그 숫자를 둘러싼 생활환경, 식습관, 역사적 흐름을 따라가 보면 꽤 흥미로운 문화사가 펼쳐진다. 키는 몸의 길이지만, 그 몸을 만든 시대의 공기까지 품고 있기 때문이다.

오늘날 일본 성인의 평균 신장은 대략 남성이 170센티미터 초반, 여성은 158센티미터 안팎이다. 세계 기준으로 보면 중간보다 조금 아래, 동아시아권에서는 한국보다 낮고 대만과 비슷한 정도다. 일본 사람들을 직접 마주하면 '대체로 작고 균형이 좋다'는 인상을 많이 받는다. 그러나 이 평균은 꽤 빠르게 변해온 결과다.

전후 일본은 오랜 영양 부족을 겪었다. 전쟁 직후 세대는 평균 키가 오늘보다 훨씬 작았다. 단백질 공급이 부족했고, 식단의 대부분이 곡물과 채소 중심이었다. '작은 일본인'이라는 이미지가 국제적으로 굳어진 것도 바로 이 세대에서 비롯되었다.

그런데 1960~80년대 고도성장기를 거치며 일본 평균 키는 빠르게 치솟았다. 우유, 고기, 계란이 일상 식탁으로 들어오고 영양 개선이 전 국민적으로 이루어지면서 아이들의 체격이 눈에 띄게 커졌다.

이때의 변화는 생활 문화 전체를 흔들었다. 학교 급식에서 칼슘, 단백질 비율이 조정되었고, 체육수업 방식도 바뀌었다. 특히 '간장, 덴푸라, 밥' 중심이던 전통 식탁에 '고기, 유제품'이 자리 잡으면서 뼈와 근육 성장 패턴이 달라졌다. 일본의 현대식 건축물과 교통시설이 1980년대 이후 급격히 넓어지고 높아진 것도 이런 변화와 연결되어 있다. 즉, 일본의 키는 단순 유전이라기보다 시대의 식습관이 만든 결과였다.

하지만 2000년대 이후 일본의 평균 키는 정체 상태다. 더 이상 빠르게 커지지 않고, 지금의 수치 근처에서 멈춰 있다. 이유는 복합적이다. 식습관이 다시 가벼워졌고(샐러드, 저지방, 탄수화물 감소), 아이들 운동량이 크게 줄었으며, 출산 연령 상승으로 인한 생물학적 영향도 거론된다. '선진국형 체격 안정기'에 들어갔다고 보는 학자들도 많다.

문화적 인상도 재미있다. 일본 사람들의 키는 크든 작든, 대체로 균형이 좋다는 평가를 받는다. 허리는 곧고, 움직임이 단정하며, 몸집이 커도 과하게 과시하지 않는 스타일이 일반적이다. 이는 일본식 생활 문화, 바닥 생활, 의자보다 침상·다다미 중심의 움직임, 큰 동작을 자제하는 예의가 체형에 영향을 준 결과라 할 수 있다.

지방별 편차도 존재한다. 홋카이도, 도호쿠 사람들은 체격이 큰 편이고 규슈, 오키나와는 상대적으로 작고 다부지다. 농업, 기후, 식단 차이가 세대마다 축적된 결과다. 일본 내부에서도 '홋카이도는 유럽 체격, 남쪽은 아시아 체격' 같은 농담이 돌 정도로 지역적 차이가 기억에 남는다.

일본 사람들의 키는 '일본인은 원래 작다' 같은 단순한 말로 설명할 수 없다. 전후 영양 부족에서 고도성장의 체격 향상, 2000년대의 안정기까지 이어진 긴 흐름 속에서 만들어진 결과다. 키는 통계의 숫자지만, 그 뒤에는 시대와 식탁과 생활이 층층이 쌓여 있다. 그래서 일본인들의 평균 신장은 작은 사실이 아니라, 일본인의 삶이 어떻게 변해왔는지를 들여다볼 수 있는 작은 창문처럼 보인다.

19. 일본 어선이 흰색을 고집하는 이유

일본 어선이 유독 흰색을 선호하는 것은 단순한 미적 취향이 아니다. 아름다워서가 아니라 살아남기 위해, 그리고 일본인의 미학과 생활 감각이 자연스럽게 쌓인 결과다. 바다는 인간이 통제할 수 없는 공간이고, 그 위에서 세대를 이어 살아온 어민들이 선택한 색에는 기술·안전·전통·심리까지 복합적인 이유가 얽혀 있다.

무엇보다 바다는 태양열을 무자비하게 반사한다. 특히 여름철 남쪽 해역, 즉 규슈, 시코쿠 주변이나 오키나와 근처에서는 갑판 위의 온도가 체감 40~50도까지 치솟는다. 흰색 페인트는 빛을 강하게 반사하는 덕분에 선체와 조타실의 온도를 낮춘다. 갑판에서 일하는 어민은 하루 종일 햇빛 아래 노출되기 때문에, 푹푹 찌는 열기를 조금이라도 줄일 수 있다면 그것은 단순한 쾌적함이 아니라 '체력의 지속'에 직결된다. 흰색 선체는 어민들에게 일종의 '방열 갑옷'이다.

또 하나 중요한 이유는 시인성이다. 해무가 올라오는 새벽, 파도가 높아지는 오후, 혹은 야간 조업, 이 세 상황은 어선 충돌 사고가 가장 많이 발생하는 시간대다. 파도와 수평선은 회색·청색을 띠고, 먹구름이 깔리면 바다는 금세 어둡고 거칠어진다. 이런 환경에서 가장 눈에 띄는 색은 흰색이다. 흰색은 파도와 구름 속에서 대비를 가장 뚜렷하게 만들어준다. 그래서 흰색 어선은 먼 거리에서도 더 빨리 발견되고, 조난 시 구조대의 시야에 잘 잡힌다. 바다 한가운데에서 '잘 보인다'는 건 생존 가능성을 크게 높인다.

유지·관리 측면도 빠질 수 없다. 바닷물의 염분은 금속과 페인트를 빠르게 부식시킨다. 어선은 1년에 몇 번씩 덧칠해야 하는데, 이때 흰색은 다른 색보다 압도적으로 편하다. 색을 맞출 필요가 없고, 오래되어 색이 바래거나 얼룩이 생겨도 티가 덜 난다. 작은 흠집이나 녹 얼룩도 흰색이면 쉽게 감춰지고, 덧칠도 간단하다. 실용성과 비용 절감이 미적 선택보다 앞선 것이다.

여기에 일본 문화 특유의 흰색 선호도 작용한다. 일본에서 흰색은 오래전부터 '깨끗함', '정결함', '시작'의 색이었다. 신사(神社)의 의복, 사케 양조장의 노렌(暖簾, 가게 천), 여름 축제의 의상, 심지어 장례의 전통 색까지 흰색이 중심이었다. 바다에서 쓰는 작업선조차 이 문화적 감수성에서 벗어나지 않는다. '깨끗한 배', '정결한 작업 공간'이라는 이미지가 어업 공동체 내부에서 중요한 신뢰의 기준이 되기도 한다.

일본 어선의 흰색은 단순한 색이 아니라 바다에서 축적된 경험과 생존 전략, 그리고 일본인의 미적 감각이 교차해 만들어낸 결과다. 해수에 흔들리고 태양 아래 타오르는 바다 위에서, 흰색은 어민

들의 몸을 지키고, 동료 배에 존재를 알리고, 전통을 이어가는 색이
되어 왔다. 결국 일본 어선의 흰색은 실용과 전통이 절묘하게 결합
된 선택이며, 바다를 삶의 터전으로 삼아온 사람들이 끝내 선택한
'바다 위의 최적화된 색'이다.

20. 도쿄대 입학시험

　도쿄대 입시를 들여다보면 일본 사회가 어떤 방식으로 움직이는지
자연스럽게 알 수 있다. 겉으로는 조용한 나라처럼 보이지만, 도쿄대
입시는 일본에서 가장 뜨거운 경쟁의 무대다. 이 열기는 단순히 명문
대를 향한 욕망 때문이 아니라, 일본식 엘리트 구조가 오랫동안 특정
한 경로를 중심으로 굳어졌기 때문이다.

　일본의 행정, 법조, 학계, 언론, 정계의 중심부는 여전히 도쿄대 출
신들이 장악하고 있다. 그래서 '도쿄대계(東大系)'라는 표현까지 존재
한다. 도쿄대에 들어가는 순간, 상층 네트워크에 편입되는 길이 자연
스럽게 열리는 구조다. 좋은 직장과 안정된 지위로 이어지는 길 역시
도쿄대에서 관료 집단이나 대기업으로 이어지는 경로가 가장 흔했
다. 이 구조가 입시 경쟁을 불지핀 핵심 배경이었다.

　이 경쟁이 만들어낸 대표적 풍경이 재수(浪人, 로닌) 문화다. 일본에
서 '로닌'은 원래 주군을 잃은 사무라이를 뜻한다. 현대 일본에서 이
단어는 '대학에 입학하지 못해 1년 동안 공부만 하는 사람'이라는 뜻
으로 바뀌었다. 도쿄대를 목표로 하는 학생에게 재수는 실패가 아니

라, 어찌 보면 자연스러운 통과의례처럼 여겨졌다. 실제 도쿄대 합격자 중 적지 않은 인원이 재수생이었다.

재수학원은 이런 열기 속에서 하나의 산업으로 성장했다. 요요기 제미나루, 스즈란관, 가와이주쿠 같은 대형 예비학교들은 사실상 도쿄대 합격을 위한 기지였다. 여름 합숙, 무수한 모의고사, 세밀한 성적 분석표. 학생들을 정교한 시스템 속에 밀어 넣고, '이 흐름을 유지하면 도쿄대에 갈 수 있다'는 식의 냉정한 수치를 제시했다. 일본 특유의 '조용한 경쟁'은 숫자 위에서 이루어졌다.

재미있는 건, 이 치열함이 한국처럼 노골적으로 표출되지 않는다는 점이다. 교실도 조용하고, 학원도 조용하다. 누가 더 잘났다고 떠드는 일은 거의 없다. 하지만 침묵 안쪽에는 자신을 압박하는 강력한 긴장이 숨어 있다. 도쿄대가 '지성의 정상'이라는 상징을 유지하는 한, 이 조용한 압력은 사라지지 않는다.

도쿄대가 고집하는 필답 중심의 전형도 열기를 더한다. 다른 상위권 대학들이 섬차 면섭, 추천, 송합평가로 이동하는 동안, 도쿄대는 끝까지 정교한 지필시험으로 승부를 본다. 추상적 개념을 꿰뚫어야 하는 수학, 논술처럼 보이지만 철저히 논리력을 요구하는 국어, 역사와 사회 구조를 한 번에 묻는 사회 과목. 이 전통적 방식은 '한 번 떨어지면 다시 정면승부한다'는 재수 분위기와 찰떡처럼 맞아떨어졌다.

그래서 도쿄대 입시는 일본 사회의 변화까지 비추는 거울이 된다. 버블 시대에는 도쿄대에서 관료 집단으로 진입하는 길이 가장 이상적인 삶의 경로로 여기졌다면, 최근에는 도쿄대에서 스타트업으로 뛰어들거나, 해외 대학으로 진학을 갈아타는 흐름도 눈에 띈다. 상징의 힘은 여전히 견고하지만, 그 상징을 활용하는 방식이 조금씩 달라지고 있다는 느낌이다.

도쿄대 입시 과열과 재수 문화는 겉으로는 조용하지만 내면은 불꽃처럼 뜨거운 일본식 경쟁의 산물이다. 문제집을 앞에 두고 묵묵히 다음 해를 준비하는 로닌들의 방 안에는 일본 사회의 질서와 욕망, 엘리트 교육관이 고스란히 담겨 있다.

21. 나가사키 아가씨

나가사키의 아가씨 이야기를 꺼내면, 일본 안에서도 공기가 조금 달라진다. 도쿄나 오사카의 활기와는 결이 다른, 바다와 언덕이 만든 느린 리듬이 그녀들의 성격과 분위기를 만들었다는 전설 같은 말들이 전해진다. 나가사키는 일본에서 드물게 서양과 일본이 오래 섞여 있던 도시다. 그 혼종의 공기가 아가씨들의 기질에도 스며 있다고 사람들은 말한다.

나가사키 아가씨는 오래전부터 '상냥함과 이국적 기질이 공존하는 여성상'으로 알려져 왔다. 항구 도시 특유의 개방성과, 언덕 많은 도시가 주는 소박한 정서가 묘하게 뒤섞여 있다. 오래된 노면전차가 딸깍거리는 소리, 언덕 위 성당의 종소리, 데지마의 바닷바람. 이런 배경 속에서 자란 이들이라 그런지 나가사키 여성에게서는 조용한 부드러움과 단단한 독립성이 함께 느껴진다는 말이 많다.

역사적으로 보면, 나가사키는 일본에서 가장 먼저 서양의 문물이 들어온 창구였다. 포르투갈 상인들이 가져온 설탕과 과자, 네덜란드 의학, 기독교 문화, 서양식 패션 감각까지 이 도시를 스쳐 갔다. 그래서 나가사키 아가씨 하면 어쩐지 '설탕 향'이 떠오른다. 화려한 도시가 아니라, 바닷바람에 습기를 머금은 달콤한 향 같은 이미지다.

또 하나 흥미로운 점은, 나가사키 여성들은 외지인에게도 비교적 개방적이라는 인식이 있다. 일본의 다른 지방에서 '나가사키 아가씨는 말이 부드럽고 마음이 넉넉하다'는 말이 은근히 퍼져 있다. 항구 도시의 특성상 다양한 사람들을 자연스럽게 접하며 살아왔기 때문이다. 그러나 이 부드러움이 순진함은 아니다. 언덕에서 자란 사람들의 특유의 힘, 즉 삶을 성실하게 견디는 감각이 담겨 있다.

정서적으로는 신앙과 일상의 리듬이 섞여 있는 도시라는 점도 영향을 준다. 일본에서 성당이 종소리가 일상이 된 도시가 흔치 않은데, 나가사키는 그 중 하나다. 이런 환경은 사람들의 생활에 잔잔한 윤리를 남긴다. 나가사키 여성의 온화함에는 이 가톨릭적 리듬이 섞여 있다는 말도 있다. 무겁지 않고, 흐르는 물처럼 조용한 도덕감이라고 해야 할까.

문학과 대중문화에서도 나가사키 아가씨의 이미지는 자주 등장한다. 바닷가에서 스커트가 바람에 흔들리고, 석양 빛 아래 언덕길을 내려오는 실루엣, 빗물 맺힌 노면전차 창밖으로 얼굴을 붙이고 지나가는 모습. 이런 장면은 일본인들에게 '향수'의 상징처럼 남아 있다. 과장 없이 순하고, 낡은 항구의 시간과 함께 사는 사람. 그래서 나가사키 아가씨 이야기는 언제나 잔잔한 슬픔과 따뜻함을 동시에 데리고 온다.

나가사키 아가씨는 현실의 개인이라기보다 도시가 만들어낸 정서의 집합체다. 바다의 습기, 역사적 혼종성, 종소리, 언덕길, 오래된 전차가 만들어낸 풍경 속에서 자연스럽게 떠오르는 인물형. 일본이라는 나라가 가지는 여러 결들 중에서도 가장 서정적인 면모를 보여주는 작은 아이콘 같은 존재다.

22. 일본의 묘지 풍경

일본의 묘지는 다른 나라의 그것보다 훨씬 조용하고, 정갈하고, '살아 있는 사람의 공간'처럼 느껴진다. 일본에서 묘지는 죽은 자의 집이라기보다, 기억이 숨 쉬는 정원이다. 돌 하나, 이름 하나에도 질서와 절제가 깃들어 있다.

일본 묘지의 대부분은 사찰에 딸려 있다. 불교식 장례가 일반화된 에도 시대 이후, 묘지는 '사원의 일부'가 되었다. 그래서 일본에서는 '묘지에 간다'는 말보다 '절에 간다'는 말을 더 자주 쓴다. 사찰 뒤편에는 조용히 돌비석들이 줄지어 서 있고, 비석에는 가문의 이름이 새겨져 있다. 가족묘가 기본이어서, 'ㅇㅇ가의 묘(家之墓)'라고 새긴 돌하나가 여러 세대를 품는다.

묘비는 보통 높고 단정한 직사각형 모양이다. 표면은 유리처럼 반질반질하게 닦여 있고, 글씨는 흰색으로 새겨져 있다. 그 반듯한 돌비 사이사이에 놓인 향로, 물그릇, 꽃병이 세상을 떠난 이들과 산 자를 연결한다. 묘비 앞에는 늘 물 한 잔과 생화가 놓인다. 일본 사람들은 죽은 이를 위해 술보다 물을 바친다. 그것은 생명의 상징이자, 더 이상 이 세상에 목마르지 않기를 바라는 조용한 기도다.

또 하나 흥미로운 점은, 일본 묘지는 놀랍도록 깨끗하다.

낙엽 하나, 잡초 한 포기도 찾아보기 어렵다. 가족들이 정기적으로 묘소를 청소하기 때문이다. '오본(お盆)'이라 불리는 여름 명절에는 전국의 가족이 고향으로 돌아가 조상 묘를 찾는다. 잡초를 뽑고, 향을 피우고, 묘비를 물로 닦는다. 일본에서는 이를 '하카마이리(墓参り, 무덤 참배)'라 한다. 묘를 청소하는 행위 자체가 이미 조상에 대한 제사다. 그 시간은 엄숙하지만 무겁지 않다. 아이들도 함께 참여하며, 조상에게 '올해도 잘 지냈어요'라고 속삭인다.

일본 묘지의 구조도 철저히 질서정연하다. 한 구획이 작은 마을처럼 구분되어 있고, 각 묘마다 길이 반듯하게 나 있다. 일부 도시에서는 공간 부족으로 인해 '공동묘지형 납골탑'이 생겼다. 도쿄나 오사카에는 건물형 묘지도 났다. 엘리베이터를 타고 올라가, 전자카드로 유골함이 자동으로 나오는 시스템이다. '수직 묘지'라는 말이 어색하지 않은 시대다.

그럼에도 불구하고, 전통적인 일본 묘지는 여전히 돌과 흙의 질감으로 존재한다. 비석 위에는 종종 가문의 문장(家紋)이 새겨져 있고, 비석 옆에는 작은 돌탑이 세워져 있다. 이 돌탑은 육도윤회(六道輪廻)를 상징하며, 죽은 자가 더 나은 세상으로 가길 기원하는 뜻을 담고 있다.

밤의 일본 묘지는 이상하리만큼 두렵지 않다. 가로등 불빛 아래 반짝이는 비석들은 정적 속에 생기를 품고 있다. 이건 일본인의 죽음관과 깊이 맞닿아 있다. 죽음은 끝이 아니라 관계의 변형이다. 죽은 자는 사라지는 게 아니라 '조용히 다른 형태로 존재한다'는 믿음이 그 바탕에 있다.

그래서 일본 묘지는 슬픔의 장소라기보다 평온의 장소다. 그곳에는 눈물보다 손수건이, 울음보다 빗자루가 더 잘 어울린다. 비석은 단단하지만, 그 위에 놓인 한 송이 국화는 부드럽다. 그 균형 속에서 일본의 죽음은 완전히 사라지지 않고, 조용히 '살아 있는 이들의 질서' 속으로 스며든다.

23. 쓰모 이야기

스모(相撲)는 일본이 만든 가장 느린 전쟁이자, 가장 정중한 폭력이다. 도효(土俵 흙으로 만든 원형 경기장) 위의 남자들은 단순히 몸으로 싸우는 게 아니라, 신에게 인정받기 위해 싸운다. 이 땀과 절제, 격렬함과 고요함이 섞인 순간이야말로 일본인들의 집단 무의식을 가장 잘 드러내는 장면이다.

경기장에 들어서면 공기는 이미 달궈져 있다. 모래 위에 선 두 거대한 육체가 서로를 노려본다. 몸무게 200킬로그램의 괴물들이지만, 움직임은 놀랍도록 느리다. 손끝 하나, 발끝 하나에도 긴장감이 번진다. 함성은 금지되어 있고, 관중석은 숨을 삼킨다. 그리고, 단 한 번의 돌진, 모래가 터지고, 몸이 부딪히며, 세상이 흔들린다. 그 짧은 몇 초에 일본식 미학의 모든 것이 응축된다.

이 싸움은 단순한 힘겨루기가 아니다. 본래 스모는 신을 위한 제의였다. 씨름은 인간의 싸움이 아니라, 신과 인간의 게임이었다. 그래서 선수들이 소금을 뿌리는 건 '위생' 때문이 아니라 '신의 공간을 정화하기 위해서'다. 도효는 경기장이 아니라 신의 무대다. 싸움이 끝나면 승자는 하늘을 향해 절을 하고, 패자도 고개를 숙인다. 싸웠지만, 신 앞에서는 모두 똑같이 인간이다.

스모의 세계는 잔혹하다. 힘없는 자는 밥을 짓고, 빨래를 하고, 바닥을 닦는다. 하급력사(幕下)는 인간이 아니라 심부름꾼에 가깝다. 그러나 일본 사회는 바로 이런 피라미드식 질서 속에서 돌아간다. 위계, 복종, 침묵, 그리고 인내. 스모는 일본의 사회 구조 그 자체를 몸으로 재현한다.

가장 높은 자리는 요코즈나(横綱)다. 그러나 요코즈나는 단순히 강한 존재가 아니다. 그는 절제된 괴물이어야 한다. 싸움은 폭발적이지만, 이긴 뒤엔 절대 기뻐하지 않는다. 미소 한 번도, 환호 한 번도 없다. 일본에서 가장 강한 남자는 이겨도 표정을 짓지 않는다. 그게 바로 '품격'이다.

이 장면이 일본인들에게 주는 전율은 단순한 스포츠 감동이 아니다. 그것은 '폭력마저 예의로 감싼 문명'의 미학이다. 피가 튀지 않고, 분노가 없고, 대신 침묵이 있다. 이 정제된 잔혹함 속에서 일본인들은 자신들의 정체성을 본다. 싸움조차도 아름답게 만들어야 한다는 강박, 패배조차도 품위 있게 받아들여야 한다는 의식.

스모는 일본이 만든 가장 완벽한 드라마다. 폭력은 의례가 되고,

싸움은 예술이 된다. 힘은 신에게 바쳐지고, 인간은 절을 배운다. 그 짧은 몇 초, 모래 위에서 부딪히는 두 육체 속에, 일본이라는 나라의 천 년짜리 미학이 숨 쉬고 있다.

24. 지진을 견디는 건축술

일본의 건축은 말 그대로 '흔들림과의 공존 철학'이다. 지진이 일상인 나라에서 건물은 단단히 서는 법보다 무너지지 않고 흔들리는 법을 먼저 배웠다. 일본의 건축가는 돌보다 나무를 믿었고, 철보다 균형을 택했다. 그 결과, 일본의 도시는 전 세계에서 가장 자주 흔들리면서도, 가장 느긋하게 살아남는 도시가 되었다.

에도 시대의 목조건축부터 이 철학은 이미 시작됐다. 사찰과 절, 특히 오사카의 시텐노지(四天王寺)나 나라의 호류지(法隆寺) 같은 고대 목탑은 천년 넘게 버티며 서 있다. 비결은 단순하다. 유연함이다.

탑의 중심에 '심주심(しんばしら, 신바시라)'이라 불리는 거대한 기둥이 있고, 이 기둥이 탑 전체를 고정시키는 게 아니라, 오히려 안에서 '살짝 흔들릴 수 있게' 만들어져 있다. 마치 거대한 죽순이 바람에 휘면서도 부러지지 않는 것처럼. 이 심주는 건축학의 원조형 '댐퍼(damper)'로, 현대의 고층 빌딩에도 이 원리가 그대로 쓰인다.

현대 일본의 건축은 과학의 극치다. 지진을 버티는 방법은 세 가지로 나뉜다. 내진(耐震), 제진(制震), 면진(免震). 내진은 말 그대로 '뼈대를 강하게' 만들어 흔들림을 견디는 방식이고, 제진은 빌딩 내부에 거대한 쇠추나 오일댐퍼를 넣어 '흔들림을 흡수'하는 기술이다. 면진은 한 단계 더 나아가 건물과 지면 사이에 고무판과 납을 끼워 지진의 진동을 '잘라내는' 기술이다. 요즘 도쿄의 초고층 빌딩은 대부분 이 세 기술을 복합적으로 쓴다.

예를 들어, 롯폰기힐즈 모리타워나 도쿄 스카이트리 같은 초고층 건물은 거대한 '면진베어링' 위에 떠 있다. 지진이 와도 건물은 마치 배처럼 살짝 출렁이며, 충격을 몸통으로 전달하지 않는다.

스카이트리 중심부에는 1,200톤짜리 콘크리트 코어가 매달려 있는데, 지진파가 오면 코어가 반대 방향으로 흔들리며 진동을 상쇄한다. 그건 마치 고대 목탑의 심주심이 현대 기술로 부활한 셈이다.

일본 가정집도 예외가 아니다. 신축 주택에는 거의 모두 '면진패드'가 깔려 있고, 창문틀과 벽 사이엔 틈이 남겨진다. 이 틈은 결함이 아니라 '움직임을 허락하는 여유'다. 일본인은 건물을 '고정된 구조물'로 보지 않는다. 오히려 살아 있는 생물처럼 움직이는 존재로 본다.

이 철학은 미학으로도 이어진다. 일본 건축의 미는 직선이 아니라 '흔들림의 균형'에 있다. 기둥은 완벽히 수직이 아니고, 기와는 미세하게 휘어 있다. 이는 단단함보다 '유연함이 오래 산다'는 신념의 표현이다. 지진이 그들의 건축을 파괴한 게 아니라, 오히려 '겸손한 건축'으로 만들어 놓았다.

지진이 덮쳐도 일본 건물은 무너지지 않고, 살짝 인사하듯 흔들렸다가 다시 일어선다. 이것이 일본의 기술이자 미학이다. 강철보다 부드러움이 오래가고, 완벽함보다 유연함이 안전하다는 것을 그들은 오랜 시간 몸으로 배웠다. 그래서 일본의 건축은 단순한 공학이 아니라 '재난 속의 철학', 즉 '흔들림을 두려워하지 말고, 그 안에서 살아남는 법'을 가르치는 예술이다.

25. 자동차 운전을 한다는 것

일본의 거리 풍경을 보면 일본 자동차는 유난히 반짝이고 깨끗하다. 이것을 단순히 '일본인은 청결하다'라는 모호한 미덕으로 설명하면 절반만 본 셈이 된다. 일본의 자동차 외관이 깨끗한 이유는 생활관습, 제도, 도시구조, 운전문화가 서로 맞물린 결과다. 작은 습관 하나가 도시 전체의 분위기를 바꾼다는 것을 보여주는 흥미로운 사례이기도 하다.

먼저 일본의 주차장은 대부분 '정위치 주차'를 전제로 설계되어 있다. 선을 밟거나 삐뚤어지게 세우면 바로 티가 난다. 좁은 공간에서 차가 비뚤게 서면 옆 차가 문을 열 수 없기 때문에, 사람들은 자연스럽게 '예쁘게 세우기'에 익숙해졌다. 차를 가지런히 세우는 습관이 생기면 외관 관리도 덩달아 따라붙는다. 가지런한 곳에 더러운 물건을 두기 어렵듯, 깔끔한 주차 칸에 먼지 쌓인 차를 세우는 것이 은근히 부끄러운 분위기가 된다.

또 일본의 도로는 한국·중국과 달리 '미세한 스크래치'가 생길 위험이 적다. 불법주차가 거의 없고, 골목길을 달리는 배송트럭도 규칙적으로 멈추고 지나간다. 길바닥에 묘하게 삐져나온 배수구, 울퉁불퉁한 포트홀, 무단횡단 차량 같은 변수가 적어서 차 외관이 긁힐 일이 드물다. 긁힐 일이 적으면 당연히 흠집을 감추기 위한 세차·보수도 훨씬 수월해진다.

보험 구조도 재미있다. 일본의 자동차 보험은 '경미한 접촉 사고'라도 운전자의 등급이 바로 떨어지기 때문에, 작은 스크래치 하나도 극단적으로 피하려 한다. 보험료가 한 번 오르면 몇 년간 천천히 내려가기 때문에, 일본 운전자들은 접촉 자체를 죄악처럼 피하고, 차와 차 사이에 여유를 두는 운전 습관을 갖게 되었다. 이 습관이 외관 보존으로 이어진다.

마지막으로 '동네 세차장'이 많고 가격이 싸다. 일본의 자동세차기는 300~500엔 정도면 빠르게 돌아가고, 동네 주유소마다 '간단 세차'가 기본 서비스처럼 붙어 있다. 출근하기 전, 혹은 퇴근길에 5분 들러서 쓱 지나가는 문화가 정착되어 있다. 한국처럼 '세차 = 반나절 이벤트'가 아니라, 우산처럼 그때그때 관리하는 생활도구 같다.

이 모든 요소가 겹쳐서 일본의 거리를 지나가는 자동차는 전체적으로 깨끗하고 정논된 인상을 준다. 자동차의 청결도는 결국 '문명의 습관의 수준'을 비춘다는 점에서, 작은 디테일이 도시의 기질을 가장 솔직하게 드러낸다.

26. 일본의 맞선

결혼 '맞선(お見合い, 오미아이)'이라는 풍경은 일본 사회의 깊은 질서감과 인간관계에 대한 감각을 조용히 드러낸다. 겉으로는 낯선 남

녀가 정장을 차려입고 마주 앉아 차를 한 잔 나누는 단출한 자리처럼 보이지만, 그 안에는 일본 특유의 '사람을 고르는 방식', 그리고 조용한 사회적 규칙들이 촘촘히 스며 있다.

서구식 연애결혼이 일상이 된 시대에도 맞선 문화가 여전히 살아 있는 이유는, 일본 사회가 인간관계를 '조율'하고 '위험을 줄이는 과정'으로 이해하기 때문이다. 일본 사람들은 연애라는 감정의 파고를 불편해한다. 감정의 기복이 크면 관계도 흔들리기 쉽고, 가족 간의 충돌도 잦다. 그래서 맞선은 감정의 파도를 낮추고, 비교적 안정적인 조건을 먼저 맞춰보는 일종의 사회적 안전장치가 된다.

맞선은 전통적으로 '나코도(仲人)'라 불리는 중매인이 주도한다. 이 나코도는 단순한 소개자가 아니다. 집안 배경, 직업, 성격, 장단점, 살아온 궤적까지 양쪽을 세심하게 파악해 두고 '두 사람이 서로를 불편해하지 않을 조합'을 찾아낸다. 일본 사회에서 중매가 오래 살아남은 것은 바로 이런 '조합을 찾아주는 기술' 때문이다. 서양식 로맨스의 격정 대신, 잘 돌아가는 톱니바퀴처럼 맞물리는 관계를 선호하는 문화가 반영된 셈이다.

맞선 자리의 풍경은 대체로 조용하고 절제되어 있다. 카페나 호텔 라운지 같은 공간에서 처음부터 큰 웃음이나 농담이 오가지 않는다. 상대의 말하는 속도, 앉은 자세, 컵을 들 때의 손동작처럼 사소한 디테일이 평가의 대상이 된다. 감정이 아니라 태도와 습관이 관계의 지속 가능성을 가늠하는 기준이 된다는 점에서, 일본적인 정서가 명확히 드러난다.

또 하나 흥미로운 점은 맞선이 '두 사람의 만남'인 동시에 '두 가족의 만남'이라는 점이다. 겉보기엔 개인이 결정하는 것 같지만, 일본의 결혼은 여전히 어느 정도 '가문의 인연'을 전제로 움직인다. 맞선 과정에서 집안의 경제 사정, 부모의 직업, 형제자매의 상황 등이 세세히 고려되는 이유도 여기에 있다. 일본 사회가 겉으로는 개인주의적이지만, 결혼이라는 순간만큼은 집단적 논리가 다시 힘을 갖는다.

그렇다고 맞선이 모두 형식적이고 차가운 관행이라는 뜻은 아니다. 맞선으로 만나 결혼해 평생을 함께한 부부들도 많고, 처음엔 무덤덤하게 시작했지만 시간이 흐르며 깊은 애정을 쌓는 경우도 적지 않다. 일본 사람들은 관계가 갑자기 뜨거워지는 것보다, 조용히 스며드는 온기를 더 신뢰한다. 맞선은 그런 온기가 자리를 잡을 '바닥'을 마련해주는 셈이다.

오늘날에는 전통적인 나코도 대신, 결혼 상담소나 매칭 서비스가 그 역할을 대부분 대신한다. 다만 방식이 비뀌었을 뿐, '잘 맞는 조합을 만드는 문화' 자체는 여전히 살아 있다. 만남의 형태가 달라져도, 사람을 신중하게 고르고 조용히 관계를 시작하려는 일본적 감각은 쉽게 사라지지 않는다.

맞선 풍경 속에는, 일본이라는 사회가 얼마나 '조용한 조정'을 중시하는지, 그리고 개인의 선택조차도 사회적 질서 속에서 어떻게 다듬어지는지가 자연스럽게 드러난다. 이런 풍경을 알게 되면 일본의 혼인뿐 아니라 인간관계 전반을 바라보는 시야가 넓어진다.

27. 일본의 하프 이야기

일본의 혼혈 이야기는 단순히 숫자가 아니라 그 숫자 뒤에 깔린 역사, 감정, 문화적 결이 꽤 섬세하다. 일본의 혼혈은 서양식 '다문화 사회'의 개념과 조금 다르게 흘러왔고, 그 흐름 안에서 일본이라는 나라가 자신을 어떻게 지켜왔는지, 또 어떻게 변하고 있는지가 조용히 드러난다.

일본은 기본적으로 단일민족 신화를 오래 붙들어온 나라였다. '우리는 하나'라는 감각이 강했고, 그 말은 배제와 보호가 동시에 작동하는 이중적 기능을 가졌다. 외부와 섞이는 것에 대한 경계는 강했지만, 그 경계를 통해 사회 질서를 유지하려는 면도 있었다. 그래서 20세기 전반까지 일본의 혼혈 비율은 극히 낮았다.

그러나 전후(戰後)의 미국 점령기부터 공기가 바뀐다. 미군정 시대를 지나며 미군 출신 아버지와 일본인 어머니 사이에서 태어난 아이들이 등장했다. 이들은 '하프(ハーフ)'라 불리며 사회적 호기심과 편견이 동시에 쏟아졌다. 일본에서 혼혈이 처음 대중적 인식 앞에 올라온 시기였다. 당시 사회는 혼혈을 '낯설다'는 시선으로 봤고, 이 낯섦은 아이들의 성장과 정체성에 깊은 흔적을 남겼다.

하지만 일본의 산업화와 글로벌화가 본격화되면서 혼혈의 의미는 확연히 변해갔다. 1980년대 이후 일본 사회는 팝문화의 힘으로 혼혈 이미지를 다시 만들어냈다. 미소라 히바리를 지나 다니엘라 라시코바, 루미코, 더 나아가 21세기의 일본 연예계, 미야와키 사쿠라, 키리타니 미레이, 로라, 에리카 등 '하프 모델'이 매체의 주류가 되었다.

이 대중적 이미지 재구성은 '혼혈은 예쁘다'라는 편향된 선호까지 낳았다. 일본 사회는 혼혈을 늦게 받아들였지만, 받아들일 때는 미적 코드로 포장하는 방식이었다.

최근에는 혼혈의 성격이 더 다양해졌다. 미군 출신 아버지, 서유럽계, 남미계, 필리핀, 베트남, 네팔 노동이주자 가정까지. 일본의 '하프'는 더 이상 단일 이미지가 아니다. 도쿄, 가나가와, 오키나와, 아이치 같은 대도시권에서는 혼혈 학생 비율이 이미 1~2퍼센트대를 넘고, 특정 지역에서는 초등학생의 5퍼센트 가까이가 다문화 가정 출신이다. 이 조용한 변화는 일본의 인구감소와 직결되어 있다. 일본은 이미 이민과 혼혈 없이는 유지되지 않는 사회가 되어가고 있다.

문화적으로 흥미로운 점은, 일본이 혼혈을 다루는 방식이 '섞임을 적극 장려'하는 서구 방식이 아니라, 섞임을 '개인 단위'에서 조용히 흡수하는 방식이라는 것이다. 국가가 '다문화'를 정치저으로 내세우기보다, 사람들은 일상 속에서 조용히 받아들인다. 일본식의 느린 변화다. 시간이 걸리지만, 일단 흡수되면 부드럽게 일상에 녹아든다.

그래도 한 가지 분명한 사실이 있다. 일본의 혼혈은 점점 '이국성'이 아니라 '일본 사회의 일부'가 되고 있다. 예전처럼 혼혈을 낯설게 보는 시선은 약해졌고, 오히려 글로벌한 외모와 다언어 능력이 자산이 되는 시대가 되었다. 특히 젊은 세대는 혼혈이라는 말 자체에 크게 의미를 두지 않는다. 일본 사회의 보수성 속에서도 이런 변화는 분명히 진행 중이다.

일본의 혼혈은 숫자보다 느낌의 변화가 더 중요하다. 섞임을 두려워하던 나라가 섞임을 조용히 받아들이고 있고, 그 과정에서 일본인의 정체성도 은근히 넓어지고 있다. 혼혈은 일본이라는 사회가 세계와 어떻게 만나고 있는지를 보여주는 조용한 바로미터다.

28. 19세기, 세계로

일본의 해외 이민을 읽어보면, 조용해 보이는 나라가 사실은 오랫동안 바깥세상으로 손을 뻗어왔다는 사실이 드러난다. 일본은 흔히 섬나라의 이미지를 갖고 있지만, 시대를 따라가면 일본인들은 놀라울 만큼 멀리 이동했고, 그 이동 속에는 가난과 희망, 차별과 생존, 그리고 자기실현까지 이어지는 긴 흐름이 담겼다.

가장 먼저 바다를 건넌 사람들은 19세기 말의 농민들이었다. 메이지유신 직후 일본은 근대화를 추진했지만 농촌은 여전히 가난했고, 인구는 빠르게 늘어났다. 그때 일본 정부는 농촌을 비우고 외화를 벌기 위해 해외 이민을 적극 장려했다. 그래서 하와이의 사탕수수 농장에서 일하던 일본인 노동자들이 등장했고, 그들이 일본 최초의 대규모 해외 이민 집단이 되었다. 이 사람들은 말 그대로 가난을 등에 지고 바다를 건넌 세대였다.

하와이에 이은 큰 이민지였던 미국 서부에서도 일본인들은 농업, 어업, 공장 노동에 뛰어들며 기반을 넓혔다. 캘리포니아의 과수원과 워싱턴 주의 창고, 어시장의 노동력 상당수를 일본인 이민자들이 담당했다. 이들은 질서와 근면을 무기로 공동체를 만들었고, 덕분에 짧은 기간 안에 뿌리를 내렸다.

그러나 1910~20년대 미국이 인종 차별 정책을 강화하면서 일본인의 문은 급격히 닫혔다. 일본인 이민 금지법이 등장했을 때, 일본 사회가 받은 충격은 큰 상처로 남았다.

진출 방향은 남쪽으로 이동했다. 미국이 막히자 일본인들은 브라질과 페루로 향했다. 브라질 커피 농장은 특히 일본 이민자들이 대량으로 유입된 대표적 공간이었다. 대부분이 혹독한 계약 노동자 신분이었지만, 시간이 지나자 이들은 땅을 개간하고 상점을 열며 경제적 기반을 만들었다. 오늘날 브라질에는 200만 명이 넘는 일본계가 살고 있어, 일본 밖에서는 최대 규모의 일본계 집단을 이루고 있다. 페루의 경우 일본계 이민자 출신 대통령까지 등장했을 정도로 존재감이 크다.

전후 일본의 해외 이동은 성격이 달라졌다. 더 이상 가난을 해결하기 위한 집단 이민이 아니라 산업화와 경제성장에 따른 해외 파견, 기업 주재, 유학, 연구라는 형태의 이동이 중심이 되었다. 엔지니어와 회사원, 연구자와 외교관이 세계 곳곳에서 일본의 산업과 문화를 확장하는 데 중요한 역할을 했다. 이 시기의 이동은 생존이 아닌 기술과 경제의 확장에 가까웠다.

21세기 이후의 일본 해외 이주는 다시 한 번 결이 바뀌었다. 이번에는 젊은 세대가 스스로 외국을 선택한다. 일본의 느린 조직문화와 경직된 고용시장 속에서, 더 빠르고 개방적인 환경을 찾아 유럽, 북미, 동남아로 떠나는 사람들이 늘어난 것이다. IT 기술자, 예술가, 연구자, 독립 창작자들이 새로운 환경을 스스로 찾아 나가는 흐름이 형성되었다. 이 이동은 국가의 정책이 만든 흐름이 아니라, 개인의 선택이 만든 움직임이다.

해외로 나간 일본인들은 대체로 조용하고 성실하며, 갈등을 피하고 공동체를 차근차근 구축하는 성향을 보인다. 그래서 일본인의 이주지에는 시간이 지나면 작은 일본이 생긴다. 일본식 식당, 서점, 회식 모임, 지역 커뮤니티가 자연스럽게 만들어지는 것이다. 일본의 기질이 국경 너머에서도 그대로 살아 있는 셈이다.

이 모든 흐름을 한 줄로 요약하면, 일본의 해외 이민은 가난을 견디며 바다를 건넌 시대에서 시작해, 차별을 버티며 생존 기반을 만든 시대를 지나, 산업화의 파견 시대를 거쳐, 현대에 이르러 개인이 세계를 선택하는 시대까지 이르렀다는 뜻이다.

조용한 나라라고 하지만, 그 조용함 아래에서 일본인들은 오랫동안 멀리 움직여 왔다. 그들의 해외 이민은 소리 없이 깊고, 작아 보이지만 끈질긴 일본인의 또 다른 얼굴을 보여준다.

29. 기생 이야기

일본의 기생 문화는 흔히 '게이샤'로 단순화되지만, 실제로는 훨씬 다양하고 긴 역사를 가진 독특한 도시 문화다. 기생은 단순한 향락업 종사자가 아니라 예능을 중심으로 생계를 꾸려온 전문 예능인이었다. 한자로 '재주를 파는 사람'을 뜻하는 '芸者'라는 표현이 말해주듯, 기생의 핵심은 몸이 아니라 기술이었다. 이들은 춤, 음악, 한담, 다도, 손님 응대의 세밀한 매너까지 익힌 종합적 예술가였다.

에도 시대의 유곽 문화는 크게 두 갈래로 나뉘었다. 하나는 육체적 접대를 중심으로 한 유녀(遊女), 다른 하나는 예능을 중심으로 한 기생(芸者)이다. 요시와라 같은 공간에서는 이 두 집단이 서로 다른 방식으로 남성의 욕망을 받아내며 공존했다. 오이란으로 대표되는 고급 유녀는 화려한 의상과 연출을 통해 시각적 과장을 극대화했지만, 기생은 의도적으로 단정한 복장과 절제된 태도를 유지하며 기예를 전면에 내세웠다. 일본 기생 문화의 특징은 바로 이 지점, 욕망과 기술이 서로를 견제하며 균형을 이루는 구조이다.

기생이 일본 도시에서 중요한 위치를 차지한 이유는 남성들의 사회적 역할과도 연결된다. 에도 사회의 남성들은 가정 · 거리 · 직장에서 늘 통제된 태도를 요구받았다. 감정을 쉽게 드러내기 어렵고, 체면을 지켜야 하는 삶이었다. 그래서 기생과의 자리는 억눌린 감정과 피로를 풀어낼 수 있는 일종의 심리적 공간으로 기능했다. 기생은 손님의 말투와 호흡을 읽고, 적절한 간격을 조절하며 분위기를 연출하는 역할을 맡았다. 이는 일본 특유의 '감정 관리 기술'의 원형이기도 했다.

일본 접객 문화의 핵심인 '오모테나시(おもてなし)'도 기생 문화와 깊게 닿아 있다. 손님의 동작 하나를 세심하게 읽고, 상대가 먼저 움직일 때까지 기다리며, 말보다 분위기와 암묵적 예절을 중시하는 방식은 기생 교육의 중요한 부분이었다. 오늘날 고급 료칸이나 식당 서비스, 다도 예법 등에서 발견되는 일본식 세밀함과 절제된 친절은 이 문화의 연장선에 있다.

현대 일본에서도 기생은 여전히 존재하지만, 그 수는 크게 줄어들었다. 교토 기온, 도쿄 신바시, 가나자와 히가시 차야가이 같은 곳에 남아 있는 기생들은 사실상 '전통예능 보유자'에 가깝다. 수련 기간이 길고 유지비가 많이 들기 때문에, 지금의 기생은 관광·예술·문화재적 성격이 더 강하다. 이들은 매춘과는 철저히 구분되며, 전통 춤과 음악, 연희를 계승하는 전문 예능인으로 자리 잡았다.

일본의 기생 문화는 욕망과 감정, 기술과 미학을 하나의 공간에서 문명적으로 조율해온 시스템이라 할 수 있다. 서양의 살롱 문화, 조선 후기 기녀, 중국의 명기 문화와 닮았지만, 일본은 유독 '훈련된 기술'과 '절제된 연출'을 강조했다. 그래서 일본 기생 문화의 핵심은 육체가 아니라 감정과 분위기를 다루는 능력이며, 이 점이 다른 나라의 향락업과 가장 크게 다른 지점이다.

30. 카라유키상

카라유키상, 일본이 어떻게 근대국가가 되었는지 이해하려면, 이 여성들의 발자국을 반드시 따라가야 한다. 그들의 삶은 일본 근대화의 '밑바닥 비용' 같은 것이었다.

카라유키상(からゆきさん)은 말 그대로 '가라(唐·해외)로 간 아가씨'라는 뜻이다. 메이지 시대 후반부터 1930년대까지 일본의 가난한 농촌 여성들이 동남아, 중국, 인도, 시베리아, 하와이, 심지어는 아프리카 동해안까지 흘러가 매춘 노동을 하며 생계를 꾸린 현상을 가리킨다. 일본 최초의 글로벌 노동 이민이었지만, 이는 스스로 선택한 자발적

이민과는 거리가 멀었다. 대부분은 인신매매, 빚, 가족의 생계 때문에 팔려 나갔다.

이 여성들이 향한 지역은 주로 동남아였다. 싱가포르, 사바, 페낭, 버마, 방콕 같은 항구도시들에는 19세기 말부터 일본 여성들이 '일본식 집창촌'을 만들기 시작했다. 당시 동남아의 신문 기사에는 '곱고 깨끗하며, 서구식 위생 관념을 익힌 일본 여성들이 남성들 사이에 인기가 높다'는 표현이 흔하게 등장한다. 일본 정부는 공식적으로는 부정했지만, 실제로는 이들의 활동이 일본 상품의 유통, 일본 상인의 정착, 일본 국적 인구 확대에 도움 된다는 사실을 잘 알고 있었다. 묵인, 방치, 은근한 장려 — 이 미묘한 삼각지대에서 카라유키상은 생겨났다.

그들은 어느 나라에서도 환영받지 못했다. 제국주의 시대의 인종적 편견 속에서 일본 여성들은 '희생'과 '타자화'의 이중고를 겪었다. 외국 남성과의 접촉을 '문명교류'라 부르며 미화하려는 시도도 있었지만, 실제 삶은 훨씬 거칠었다. 언어가 통하지 않았고, 병이 많았고, 임신하면 버려졌고, 죽으면 기록도 남지 않았다. 해외의 오래된 공동묘지에 일본식 이름이 적힌 작은 비석이 남아 있는 경우가 있는데, 그 대부분은 카라유키상의 흔적이다.

하지만 여기서 끝나지 않는다. 카라유키상은 단순한 피해자만으로도 설명되지 않는다. 살아남기 위해 언어를 배웠고, 장사를 했고, 남성과의 관계를 기울여 교섭했다. 어떤 여성들은 돈을 모아 가게를 차렸고, 어떤 여성들은 현지 남성과 가정을 꾸렸으며, 어떤 여성들은 일본으로 돌아가 고향의 생계를 유지했다. 식민지 시대의 아시아는 제국·상인·노동자·이민자·범죄조직이 뒤섞인 혼탁한 공간이었고, 카라유키상은 그 복잡한 흐름 안에서 스스로의 방식으로 버텼다.

오늘날 일본에서는 이 이야기를 조심스럽게 다룬다. 국가가 위대한 길을 걸어갔다는 서사와 달리, 카라유키상은 근대화의 어두운 뒷방이었다. 동시에 아시아 여러 지역에서는 카라유키상의 흔적이 지역의 역사와 일본 이민사로 남아 있다. 말레이시아의 오래된 사진관, 싱가포르 차이나타운의 벽돌, 미얀마의 강가 마을까지 가면 당시 일본 여성들의 미약한 발자국을 아직도 찾아볼 수 있다.

카라유키상 이야기는 이런 문장으로 정리된다. 한 나라가 부자가 되는 동안, 이름 없이 사라진 이들이 있었다. 그들의 삶은 기록되지 않았지만, 근대 일본의 생존 경제를 밑에서 떠받친 힘이었다.

31. 징크스와 미신의 나라

일본을 들여다보면, 기술의 나라·질서의 나라라는 이미지와는 달리, 그 밑바닥에 징크스와 미신이 촘촘히 깔려 있는 사회라는 사실이 드러난다. 최신형 로봇을 만들고, 세계 최고 수준의 철도 정시율을 자랑하면서도, 숫자·색·방향·계절에 얽힌 오래된 금기와 길흉 신앙을 여전히 자연스럽게 받아들인다. 이 모순 같은 풍경이야말로 일본이라는 사회가 가진 독특한 리듬이다.

일본에서 가장 흔한 금기는 숫자다. '4(し)'는 죽음(し)과 발음이 같아 병원, 호텔, 아파트에서는 4층·4호·44번을 아예 비운다. 9(く)

는 '고통(苦)'과 소리가 비슷해 좋아하지 않는다. 최근에는 해외 문화의 영향으로 13(じゅうさん, 주우산)을 피하는 사람들까지 생겼다. 최첨단 아파트에서도 번호판을 보면 중세의 금기가 그대로 살아 있다. 숫자에 큰 의미를 부여하는 건 비합리처럼 보이지만, 사실 일본 문화에서는 이런 작은 기호들이 '심리적 안정장치'로 작동해 왔다.

일본의 미신 감각은 일상 곳곳에 숨어 있다. 밤에 손톱을 깎으면 부모의 임종을 지키지 못한다는 말, 시계나 빗을 선물하면 관계가 끊어진다는 말, 밥 위에 젓가락을 세우듯 꽂아두면 조상의 제사와 같아 재수 없다는 금기. 심지어 새벽에 까마귀가 울면 흉조라 하고, 반대로 쓰나미나 지진 전에 동물의 이상 행동을 신의 신호로 해석하기도 한다. 과학이 지배하는 사회라지만, 자연재해가 잦은 일본에서는 미신이 일종의 '불안 대응 체계' 역할을 했기 때문이다.

디 흥미로운 장면은 일본의 경제·경영에서도 미신이 강하게 작동한다는 점이다. 자동차 회사가 특정 색을 생산하지 않는 이유가 '불길해서'일 때가 있고, 기업 로고가 특정 기하학적 문양을 피하는 것도 우연이 아니다. 심지어 건축업계에서는 입주자들이 싫어할 것을 우려해 북서쪽 현관, 정면 계단, 날카로운 모서리 등을 일부러 피해 설계한다. 표면은 논리인데, 속은 전통적 직관이 움직인다.

스포츠에서의 징크스는 거의 집단 놀이에 가깝다. 야구 선수는 같은 언더셔츠를 반드시 착용하고, 축구 대표팀은 경기 전에 특정 음식을 먹고, 스모 선수는 패배한 날 쓰던 마와시를 절대 건드리지 않는다. 일본인 특유의 '반복의 미학'과 '의식화한 몸의 리듬'이 징크스를 통해 더 강하게 드러난다. 한 번 좋은 일이 생기면, 그 똑같은 행위를 반복해 신체 기억으로 굳히는 방식이다.

일본의 징크스·미신 문화가 흥미로운 이유는, 그것이 비합리를 맹목적으로 따르는 것이 아니라 생활의 리듬을 안정시키는 심리적 장치로 작동해 왔다는 점이다. 자연재해가 잦고, 계절 변화가 극명하고, 공동체 리듬이 촘촘한 사회에서 미신은 두려움을 분해하는 오랜 기술이었다. 일본의 합리성과 미신은 서로 대립하는 게 아니라, 오히려 서로를 보완했다. 기계 같은 질서 속에서도 인간적 불안을 다루는 방식으로 미신이 살아남은 셈이다.

일본은 근대화의 얼굴과 원시적 본능이 함께 존재하는 나라다. 도쿄의 정밀함 밑에는 홋카이도의 설풍신 전설이 흐르고, 신칸센의 정확함 옆에는 숫자 금기의 관습이 붙어 있다. 이 겹겹의 모순이 일본 문화를 더 풍부하게 만든다. 징크스와 미신을 이해한다는 건 일본이라는 사회의 심층부, 즉 합리와 불안, 기술과 전통, 개인과 공동체가 얽힌 구조를 읽어낸다는 뜻이기도 하다.

32. 현해탄

현계탄(玄界灘, げんかいなだ)이라는 이름은 단순한 지명이 아니다. 인간이 바다를 바라보며 느꼈던 공포와 매혹, 경계와 유혹이 한데 섞여 빚어진 오래된 언어의 흔적이다. 일본 규슈 북부의 바다는 그 이름 하나만으로도 짙은 그림자를 드리우며, 그 그림자 속에는 사람들이 오랫동안 건너고 견디고 바라보았던 바다의 표정이 고스란히 남아 있다.

일본에서 '나다(灘, 탄)'라는 말은 특별하다. 바다는 어디나 물결이 일지만, '나다'라 부르는 곳은 유독 거칠다. 조류가 휘어 감고, 바람이 수면을 억세게 밀어붙이는 구간이다. 한자로 '灘'이라 적는 이유도 여기에 있다. 이 글자에는 파도가 부서지고 물살이 얽힌, 다루기 힘든 자연의 성질이 담겨 있다. 바다를 오랫동안 상대해온 일본 사람들이라서 붙일 수 있었던 질감 있는 이름이다.

그중에서도 겐카이나다(玄界灘)는 일본 해명 가운데서도 유독 깊고 짙은 색을 띤다. 후쿠오카현 무나카타시와 사가현 카라츠시 사이의 이 바다는, 쓰시마 해협의 일부에 불과하지만 '경계의 바다'라는 이름을 꿰찰 만큼 상징적이었다. 지형적으로는 일본 열도의 끝자락이며, 역사적으로는 대륙을 바라보는 창이었다. 바람은 언제나 셌고, 파도는 마치 뭔가를 끊이내려는 듯 줄줄이 이이졌다. 이 짙고 깊은 색을 뜻하는 '현(玄)'이라는 글자가 붙은 것도 그런 이유다.

본래 이 지명의 바른 표기는 '현계탄(玄界灘)'이었다. '경계의 바다'라는 뜻을 그대로 품은, 정확하고도 단정한 이름이다. 그러나 일본어에서는 '계(界)'와 '해(海)'가 모두 '카이(かい)'로 발음되었다. 말로는 구분할 수 없었고, 사람들이 입으로 전하는 동안 글자도 자연스럽게 흔들렸다. 그렇게 어느 날부터인가 '현계(玄界)'는 '현해(玄海)'로 바뀌어 나타났고, 여기에 다시 '灘'이 붙어 '현해탄(玄海灘)'이라는 또 다른 이름까지 태어났다. 지도 위의 바다 이름이 아니라, 사람들이 살아 움직이며 만들어낸 표기였다.

20세기 초 일본 문서들을 보면 '현계탄'과 '현해탄'이 뒤섞여 적혀 있다. 언어가 단번에 고정되지 않는다는 사실, 이름이라는 것이 언제나 사람들의 입과 손끝을 따라 흘러간다는 사실이 그대로 드러난다. 그 흔적은 지금도 남아 있다. 규슈 북부 해안에는 '겐카이섬(玄界島)'이 있다. 이 섬의 이름이 오래된 표기 '현계(玄界)'를 그대로 간직한 채 살아 있다는 점은, 원래의 명칭이 무엇이었는지를 소리 없이 말해준다.

오늘날 일본에서 '겐카이나다'라는 이름은 여전히 규슈 북부의 좁은 바다 띠를 가리킨다. 쓰시마 해협 전체가 아니라, 해류가 강하고 바람이 빠르게 누비는 특정한 구역이다. 그 구역을 가로지르면 물빛이 달라지고, 파도는 다른 리듬으로 부서진다. 선원들이 오랜 세월 이어 붙인 이름답게, 지금도 그 범위는 헷갈리지 않게 정밀하게 이어진다.

겐카이나다라는 이름은 결국 두 가지를 동시에 품고 있다. 하나는 바다의 본성이다. 깊고 어둡고 거세다. 다른 하나는 인간의 언어이다. 발음은 흔들리고 표기는 바뀌고, 그 사이에서 시간이 흐른다. 그리고 그 두 가지가 만나 만들어낸 것이 오늘의 이 이름이다. 지명의 표기 하나에도 바다가 품어온 긴 시간이 스며 있고, 사람들의 손길이 남아 있다. 이런 점을 곱씹어 보면, 단어 하나도 바다처럼 서서히 움직이며 제 모습을 갖춘다는 사실이 새삼스럽게 느껴진다.

33. 침묵의 교과서; 히로시마

일본인에게 히로시마는 언제나 말보다 먼저 마음이 무거워지는 이름이다. 이 도시는 일본이 전쟁의 끝을 맞이하기도 전에 이미 모든 것을 잃어버렸고, 그 상실 속에서 일본인은 패전이라는 현실을 처음으로 '몸으로' 받아들였다. 그래서 히로시마는 일본인에게 전쟁을 기억하는 방식 자체를 바꾸어 놓은 장소다.

히로시마의 상처는 단순한 폭격의 흔적이 아니라, 일본인이 스스로를 바라보게 만든 하나의 거울이었다. 폭탄이 떨어지기 전 일본은 전쟁을 일으킨 국가였고, 주변 지역을 침략한 가해자였다. 그러나 폭탄이 떨어진 순간, 일본은 한 도시 단위에서 아주 분명한 피해자가 되었다. 일본인에게 히로시마는 이 두 개의 감정, 즉 가해자의 역사와 피해자의 경험이 동시에 새겨진 곳이다. 이 모순은 지금도 쉽게 설명되지 않는다. 그래서 일본인은 히로시마를 말할 때 늘 조심스럽고, 이곳을 둘러싼 감정은 단순한 분노나 항의가 아니라 훨씬 복잡하고 깊다.

히로시마의 기억은 일본식 '평화'의 정서를 형성하는 데도 결정적이었다. 일본인은 이 도시를 통해 전쟁을 격렬한 감정으로 규탄하기보다, 조용하고 숙연하게 경계하는 태도를 배우게 되었다. 평화기념공원을 걸어보면 울부짖음보다 침묵이 먼저 흐른다. 감정을 높이지 않고, 대신 기억의 무게를 낮추지 않는 방식. 이것이 일본식 평화관이며, 히로시마가 그 출발점이 되었다. '두 번 다시 이런 일이 있어서는 안 된다'는 말은 과격한 구호가 아니라, 일상의 태도처럼 낮고 조용한 톤으로 이어진다.

히로시마는 또한 일본인에게 '미래에 대한 약속'이 깃든 장소이기도 하다. 그들의 마음속에서 이 도시는 과거를 비난하는 공간이 아니라, 다시는 같은 비극을 되풀이하지 않기 위한 경계의 장소다. 일본의 전후 외교에서 힘보다 조정과 안정, 충돌의 최소화를 중시하는 흐름도 사실 히로시마의 경험에서 자라난 심리적 바탕을 공유한다. 전쟁을 겪고도 '패배의 트라우마'로만 남지 않고, 일상의 평화를 지키는 윤리로 전환한 것이다.

그래서 일본인에게 히로시마는 상처의 도시이면서, 동시에 일본이라는 공동체가 전쟁 이후의 삶을 설계하게 만든 근원지다. 가해의 역사에서 벗어날 수 없다는 자각과, 피해의 경험에서 오는 절절함이 맞물린 자리. 그 복잡한 결이 겹겹이 쌓여 히로시마는 지금도 일본인 마음속에 조용히 흐르는 무거운 강물처럼 자리하고 있다.

34. 일본과 일본국

'일본'과 '일본국'은 언뜻 비슷해 보이지만, 서로 전혀 다른 대상이다. 하나는 사람과 삶이 만든 문화적 공간이고, 다른 하나는 헌법과 제도가 규정한 법적 국가다. 이 둘을 구분하는 순간 일본이라는 나라가 훨씬 입체적으로 보인다.

먼저 '일본(日本)'은 사람들이 살아가는 일상의 감각을 포괄하는 말이다. 여기에는 도시의 질서, 예절, 거리의 분위기, 음식의 취향, 지역마다 다른 생활 감각이 모두 포함된다. 전통과 현대가 뒤섞인 일본인의 행동양식, 오사카와 도쿄의 서로 다른 기질, 노포 식당의 리듬, 기모노나 다도 같은 상징적 문화, 심지어 지진을 대비하는 생활 방식까지, 이 모든 것이 '일본'의 범주에 들어간다. 하나의 정치 단위라기보다 하나의 문명과 감성의 총합이라고 해야 정확하다.

반면 '일본국(日本国)'은 철저히 법률적, 정치적 실체를 가리킨다. 일본이라는 문화 공간 안에서 특정한 권한을 행사하는 주체이며, 헌법이 규정한 국가 이름 그 자체다. 총리, 국회, 각 성청, 자위대, 영토 관리, 외교 협상, 조약 체결, 세금 징수 등은 모두 '일본국'의 기능이다. 국제사회가 상대하는 것도 일본의 생활 문화가 아니라 바로 이 일본국이라는 국가기구다. 외교문서나 국제법에서 사용하는 이름 역시 항상 '일본국'이며, 국적 역시 '일본국적(日本国籍)'이다.

이 둘의 구분이 중요한 이유는, 일본에 대한 평가나 논쟁에서 자주 일어나는 혼동 때문이다. 예를 들어 '일본은 친절하다'라는 말은 일본 사회의 생활 문화를 설명하는 것이지 일본국 정부가 친절하다는 뜻은 아니다. 반대로 '일본이 군사적 결정을 내렸다'는 표현은 일본인의 문화 성향과 무관하며, 일본국이라는 법적 주체가 정책적으로 선택한 결과다. 문화적 일본과 국가적 일본국을 혼동하면 사실과 감정이 섞여 버리고, 정치적 판단과 문명적 특징이 뒤죽박죽이 된다.

정리하자면, '일본'은 생활과 정서, 문화의 영역에서 존재하는 공간이고, '일본국'은 제도와 권력을 가진 법적 주권 국가다. 일본이라는 현상을 제대로 이해하려면, 삶의 현장으로서의 일본과 국가기구로서의 일본국을 동시에 바라보아야 한다. 두 지도가 함께 있을 때 비로소 일본이라는 복합적 실체가 선명해진다.

35. 일본에도 알프스가 있다

일본에도 알프스가 있다. 처음 이 말을 들으면 장난처럼 들리지만, 지도 위를 천천히 펼쳐보면 일본 열도의 한가운데를 가로지르듯 솟아오른 거대한 산맥군이 있다. 일본인들은 이곳을 오래전부터 '일본 알프스(日本アルプス)'라 불러왔다. 이름만 빌려온 것이 아니라, 풍경 또한 알프스라는 이름을 붙이기에 충분할 만큼 장엄하고 깊다.

일본 알프스는 사실 하나의 산맥이 아니라 북(北), 중앙(中央), 남(南) 세 갈래로 나뉜 산악 지대다. 이 산맥들은 일본 열도의 뼈대를 이루는 고산지대로, 나가노와 야마나시, 기후를 잇는 내륙 깊숙한 곳에서 하늘을 찌르듯 솟아 있다. 특히 북알프스의 다테야마, 가미코치, 야리타케 같은 봉우리들은 여름에도 능선 위에 눈이 남아 있고, 구름이 계곡에서 천천히 올라와 산허리를 감싸는 풍경은 유럽 못지않은 장관을 만든다.

겨울이면 산맥 전체가 순백의 장막에 덮인다. 눈은 단순한 풍경을 넘어서 하나의 세계를 만든다. 산 아래 마을들은 조용한 온천 마을로 변하고, 밤하늘 아래 눈을 뒤집어쓴 봉우리들은 달빛에 반짝이며 마치 시간이 잠시 멈춘 듯 고요한 실루엣을 드리운다. 일본 알프스가 주는 감동은 거기 있다. 압도적인 자연의 힘 앞에서 인간이 작아지고, 동시에 마음이 정화되는 듯한 묘한 평온이 찾아온다.

일본 알프스가 특별한 또 다른 이유는 '고요'다. 유럽의 알프스가 장대함과 개방된 풍광으로 감동을 준다면, 일본 알프스는 깊게 접힌 계곡과 촘촘한 숲, 바람의 결이 만드는 '세밀한 숭고함'으로 다가

온다. 능선 하나 넘어가면 전혀 다른 세계가 펼쳐지고, 고원에는 잔
풀과 야생화가 바람에 흔들리며 여름의 짧은 시간을 반짝이고 사라
진다.

일본 사람들에게 알프스는 단순한 산이 아니라 내륙의 성전 같은
곳이다. 여름에도 서늘한 공기, 안개가 천천히 깔리는 새벽의 능선,
고산 호수 위에 비친 산의 그림자, 그리고 밤하늘의 침묵은 도시의
번잡함과는 전혀 다른 시간의 흐름을 보여준다. 가미코치의 아즈사
가와(梓川)를 따라 걷다 보면, 강물 위로 햇빛이 흩어지고, 멀리 연봉
이 무겁고 고요하게 서 있는 모습이 한 폭의 동양화처럼 다가온다.

일본에도 알프스가 있다. 유럽의 장대함 대신, 섬나라의 기후와
숲, 비와 안개가 만들어낸 세밀한 장엄함을 품은 알프스. 그곳에서는
자연의 높이보다 '깊이'를 먼저 느끼게 되고, 산봉우리의 크기보다
풍경의 정서가 마음에 남는다.

이 조용하고 우아한 산맥을 알프스라 부른 것은 단순한 모방이 아
니라, 그만큼 일본의 산맥이 스스로 만들어낸 고유한 숭고함의 이름
이었다.

36. 동 이야기

일본의 동(丼, 덮밥) 문화는 그릇 하나에 삶의 에너지와 서민의 감각
을 몽땅 담아내려는 작은 우주 같은 세계다. 일본인은 이 한 그릇 위
에 '맛의 축소판'을 만들고, 그 축소판 안에서 자신들의 생활 감각과

미각의 질서를 확인한다. 겉으로 보면 그냥 밥 위에 뭔가를 얹은 단출한 음식인데, 이 단순함을 끝없이 깊게 파고드는 것이 일본의 방식이다.

동의 기원은 에도 후기 상인들의 바쁜 점심에서 찾을 수 있다. 잠깐의 틈에 배를 채워야 했던 상인과 인력거꾼, 서민들이 그릇 하나로 빨리 먹을 수 있도록 만든 음식이 바로 '동부리(どんぶり)'였다. 이때부터 덮밥은 '서둘러 먹는 음식'인 동시에, '마음을 채우는 음식'이 되었다. 노동의 피로를 달래고, 잠시 숨을 고르고, 다시 거리로 나갈 힘을 얻는 일상의 탄수화물이었다.

재미있는 건 일본의 덮밥이 '어떤 재료를 얹느냐'보다 '어떤 리듬으로 먹느냐'에 가까운 문화라는 점이다. 규동집에 앉아 있으면, 앞에 놓인 그릇 위로 스팀이 올라오고, 손님들은 말없이 후루룩 먹고 일어선다. 5분 머무는 사람도 흔하다. 식사는 길게 즐기는 행위가 아니라 하루의 박자를 잡는 짧은 타악처럼 기능한다. 밥은 단단하고, 고기는 얇고, 양념은 단짠이 정확히 맞아떨어지니 생각할 틈도 없다. '머리로 먹는 음식'이 아니라 '박자감으로 먹는 음식'이다.

각 덮밥에는 작고 고유한 이야기들이 숨어 있다. 규동은 메이지 이후 육식 문화의 확산을 상징한다. 소고기를 양념해 밥 위에 올린다는 자체가 근대 일본의 개방과 변화를 품고 있다. 텐동은 튀김이 가진 '뜨거운 순간'의 힘을 그대로 밥 위에 얹은 구조다. 기름의 향, 바삭함, 달간장 소스가 밥알 사이로 스며들면서 그릇 하나에서 온도와 질감이 겹쳐진다. 가츠동은 승부의 음식이다. 시험날 아침 가츠동을 먹으면 '이긴다(勝つ)'는 언어유희까지 실려 있다. 일본 특유의 미신적 감수성이 음식에 스며드는 순간이다.

덮밥의 세계는 단출한 듯 보이지만 오히려 여백이 많다. 밥 위의 재료는 크게 복잡하지 않다. 고기, 계란, 튀김, 장어 같은 몇 가지 범주로 정리된다. 그만큼 삶의 속도와 리듬이 중요해진다. 바쁜 직장인이든, 기차 환승 전에 배를 채우려는 사람도, 작은 규동집 카운터에 앉으면 같은 시간의 흐름 안에 들어가는 셈이다. 식당은 짧고 굵은 휴식처, 그릇은 움직이는 삶을 잠잠하게 붙잡아두는 작은 포켓이다.

일본의 덮밥은 '한 그릇의 민주주의' 같은 음식이다. 누구나 접근할 수 있고, 가격도 적당하며, 조리법은 간단하지만 완성도는 은근히 높다. 삶의 속도에 맞춰 음식을 단순화하면서도, 맛의 품질을 놓치지 않는 일본적 생활 기술의 집약체다. 이 한 그릇의 힘 때문에 일본 거리의 낮과 밤은 늘 일정한 박자를 유지한다.

37. 홋카이도의 곰; 아이누

홋카이도의 아이누 이야기는 북쪽 바람처럼 차갑고도 따뜻한 결을 동시에 지니고 있다. 일본 열도의 오래된 원주민이면서도 한동안 역사 속 그늘에 머물렀던 사람들이기 때문에, 그들의 삶을 들여다보면 일본이라는 나라가 가진 다층적 정체성이 조용히 드러난다. 일본은 흔히 단일민족 신화를 내세워왔지만, 그 신화의 북쪽 틈새에서 아이누는 자신들만의 언어, 신앙, 생활풍습을 지켜왔다.

아이누라는 이름 자체가 '사람'을 뜻한다. 그들이 살았던 땅은 홋카이도뿐 아니라 사할린, 쿠릴 열도까지 이어지는 거대한 북방권이었다. 이 넓은 땅을 따라 그들은 사냥하고, 물고기를 잡고, 털로 옷을 만들고, 나무로 집을 지었다. 자연과 함께 살아가는 감각이 강해서, 곰, 나무, 강 같은 자연물은 단순한 대상이 아니라 '카무이(신령)'로 여겼다. 그래서 아이누의 전통 의례 중 가장 유명한 것이 '곰 보내기(이오만테)'다. 마을이 길러온 곰을 신의 세계로 보내는 의식인데, 인간과 곰이 서로의 세상에 잠시 들렀다가 다시 돌아가는 순환을 중시하는 독특한 세계관이 보인다.

아이누의 생활양식은 일본의 본토 문화와 완전히 달랐다. 일본이 벼농사 중심이라면, 아이누는 사냥, 어로와 자연 채집이 중심이었다. 일본이 한문 문화권이라면, 아이누는 문자가 없는 구전 문화였다. 일본이 간결하고 수수한 미학을 중시했다면, 아이누는 화려한 문양을 옷과 도구에 빽빽하게 새겼다. 아이누 전통 의복의 정교한 자수는 마치 눈보라 속에서 살아남기 위한 정신력의 표식처럼 보이기도 한다.

하지만 이런 문화는 메이지 시대 이후 거대한 변곡점을 맞았다. 일본 국가가 북방을 본격적으로 통합하면서 아이누는 '구토인(舊土人)'이라는 명목 아래 일본 국민으로 강제 편입되었다. 일본식 성명을 부여받았고, 언어 사용을 금지당했다. 사냥과 어로를 통한 생존 방식도 법적으로 제한되었다. 이는 단순한 동화정책이 아니라 아이누 문명을 사실상 해체시키는 압력이었다. 그래서 20세기 초반의 아이누 사회는 빠르게 주변화되었고, 문화 · 언어의 단절이 아픈 흔적처럼 남았다.

그럼에도 아이누는 북쪽의 눈처럼 완전히 사라지지 않았다. 홋카이도의 여러 지역에서는 다시 아이누 문화를 되살리려는 움직임이 이어졌다. 아이누어 교육, 전통 춤 복원, 곰 의례의 문헌 정리, 마을 공동체 재구축 등이 하나둘씩 다시 자리를 잡았다. 2019년에는 일본 정부가 처음으로 아이누를 '원주민'으로 공식 인정했고, 삿포로 근처 시라오이에 '우포포이(민족공존상징공간)'라는 문화기반 시설도 세워졌다. 과거의 상처를 완전히 치유할 수는 없어도, 역사적 인정은 새로운 출발점이 되었다.

지금의 아이누는 일본 사회 안에서 조용하지만 꾸준히 목소리를 높이고 있다. 전통을 잃어버린 세대가 있는가 하면, 다시 배우려는 세대도 있다. 집단적 기억을 이어가기 위해 젊은 아이누들이 노래와 춤, 문양, 음식, 이야기(유카르)를 현대적으로 재해석하는 흐름도 생겼다. 아이누의 존재는 일본이 결코 단일한 문회기 아니라 여러 층위가 겹쳐진 복합 사회임을 보여주는 살아 있는 사례다.

홋카이도 여행을 가면 이런 흔적들이 가끔 도시 풍경 사이로 스며들어 있다. 목각 곰 인형이 관광상품으로 자리 잡아 있고, 아이누 문양이 새겨진 천과 목공예품이 상점에 놓여 있다. 그러나 이 장식적 흔적 뒤에는 자연과 인간을 같은 결로 바라보던 북방 민족의 오랜 역사, 일본 근대 국가 형성이 남긴 상처, 그 사이에서 자신들의 자리를 다시 찾으려는 조용한 의지가 숨겨져 있다.

책을 덮는 이 순간, 나는 다시 출발점의 자리로 돌아와 앉아 있는 기분이다. 일본의 생활 문화라는 주제를 다루겠다고 마음먹었을 때만 해도, 그 세계가 이렇게 끝없이 펼쳐져 있을 줄은 몰랐다. 이 책은 거대한 문명의 산맥을 오르는 여정이 아니라, 조용한 골목을 천천히 걷는 경험에 가깝다. 작은 디테일에서 시작해 조금 더 작은 디테일로 향하는 길이었다. 그런데 이상하게도, 그 작은 길들이 계속해서 더 큰 세계로 이어졌다. 생활이란 본래 그런 성질을 가지고 있음을 인정하게 되었다.

일본을 연구하는 사람에게 '일상'은 가장 단순하면서 가장 다루기 어려운 영역이다. 정치나 제도는 기록으로 남지만, 생활은 몸의 기억으로 남는다. 기억은 변덕스럽고, 변화는 조용하며, 습관은 설명을 거부한다. 그래서 생활 문화는 늘 손바닥 위의 연기처럼 붙잡기 어렵다. 이번 작업은 그 연기의 형태를 한 번쯤 그려보려는 시도였다. 일본인의 몸짓 하나가 만들어내는 그림자가 얼마나 길고 넓게 뻗어 있는지, 그 그림자를 따라가며 나 자신도 놀랄 때가 많았다.

문장을 적어 내려갈수록 일본이라는 사회를 다른 방식으로 보게 되었다. 전철역의 안내방송 하나에도 시대의 공기가 서려 있었고, 신사의 의례적 몸짓에도 지역적 전통과 근대적 재구성이 겹겹이 엮여 있었다. 하루 수백만 명이 오가는 도쿄의 혼잡 속에서도 질서는 일종의 감정적 안전망으로 작동하고 있었다. 이런 생활의 구조를 관찰하면서, 일본인들의 행동 양식은 단순히 '예의'나 '규율'로 설명되지 않는다는 것을 절감했다. 그 이면에는 역사적 기억, 전후의 상처, 도시화의 속도, 그리고 공동체의 감정적 선택이 숨어 있었다. 생활이란 결국 사회의 깊은 층위가 표면으로 떠오른 결과라는 사실을 더 강하게 느꼈다.

책을 쓰는 동안 나는 종종 '이해한다'는 말의 무게를 되돌아보았다. 다 문화를 이해하려는 일은 인제나 조심스러운 작업이다. 누군가의 오랜 생활방식을 바라보는 시선에는 늘 일정한 책임이 따른다. 이 책은 일본을 칭송하기 위한 것도, 비판하기 위한 것도 아니다. 그저 있는 그대로의 세계를 관찰하고, 그 세계가 만들어낸 생활의 질감을 정직하게 기록하려 했을 뿐이다. 우리가 무엇을 좋아하든 싫어하든, 일본이라는 사회가 선택해온 생활의 구조는 분명히 존재한다. 그 구조를 읽어내는 일은 일본인에게만 필요한 것이 아니라, 우리 자신의 생활 감각을 더 깊이 이해하기 위한 일이다.

이 책을 완성하자 문득 한국의 생활 문화가 새삼스럽게 보였다. 우리가 매일 반복하는 작은 행동들은 어떤 역사의 흔적을 품고 있으며, 어떤 사회적 선택의 결과인가. 누군가는 일본의 세심함을 부러워하고, 또 누군가는 일본의 규율을 갑갑해하지만, 중요한 것은 비교를 통한 우열이 아니다. 두 사회가 서로 다른 문명 경로를 통해 서로 다른 생활의 결을 만들어냈다는 사실 그 자체다. 그 차이를 분명히 아는 것만으로도, 서로를 바라보는 시선은 훨씬 차분해진다.

독자에게도 이 책이 그런 차분함을 선물할 수 있기를 바란다. 일본의 사소한 문화들을 읽으면서, 독자만의 생활을 다시 보게 되는 계기가 되기를 바란다. 연구자든 여행자든, 혹은 그냥 일본이라는 나라를 가볍게 좋아하는 사람이든, 생활의 디테일은 누구에게나 열려 있는 세계다. 그 세계를 함께 들여다본 시간이 독자에게도 의미가 있었다면, 이 긴 작업은 충분히 보답받은 셈이다.

책을 쓰는 동안 많은 순간이 있었다. 자료를 뒤적이며 새벽까지 메모를 쓰던 밤들, 일본의 오래된 골목을 걷다가 문득 떠오른 생각을 흘려보내기 아까워 서둘러 적어두었던 단상들, 문장 하나를 몇 번이고 뒤집어 다시 적어야 했던 좌절도 있었다. 그러나 결국 이런 작업은 그렇게 만들어지는 것 같다. 오래된 노포가 '어제처럼 오늘도'의 리듬을 유지하듯, 글쓰기도 그렇게 시간의 호흡으로 쌓여간다. 이 책 한 권은 그 호흡의 결과물이다.

마지막으로, 이 여정에 함께해준 모든 독자에게 진심으로 감사한다. 생활의 작은 습관들을 함께 바라본다는 것은 단순한 문화적 호기심을 넘어선 신뢰의 체험이다. 그 신뢰가 이 책의 가장 중요한 동력이었다. 앞으로도 생활이라는 작은 창을 통해 더 넓은 세계를 읽어내는 작업을 계속 이어갈 것이다. 일본을 읽는 일도 아직 끝나지 않았다. 생활은 계속되고, 그 생활을 둘러싼 세계는 앞으로도 무수히 많은 결을 드러낼 것이다.

이 책은 그 결 가운데 하나를 포착한 작은 기록에 불과하다. 하지만 작은 기록 하나가 세상을 읽는 방식을 바꿀 수도 있다. 그 가능성을 믿으며, 나는 다음 장면을 향해 천천히 걸어갈 것이다.